アメリカで生きた女性たち

―戦後国際結婚した日本人女性のオーラルヒストリー―

浅井正行・浅井直子 著

風間書房

ひまわり会ピクニック（1972 年 9 月 23 日）

ピクニック（カリフォルニア州バークレーにて、1975 年 7 月）

ピクニック（アラメダパークにて、1985 年 7 月）

ひまわり会創立 15 周年パーティー（オークランドのオハナレストランにて、1985 年 9 月 22 日）

料理（寿司）講習会（オークランドの湾東国際協会にて、1985 年 12 月 15 日）

ひまわり会創立 20 周年パーティー（1991 年 9 月 29 日）

ひまわり会新年会（1994 年 1 月 23 日）

ピクニック（アラメダのベイファームにて、1994 年）

ひまわり会新年会（バークレーの舞子レストランにて、1996 年 2 月 11 日）

ひまわり会創立 25 周年パーティー（1996 年 11 月 3 日）

ピクニック（ヘイワードのケネディパークにて、1998 年 8 月）

ひまわり会創立30周年パーティー（2001年9月16日）

ピクニック（ヘイワードのケネディパークにて、2005年8月14日）

ピクニック（エルセリートのアーリントンパークにて、2015年8月23日）

スクリムシャー　仁子(2015年8月)

ひまわり会メンバーとともに

同じ高齢者住宅に住む友人たちとともに

自宅にて（娘、孫の写真をバックに）

土屋和子（2015 年 8 月）

正月に家族と（1941 年）

アメリカへ旅立つ日（羽田空港にて、1957 年 9 月）

娘アニータの卒業式（1975 年）

ピクニック（筆者の長男クレイトンと、2015 年 8 月）

ひまわり会創立 15 周年パーティー（1985 年 9 月 22 日）

ジョネイ 昭子（2015 年 8 月）

次女ジャネットの洗礼式
（1972 年 7 月）

夫の両親の結婚 40 周年記念（サンフランシスコ・クルーズ、1980 年）

感謝祭で集まった家族（1990 年 11 月）

ひまわり会創立 20 周年パーティー（1991 年 9 月 29 日）

経営する旅行会社のオフィスにて（1993 年 5 月）

ドンゴン　巳器乃（2015 年 8 月）

ドンゴン　巳器乃（1980 年代）

ひまわり会創立 40 周年パーティー（2011 年）

ひまわり会新年会（2012 年）

ひまわり会ピクニック（2015 年 8 月 23 日）

スダ ミツコ（仮名）、ひまわり会創立20周年パーティー（1991年9月29日）

フリーマーケット（1991年8月3日）

ピクニック（1998年8月）

浅井の「ひまわり会」送別会（1995年7月23日）

ヤマグチ　テル（仮名）、家族とともに

ヘイワードの一世テラス訪問（1990 年代）

ひまわり会ブックセールにて

友人と日本食レストランにて

クークラ 京子（2015 年 8 月）

結婚 25 周年記念（1984 年 5 月）

長女の結婚式にて（2015 年）

長女の結婚式に娘、孫、ひ孫が集合（2015 年）

3 人娘たちから贈られた手作りのフォトフレーム（それぞれの花嫁姿）

自宅にて（2015 年 8 月）

ビアード 百合子 エイミー（2015年8月）

アメリカに呼び寄せた母親の90歳の誕生日（1996年）

孫とともに（1998年）

夫との旅行（グランドキャニオンにて、2000年）

クリスマスに夫婦で（2000年）

黒田節（劇場の衣装部屋にて、2011年）

本間 玲子 トゥルー（2015 年 8 月）

トゥルー一家（1961 年）

息子デイヴィッドのメディカル・スクール卒業式（1991 年）

ひまわり会新年会（1996 年 2 月 11 日）

「山上の光賞」授賞式（ANA インターコンチネンタルホテル東京にて、2015 年 5 月 12 日）

「山上の光賞」公衆衛生部門受賞（2015 年 5 月 12 日）

ひまわり会創設者・沢井村代さん（ひまわり会創立15周年パーティーにて、1985年9月22日）

協会のディレクターから表彰される沢井さん（ひまわり会創立15周年パーティーにて）

沢井さん送別会（バークレーのマリーナ・マリオットホテルにて、1993年9月26日）

沢井さん送別会(家族とともに、1993年9月26日)

筆者・浅井正行（フリーマーケットにて、1993 年 7 月 24 日）

ひまわり会のワークショップで司会をする浅井正行（1990 年代）

浅井の「ひまわり会」送別会（バークレーにて、1995 年 7 月 23 日）

浅井の送別会／新コーディネーター・須賀亜衣子さんの歓迎会（1995 年 7 月 23 日）

プロローグ

私が、アメリカ・カリフォルニア州サンフランシスコの隣町・オークランドの「ひまわり会」と出会ったのは、今から二十年前のことだ。いや、出会ったなんて大げさなものではない。その名前とそれがどういう団体であるのかを知ったのが、ちょうどその頃だったというだけのことだった。

私は、三十一歳の冬に学生ビザを携えて、サンフランシスコへ渡った。当時、離婚したばかりで、「サンフランシスコにでも行って来い」と父に言われての渡米だった。バツイチの三十路娘というのは世間体も悪いし、しばらく日本から離れて気分転換でもさせよう、というのが大方の父の目論見だったろうと思う。私の手元に残った預貯金と相談しても、まあ一年くらい語学学校にでも通って、子供の頃からの憧れだった海外暮らしを経験できれば、それも悪くないな。はじめはそんな思いからのアメリカ行きだった。けれど、この父の思いつきの「アメリカ留学」が、私のその後の人生を大きく変えていくことになったのだ。一年と思っていた滞在は、気づけば、十年を数えることになるなんて、当時は想像もできなかった。

サンフランシスコでの暮らしが始まって、まだ間もない頃、私は現在の夫・正行と出会うことになる。共通のゲイの友人が、「二人は絶対に合う！」とホームパーティーに招待して、私たちを引き合わせてくれたのだ。夫は当時、サンフランシスコ大学でカウンセリング心理学の修士号を取得し、移民をサポートするＮＰＯ（非営利団体）で働いていた。彼の担当は、戦後、国際結婚をして、アメリカへ渡った日本人女性のための支援を目的としたプログラムのコーディネーターだった。それが「ひまわり会」だ。当時、日本から来たばかりの私は、ＮＰＯなるものがなんであるかも知らず、またマイノリティの人たちのために働いている人と身近に接することも初めてだった。その頃、夫は私をひまわり会と関係のあるＮＰＯ主催の「クラブ・フィード（Crab Feed）」に連れて行ってくれた。これは、団体の活動資金を集める「ファンドレイジング」を目的としたカニ食べ放題のパーティーだった。その団体の活動を支援したいと考える人たちが、カニパーティーのチケットを購入し、当日、会場で食事を楽しむのだ。私も体育館のような場所に並べられたテーブルのひとつに着き、カニディナーを堪能し、その後、ほんの少しだったけれど、後片付けのお手伝いをさせて頂いた。それは、とても新鮮な体験だった。

夫と出会った時、私はサンフランシスコ州立大学の語学学校の入学手続きを済ませたばかりの時だった。夫は私に、折角アメリカに来たのだから、語学学校だけで終わらせるのは勿体ない、と大学で学ぶことを勧めてくれた。そして、私は大学進学を目指して猛勉強を始めることになった。ちょうどその頃だったと思う。ひまわり会の会員の女性たちの生きてきた軌跡を、オーラルヒストリーとして後世に残したい、という話が持ち上がっているのだということを聞いたのは。けれど、会員の女性たちの歩んできた半生をインタビューし、そしてその膨大なインタビューを原稿にするというのは、大変な労力を要することだ。実現すれば、とても意義のある素晴らしいプロジェクトであるけれど、実際に始動することはなく、話が持ち上がっては、いつも立ち消えになってしまっていた。

私はなんとかサンフランシスコ州立大学に編入学し、社会学を専攻した。その後、夫は、ハワイ大学大学院の博士課程に入学が決まり、単身ハワイ州ホノルルへ渡った。いわゆる「遠距離恋愛」である。一年後、私は大学を卒業して、ハワイで結婚をし、新たな生活をスタートさせることとなる。そして私は二人の男児を妊娠・出産し、異国の地での専業主婦業と子育てを経験することになるのだ。けれど、これはなかなか大変なことだった。友人・知人のいないハワイでの初めての子育ては、困難の連続だった。とりわけ長男は、産後一、二ヶ月は、夜にまったく寝付いてくれず、ベッドに置くと抱き上げるまで永遠に泣き続けるという有様だった。産後間もなく体調が本調子でない私は、徹夜で赤ん坊をあやさなければならなかった。そして、朝が来ると、夫と交代で仮眠を取った。夫は肩によだれ用のタオルをかけて、長男を抱っこしながら大学院の勉強をする毎日だった。

長男が二歳になり、近所のプレスクール（保育園）に通うようになると、子供の手が離れて、少し楽になったが、文化や習慣の違いなどでの失敗や苦労もいろいろ起こった。英語がおぼつかない息子が、ストレスからクラスメートに噛みついたこともあった。担任の先生との面談では、英語のため、私自身が言いたいことの半分しか伝えられなかったこともある。アメリカ人にとっては当たり前でお馴染みの行事も、私にとっては未知の世界だった。けれど、日本人の母親に育てられているために、息子に不自由な思いをさせたくない、と必死でやっていたように思う。ハロウィーンやヴァレンタインやお友達のバースデーパーティーもこなすことが精一杯で、とても楽しむ余裕などなかった。次男を出産する際、長男の担任の先生が、長男を自宅で預かってくれ、そして出産後も時々、「ベイビーとのんびり過ごしてね」と長男をピザレストランに連れ出してくれた。異国での孤独な育児をしていた私たち夫婦にとって、こんなに有難いことはなかった。

長男が四歳、次男が一歳半の時、私たち一家は、再びサンフランシスコに戻ることになった。ハワイ大学で社会福祉学の博士号（Ph.D.）を取得した夫は、私の母校でもあるサンフランシスコ州立大学の心理学科で講師の口を得たのだ。常夏のハワイから霧の街サンフランシスコへの大移動である。ハワイでは、Tシャツ、短パン、素足にビーチサンダルという息子たちは、サンフランシスコでは、長袖のシャツにジャンパーを羽織り、ジーンズに靴下、スニーカーという出で立ちに変わった。そんなスタイルの着こなしも段々様になってきた頃、日本の夫の父から連絡が入った。夫の実家は東京で寺を営んでいる。住職である義父は、夫に日本へ帰国して、家業の寺の手伝いをしてくれないか、と言ってきたのだ。次男坊である夫にとって、この義父の申し出は、青天の霹靂だった。けれど、夫の両親と未婚の兄の三人だけでは、人手が足らず、寺の切り盛りがどうにも立ち行かなくなった、というのである。当時、六十代半ばを過ぎた義父は、若い頃のように無理が利かなくなり、日々の寺の勤めに不安を感じ始めていたようだった。私たち夫婦は、アメリカの地でこの先も生きていこう、ここで子供たちを育てていこう、と決意を固めていた。そんな矢先の日本からの突然の申し出だった。私たちは何日も何日も話し合いを重ねた。そして家族揃って、日本へ戻ることを決めたのだ。

私たちが日本での暮らしを決心した頃、夫はひまわり会から再びオーラルヒストリーの出版の相談を受けた。夫からその話を聞いた瞬間、何かが私を突き動かすのを感じた。そして口を開くなり、「それ、私にやらせて」と言っていた。夫は予想外の私の言葉に、一瞬驚いていたけれど、すぐに賛成してくれた。私がアメリカに来たばかりのその時から十年ほど前に、その計画を聞いた時は、「実現したらいいね」と、他人事としての反応しかできなかった。けれど、アメリカに渡り、結婚をし、その地で子供を産み育てた経験をした私にとって、戦後、アメリカで妻として母として生きてきた「ひまわり会」の日本人女性たちは、私の大先輩であり、時代こそ違うけれど、ほんの少しでも重なり合う経験を共有しているという何かご縁のようなものを感じずにはいられなかったのだ。そして何より、当初の予定を大幅にオーバーしてしまった十年間という時を過ごしたこのアメリカ、そしてアメリカの日本人コミュニティに、アメリカを去る前に何かご恩返しをしたいという気持ちで私の胸は溢れていた。

本書で自身の半生を語ってくれた十人は、一九五〇年代から七〇年代初頭にかけてアメリカ人と国際結婚をし、夫の祖国へ渡った日本人女性たちだ。彼女たちは、何時間にも及ぶ私の執拗なインタビューに嫌な顔ひとつせず、真摯に向き合ってくれた。そして何よりも温かく、フレンドリーに迎え入れてくれた。彼女たちが経験した想像を絶するアメリカでの苦労と、そしてそれらに立ち向かうたくましさと前向きさには、ただただ頭が下がり、たくさんの勇気を私自身もらったのだ。

これらのインタビューは、二〇〇四年五月二十四日から六月八日にかけて行われた。二〇〇四年六月三十日、我が家がサンフランシスコから日本へ発つ日が迫っていた。限られた時間の中で、皆さんの人生をしっかりと伺わなければ、と、当時の私はとても緊張していたことを思い出す。

本書は、このようないきさつ、ご縁から生まれたものである。

この本で取り上げた十篇に登場する女性たちは、歴史を動かしはしないし、歴史に名を刻むこともない無名の人びとかもしれない。けれど彼女たちの発した言葉には、まぎれもなくあるひとつの時代の匂いと鼓動がみなぎり、ほとばしっている。これは、遠く故郷を離れたアメリカで生きた日本人女性たちが、自らを語った歴史《ヒストリー》であり、また「戦争花嫁」などと決してひとくくりになどできない十人十色のヒロインたちが生き抜いたかけがえのない物語《ストーリー》なのだ。

浅井　直子

目次

「欲張らないことが人生の収穫でした」

つらいメイド時代、タクシーでの偶然の出会い

スクリムシャー 仁子

「私の生まれは、幸せだったと思いますね」

――スクリムシャー 仁子さんは、リビングルームのガラス製の小さなテーブルに、私と向き合って座るなり、開口一番にそう言った。

その部屋は、大小様ざまのダンボール箱と、衣類がのぞくたくさんの紙袋が、足の踏み場もなく床に溢れていて、私たちは椅子に腰掛けるために、それらの荷物をまたいで行かなければならなかった。

ユニオンシティーにあるこの二階建てアパートの一階に、仁子さんは一人で暮らしている。けれど、十年暮らしたこの部屋を出て、この週末、サンノゼのシニアアパートメントに引っ越すのだと言う。

「ほんと、幸せだったと思います」

――仁子さんは、膝の上で組んだ自分の手にそっと視線を落としながら、もう一度そう言った。

竹岡仁子さんは、昭和十年(一九三五年)二月十二日、山形県に生まれた。

「ふたつ違いの姉がひとりいます。私たち姉妹の誕生は、あまり喜ばれなかったそうですよ」

――親族が跡取りの男児を切望していたからだ。

「父は歯医者で前途有望。母は本当に真面目一方の人間で、小学校の教師として毎日外に働きに出ていました。そしておばあさんが家の中を取り仕切っていました。使用人も何人もいて、私は何不自由なく、大事にされて育ったんです。

姉は大変な秀才、そして言ってみれば山形美人って言うんでしょうか。誰からも羨まれる、本当に前途有望という感じでした。それに引き換え、私はボーイッシュで落ち着かない子。おばあさんは、そんな私のことが気に入りませんでした。

姉が七歳、私が五歳の時に、父が死にました。急性肺炎でした。祖父方は腺病質な系統で、おばあさんの結婚した相手（祖父）も健康上あまり丈夫な人間ではなかったらしく、私の父が生まれて間もなく、おばあさんの希望でおじいさんとは離婚したそうです。竹岡家の一人娘で跡取りだったおばあさんは、婿養子であった祖父との間に私の父をもうけ、その父に病気がうつっては困ると言うわけで、おじいさんには実家に戻ってもらったんです。

父は腺病質だったこともあって兵役にも取られず、無事、歯科医として商売繁盛していたわけなんです。田舎なもんだから、『先生様、先生様』ですよ。父が死んでからは、遺産だとか、あと母がずっと教師をしていたので、その収入なんかでやっていました。うちの母は十三人きょうだいで育ちました。けれど戦争で亡くなったりで、私が物心ついた時には、母は九人きょうだいの一番上になってました。昔、母の実家にいとこが二十八人集まったことがあります。もう学校さながら。その中で一番腕白なのが私。もうこの上ない楽しみでしたね。そんな風だったので、父が死んでも平気だったわけです。それに姉のような物事を深く考えたり、感じたりという繊細さが、私は抜けていたんじゃないかなあ、と思うんですよ」

――仁子さんが十歳の時、日本は終戦を迎えた。

「それからが大変だったですよ。八月に終戦となって、その年の十月におばあさんが脳溢血で倒れたんです。敗戦を迎えたということに、とても落胆していたのが原因なんじゃないかと、周りの者が話していたようです。おばあさんは町のVIPとして活躍した人なんです。愛国婦人会会長とかね。また浄土真宗の寺の門徒衆と言って、総元締を自分で抱えたり。あの頃は幼稚園ってものがまだなくて、託児所というものを、おばあさんのアイディアで町のためにつくったりもしたそうです。そういう女性でした。

おばあさんの介護には人を雇いました。それでも看護の人に頼めることと、身内の者に頼めることとは、やはり違うものですから、私は学校と家の間を走り回りましたよ。昼休みに一旦家に帰って、おばあさんの食事の様子を見て、それからおトイレのお世話もするんです。よその人には絶対にさせませんから。それが済んだら、また学校へ走って戻って。その頃もう死んでしまいたい、とまで思いましたよ。なんで私ばっかりって。姉は跡取りなもんだから、好きなことをしていい、と言われてたんです。姉は十二歳から山形市の女学校に入ってしまって、家には帰ってこなかったわけです。だから私の肩に多くのものがのしかかってきて。

ある日、母が私に、『お前もゆくゆくは、姉さんと同じ高校に行くのだから、山形市の中学に移れ』と言うんです。それから毎朝六時の汽車に飛び乗って、山形市の中学に通いました。奥羽本線に二時間閉じ込められて。でも十一月以降は通えなかったですね、雪が降って。冬の間は、姉と山形市で共同生活です。決して裕福ではありませんでしたが、母が頑張ってくれたお陰で、悠々と学生生活を送りました。

私の年齢で山形市まで通うっていうのは、すごく少なかった。同じ町からは、最初の年は私ひとり。皆、近くの地元の中学に通ってるわけです。優越感、ありましたよね。でも一方で、自分はどうしてこんな生活をしているのかなあ、という疑問もありました。それは皆、母のアイディアでした。母自身も山形市の女学校出ですから。結局、昔のまあ『先進女性』、人の先を行く女性に、娘たちになって欲しいという頭が、母にはあったようです。難しいことはさておいて、その頃の私は、おばあさんの世話から解放されて、ホッとしていましたね。『おばあさんの世話より汽車に乗ってる方がずっといい』って。

ところが、私が山形東高校に入るにあたって、ひとつ大きな問題がありました。成績です。勉強のことはホント無頓着でした。通学の汽車の中では、居眠りと、あと汽車の窓のものすごい展望を眺めるだけで、教科書なんて一遍も開いたことないんです。

それでも、新制中学の三年の時、担任から『山形東は無理だろう』って言われて、さすがに心配になりました。でも、入っちゃったんですよね。うちの母は、私の合格を信じて疑わなかった。『仁子は頭脳的には、よそ様に引けを取らない』と思っていたらしいですよ。親バカですね。私自身、母を落胆させたくないっていう気持ちが、すごくありましたからね。試験に落ちたら、どうしよう、落ちたら家を飛び出そう、って考えてました。

それだけ圧迫感を感じていたと思うんですよ。なんかモヤモヤとしたものが、いつもありました。できることなら、私のしたいようなことをやりたいって」

——その頃の仁子さんの将来の夢は、なんでしたか、と問うと、仁子さんは目を輝かせてこう続けた。

「その頃の私の希望は、進学するなら体育大学がいいなあ、芸大はどうだろう、なんて考えてました。まだ父が生きている頃はね、空を見上げて、飛行機が飛ぶのを眺めながら、『あれに乗ってみたい。私、飛行家になる』なんて言って、『お前は女の子だ』ってみんなに笑われてました。それから小学校六年の頃、町でたった一人、中年の女性バスドライバーがおったんですよ。山形県の女性バスドライバー第一号。その人に憧れてました。でも母の働く姿を見ていると、とても言い出せなかったです。お前は竹岡家の人間だ。そんなことが許されると思っているのか。そういう風に言われるのがわかってる。もっと何か、町の人みなが憧れるような、あっと驚くような偉い人間になる、と母は思い込んでいたみたいです。姉は、その通りに進んで行ったわけですよね。姉は高校卒業後、京都女子大に進みました。

自分が高校を卒業した時は、絶対に私は姉と同じ道は進まない、進めない、ということがわかってきたんですよ。姉とは性格も考え方も全然違うということを、認め出したんですね、ようやく。それから、自分はいずれ、よそへ嫁に行く身分だ。それなら、今のうちからこの家を飛び出しても構わないんじゃないか、という考えがうんと強くなってきたんです。それにおばあさんも、私が高三の時、亡くなってましたしね。決心がついて、姉のあとを追って京都に出て来たんです。高校を卒業してすぐの五月か六月頃だったと思いますよ。まだ少し肌寒かったですからね。姉は反対しませんでした。予想していたんでしょう。昔を振り返ってみると、姉は私のことを、すごく認めてくれてたんじゃないかな、って思うんですよ」

――高校卒業後、仁子さんは、京都で大学生だった姉とアパートを借りて、自炊生活を始めた。窮屈だった山形での生活から飛び出して、好奇心旺盛な彼女は自由を満喫し、あらゆることに挑戦してみるのだ。

まずは大学に挑戦。奈良女子大を受験する。

「奈良は有名な所だ。修学旅行で行ったことがある、って、下見もせずに受験に行ったんです。電車に乗ったはいいけれど、関西弁のアナウンスがよく聞き取れず、乗り越しちゃって。大遅刻ですよ。それでも全然平気でね。糞度胸って言うんでしょうか。ちゃっかり、試験受けましたよ。もちろん落ちました」

――その後、仁子さんは、京都の高島屋、大丸といったデパートで、パートタイムのキャッシャーの仕事を始める。

「大丸は二年近く働きました。その後もいろんなことにトライしましたよ。バスガールの試験を受けに行ったり。訓練中に辞めてしまいましたけど。だって私は山形の生まれでしょ。ズーズー弁なんです」

――その後、姉は大学在学中に婚約していた男性と卒業後結婚し、竹岡家に婿養子として入ってもらう。当時、姉の夫は、京都大学農学部を卒業後、京都の大学の講師として働いていた。そして仁子さんは、姉の新婚家庭で一緒に暮らし始めることとなる。

「小間使いみたいなもんでしたよ。自分で仕事をみつけて、住むところをみつけてくるなんてこともせず。姉のそばにくっついて手伝いをしたわけです。まあその間、いろいろ遊び回りましたね。山登りとか、海へ行くとか。あと京都の藤川学園という服飾の学校にも通いました。あの頃が一番楽しい時期でした」

――姉夫婦の間には、子供が二人生まれ、そして山形にひとりで暮らす母を京都に呼び寄せた。それから間もなく姉の夫は二年間、単身スウェーデンに派遣される。その間、仁子さん、姉、姉の子供二人、そして母との五人での生活を送ることになる。

「子供たちの世話は結構したんですよ。同志社の幼稚園に毎日送りました。下の子なんか、おんぶして行きましたよ。姉は専業主婦です。体が弱いものですから。姉は生まれつき頭がいいのに、健康状態はあまりよくない。私はまるっきり反対。だから役に立ったみたいで」

——仁子さんは、義理の兄が二年の任期を終え、スウェーデンより帰国するとすぐに、姉の家を飛び出した。

「どうせ、母が子供たちのことは見てくれるだろうし、と見積もって、私は京都ホテルに就職したんです。四年はいましたね。東十条という、とても眺めのいいところにありました。最初はエレベーターガール、次はダイニングのウエイトレス。ほんと見習いでしたね。家族は、私がホテルで働くことに大反対でした。ホテルなんて水商売だ、って軽蔑してるんです」

——仁子さんは、外国人シェフや海外で修業した日本人シェフ達の料理や世界中の旅行客が行き交う国際色豊かな職場に魅了されていった。

「その頃、都ホテルチェーンが全国にどんどんできていきました。東京、名古屋、大阪、博多。そしてサンフランシスコにもできました。私が渡米後、京都ホテルで私と一緒に働いていた人たちが、副支配人としてサンフランシスコに来てましたね」

——仁子さんは、ホテルでの経験を買われて、都ホテルで、新人の研修を任されるようになる。その時代、ホテルは九州からの新制中学や高校を卒業したばかりの集団就職者をまとめて採用するようになっていた。ホテル側は、経験豊かな従業員よりも、若い彼らを重宝がり、古株はどんどん首を切られていった。都会に憧れて集団就職してきた若者たちの訓練に当たっていた仁子さんにも、ある申し出がホテル側から言い渡される。

「『仁子さん、いい話があるから考えてみませんか』という話が、上司から舞い込んできたんです。サンフランシスコに住んでいる中国人家庭でメイドを探している、というものでした。先方はホテルの上得意で、私のことを気に入って、是非にということらしいんです。会社の方では、いい年をして嫁には行かない、ひとり暮らしはしているわ、という私の処遇に困って、次の行き先をいろいろ考えていたんでしょうね」

——その中国人夫妻はふたつの商売を持っていた。ひとつは観光客向け土産品として、妻が食器などを手がけ、有名店に卸していた。もうひとつは旅行業で、夫婦でツアーコンダクターとして、世界各国を回っていた。夫婦は家を空けることが多く、留守の間、家を切り盛りし、子供たちの世話をしてくれる人を必要としているというのだ。彼らは毎年、都ホテルにも、たくさんの観光客を送り込んでおり、ホテルにとって、その夫婦は大事なお客様だったのだ。

「子供四人？　望むところだ、って感じでした。だって自分ひとりの力じゃ、アメリカに渡る費用なんて絶対に稼げないもの。全額、渡航費は夫妻がもってくれるというんです。その頃、仲人さんが、あちこちから縁談話をもってくるんですよ。でも一向に私が首を縦に振らないものだから、もうみんな困り果てていたわけです。姉夫婦なんか、世間体が悪い、顔をつぶされたって、もう大変でした。

私は、そういう煩わしさから、しばらく逃げ出すのにちょうどいいな、と思ったんです。二年の契約でしたからね」

――家族の大反対をまたもや押し切っての決断だった。

「船で行きましたよ。プレジデント号。大きな船でした。横浜からサンフランシスコまで、途中ホノルルで一泊して、十三日かかりました」

――一九六八年、仁子さんが三十三歳のことである。

「その家は、Van Ness（ヴァン・ネス通り）から二、三軒入った所のVallejo Street（ヴァレホ通り）にありました。大きな家でした。古い家でしたけれど、夫婦がお金をかけてリモデリングして、それは立派でしたよ。三階建ての一軒家で、裏庭もありました。ご主人は当時六十代、奥さんが四十代とかなり年の差のあるご夫婦でした。二人とも中国からの移民でした。ご主人は苦力《クーリー》の出の人でした。でも頑張って、資産を築いたそうです。奥さんは、あるカレッジの外国人学生第一号だそうです。筆のたつ方で、あちこちで、ご自分の文章を発表していました。ちょっとした有名人でしたよ。

そしてその家には四人の子供たちがいました。一番上の十五歳の男の子は、うちの姉と一緒で、前途有望っていう感じ。背丈もすらっと伸びて、色白のハンサム。二番目は十二歳のおとなしい女の子。そして三番目の九歳の女の子はきかん坊。でも一番かわいかったのは、末っ子の五歳の男の子。本当にかわいかったですね。この子は近所のプレスクールに、毎日歩いて送り迎えしました。そうそう、夫婦からは何度も車の免許を取るように言われたんですが、結局取りませんでした。子供たちの学校への送り迎えと、夫婦が仕事で海外へ行く時に、空港への送迎を私に期待していたようなので、随分がっかりさせました。でも車の運転は雇用条件には入っていませんでしたからね。

この家で働くに当たって、私の勤務していたホテルの支配人を後継人に立て、そして二人の法律家を間に入れて、中国人夫婦と契約を交わしたにもかかわらず、もう嘘ばっかりでした。私には家族同様に、それ相応の生活をさせるという条件だったんです。ええ、住む部屋は大きかったですよ。広々としたゲストルームのような所を私に与えてくれました。けれどこの家の主人たちは、なんでもかんでも制限するんです。私が日本から持参したラジオを聴いてはならない、家中の壁には触るな。高価な壁紙を使ってたらしいです。ですから掃除も一苦労でした。雇われコックが、朝昼晩の食事の支度を全部するんですが、私はキッチンに指一本触ることが許されませんでした。冷蔵庫の中も一切触ってはならぬとまで言われました。子供たちは成長期だからと、スナックなど与えられるのですが、私には三度三度の食事以外、一切支給されませんでした。

食事の時間以外は働き詰めです。それも二十四時間ですよ。私の部屋は鍵が掛からないものだから、四人の子供たちが代わりばんこにやって来るんです。末っ子は、特に私に懐いていたので、しょっちゅうやって来ましたよ。もう夜中でも。プライバシーってものがなくって、さすがに参りました。

唯一の休日の日曜が来るとね、ご主人が私に言い含めるんです。『よそから来た人間は、外に出ると殺されてしまう。ここはとても恐ろしい街なんだ。うんと危険だから、決して勝手に外に出てはならないよ』と。最初は不思議に思いましたけどね。さすがに三ヶ月も過ぎた頃には、私もいろいろわかってきました。隣にドライクリーニングの店があったんです。段々お互い顔馴染みになってきて、店の人が私に言うんですよ。『あの家族はおかしいでしょう。あなたが来る前も、もう何人も人が替わりましたよ』って。

電話も一切使用を許されませんでした。日曜以外自由に外出を許されていなかったので、手紙も思うように出せない。日曜は郵便局が休みでしょ。あの頃メイルボックス（郵便ポスト）というものが、まだなかったのでね。この夫婦は、私が日本と連絡を取り合う自由すら奪おうとしていたんですよ。それが私くやしくて。

これが一番耐えられなかったですね。この家のご主人のことです。私がバスルームなんか掃除してるでしょ。ふと気配に気づくと、そばにいるんですよ、ご主人が。最初は私の仕事振りを監視しているのかと思いました。でも日が経つにつれて、そうじゃないことに気がつきました。私の勘違いなんかじゃありません。本当に気味が悪くて」

——身の危険を感じ、これ以上この家にいてはいけないと思った仁子さんは、すぐに行動に移した。

「ここを出て行くには、とにかく次の新しい仕事を見つけなければ、と新聞の求人欄を隅から隅まで読みました。英語もちゃんと読めないんですけど、必死でした。ある日、ひとつの広告に目が留まり、ピンと来たんです。これだ！って」

——仁子さんは中国人夫婦の家のある、同じヴァレホ通りに住み込みの仕事を見つける。

「スクールガールって形でした。でも、まだ問題がありました。夫婦とは二年の契約を結んでいたのですが、その家で働き始めて、まだ半年も経っていなかったんです」

——仁子さんが辞職を申し出ると、夫婦は「契約違反だ、強制送還だ」と騒ぎ立てた。悩んだ末、仁子さんは日本領事館に駆け込んだ。

「その日は領事が不在で、副領事が話を聞いてくれました。彼は『強制送還なんてありえませんよ。あなたはグリーンカードを持って、アメリカへ来ているのです。あなたの好きなように生きていいのです。アメリカに残りたければ、これからもずっと暮らせるのですよ』と、おっしゃいました。それから副領事の紹介で、日本語を話す弁護士に会いに行きました。そして夫婦が私と交わした給料の契約に違反があることがわかって、なんとか私はその家を出ることができました。でも円満にはいきませんでした。

新しい仕事先の家に引っ越す日のことです。私は引越しの荷物を自分の部屋から外に運び出していました。アメリカに来てから、まだ半年も経っていませんでしたが、それでもかなりの量ありましたよ。それをひとつひとつ抱えて、階段を上ったり下りたりするのをね、ご主人が、ずっと付いて回るんです。それから奥さんは、私が使っていた二階の窓から、私の荷物を通りに投げ捨てるんですよ。

トランクから何から。日本から送ってきてくれた物なんかもね。私はタクシーが来るまでの間、その荷物の山の前で、ボーっとただ立っていなければなりませんでした。すると奥さんが、窓に子供たち四人を並ばせて、大きな声で言うんです。

『人の言うことを聞かないと、あんな風になるのよ。よーく見ておきなさい！』

子供たちの目で、あんな姿を見られて。それは辛かったですよ」

——間もなくタクシーが仁子さんの前に停まり、中から大男のドライバーが現れた。

「変った客だ、と思ったらしいですよ、後で聞いた話。飛行場に行くには荷物が多すぎる。なんだかとてもしょんぼりしている。そして英語も話せない。実は、この人が後に私と結婚する人。タクシーの運ちゃんだったんです」

——次に仁子さんが雇われたのは、ユダヤ系の裕福な家庭だった。夫婦、十五歳の娘、十二歳の息子の四人で暮らしていた。

「よくしてもらいましたよ。私の事情もよくわかってくれて。ただ、例の中国人の奥さんから、ここのうちに何度か電話があったらしいですよ。『こういう人間が行っているはずだ』って。

ここも住み込みの仕事でしたけれどね、ずっと楽でしたよ。小さい子供がいないから、手はかからないでしょ。それから前の家は月給が二六〇ドルでしたが、ここは月に三二〇ドル頂きました。

ここの奥さんは車をまったく運転しないんです。それで、子供の学校の送り迎えに、タクシーを呼んでいました。そのドライバーが、いつかの人だったんです。私の将来の主人。他にも、テニスの練習、ピアノの練習と、しょっちゅうタクシーを使うんです。頻繁に、その人と顔を合わせるようになりました。

その頃ね、アメリカ行きの船の中で知り合った日本人の奥さんたちが三、四人、コンコードに住んでおられて、遊びにいらっしゃい、と私を誘ってくれたんですよ。それで私、タクシーで会いに行ったんです。当時、経済観念があまりなくて、コンコードまで一体いくらタクシー代がかかるのかもよくわからず出かけました。その時来たのも主人のタクシーでした。コンコードへ向かう車の中でね、彼が訊くんです。『なんで、そんな遠くまでタクシーで行くんだ』って。私の英語なんてチャランポランだったんですけどね。なんとかあっちこっち聞き取れた単語で意味を取って、アメリカ行きの船で知り合った日本人の友達に会いに行くんだ、って話してね。それから、自分はたった一人でこっちへ来て、チャイニーズの家族から追い出されたんだ、と、下手糞な英語で一生懸命説明したんです。それからも何度もコンコードに彼の運転するタクシーで出かけました。そうしてコンコードを行ったり来たりする間にね、タクシーの中でいきなり、『自分は今ひとりだけれど、結婚しないか』って言うんです。冗談だと思いました。人をバカにして、そんな気安く結婚なんてできるものか、と思いましたよ。

でもね、周りの人たちが、彼との結婚を薦めるんですよ。ユダヤ人のご夫婦は、世界中を旅行するんです。それで二ヶ月とか家を空けたりするんですけど、その間、彼が子供の送り迎えを受け持ってくれていました。時どき立ち寄って、子供の遊び相手になってくれたりして。それでご夫婦が、『仁子、あの人はいい人だよ。あなたも適齢期を過ぎてるんだから、今のうちだよ』って言うんです。当時、彼はローズ・キャブ・カンパニーというタクシー会社に勤めていました。今もあるのかどうか、わかりませんけど。そこの社長さんはおばあちゃんでね、その人がある日、『彼はここでもう十年以上も働いているんだよ。仁子、私はこの人間を、うんと信用している』と私に言いました。そして私たち二人を、よく自宅に招いてくれました。大家族でね。みんなが、とてもよくしてくれて。ああ、こんな風に温かく信用のおける人たちに囲まれている人間なら大丈夫かな、と思いました。

私は、彼がどういうバックグラウンドを持った人間なのか、何も知りませんでした。でも自分も勝手なことをして生きてきた人間なので、そんな事はもう訊くまい、と決めたんです。どんな人間であろうと、正直で心の温かい人間でありさえすれば良しとしよう、と心に決めて飛び込んだんです。それに、あの中国人夫婦の仕打ちが怖かったんです。あの家を出たあとも、いろいろあって。アメリカ行きの船賃を月賦で全額払え、とも言ってきました。全部返しましたよ。

結局は、ひとりでいるより、ちゃんと結婚さえすれば、誰からも後ろ指を指されることもない。私のアメリカでの本当の生活が始まるんだ、って思ったんです。日本の姉夫婦も安心させられる、とも思いました。反対されましたけどね。

『私たち、本当に結婚できるの？』って、彼に一度訊いたことがありました。そしたらある時、彼が大きなバラの花束を抱えてやって来たんです。そしてエンゲージリングとウェディングリング、両方をいっぺんに私に差し出すじゃありませんか。なんとバカ正直な人だろうと思いましたね。

——そして、その翌年一九六九年九月、仁子さんは結婚する。

「サウス・サンフランシスコにアパートを見つけてくれて、そこで私たちの暮らしが始まりました。彼は日本語が全然わかりません。でも昔、兵隊として横須賀とか沖縄に来てたそうですよ。結婚して三年目でした。子宮筋腫で卵巣を取ったんです。私も前のようには働けないし、もっとつつましい生活をしなければ、と、当時住んでいたサウス・サンフランシスコからオークランドへ引っ越しました。それから一年後に妊娠したんです。結婚して四年目です」

——一九七四年一月七日、女児を出産する。

「フローラ 悠子です。〝のんびりした〟悠子です。私も主人も友達もみんな、『ユウコ、ユウコ』って呼んでました。彼女の通ったハイスクールの先生だけでしたよ、フローラって呼ぶのは。だから、フローラって呼んでも返事もしないほど」

——私たちが向かい合うテーブルのすぐ脇の壁に大きな写真が飾られていた。黒髪と黒い瞳がとてもチャーミングな女性が、小さな少女二人と微笑んでいる。恐らく仁子さんの孫たちだろう。

「そうそう、主人の生い立ちなどは、結婚して少しずつ知るようになります。彼は一九二六年生まれ。

私より十歳近く年上でした。生まれはオクラホマです。兄弟はなく、一人っ子だそうです。名前がスクリムシャーで、ドイツ系です。チェロキーインディアンの血も流れているんです。おばあさんはアメリカンインディアンの酋長の娘だったそうです。

ベルバート・ヨーデル・スクリムシャー。これが主人の名前です。主人は自分の名前が大嫌いでした。ファーストネームもミドルネームもラストネームもみんな気に入らない。『スクリムシャーなんて、この辺では自分だけだ』って。

彼の父親ね、その頃はまだオクラホマにひとりで住んでいた〝頑固な〟父親

――仁子さんは「頑固」という言葉に、ことさら力を込めて言った。

「その人は、決して日本人の嫁さんを受け入れてくれなかった。結局一度も会うことはありませんでした。義父はロサンゼルス辺りまで、よく出てきてたんですよ。ついでにサンフランシスコにも足を伸ばしてくれればいいのに、電話を掛けてきてね、『今、カリフォルニアに来てるから、孫を連れて来い』って主人にだけ言うんです。クリスマスカードを送っても、一度も返事をくれませんでした。

うちの主人は親孝行でしたよ。誕生日のたびに、物を贈ったりしてね。自分は十五の時に、父親を捨てて、カリフォルニアに出てきた、という負い目もあったんでしょうね。昔、オクラホマは深刻な飢饉に見舞われたんです。住人はワゴンに家財道具を積んで、我先にカリフォルニアに向かったんです。映画にもなったりして、ずっと今でも伝わってますよ。それでも土地を捨てず、なんとか命をつ

ないで、オクラホマに残ることを選んだ人たちもいた。主人の父もそのひとりでした。でも主人はね、若い仲間たちと一緒になって、汽車にタダ乗りしながら、こっちに出て来たわけです。彼はね、私との前に一回結婚しているんです。彼が十九歳の時に女の子が生まれています。けれどその子がまだ生後三ヶ月の時に養女に出したそうです。

悠子が生まれてすぐに、私、主人に頼んだんです。『タクシーは危ないから辞めて欲しい』って。その頃いろいろあったんですよ。タクシードライバーが売上金を奪われた上に刺された、なんてことが。それで、イージートランジットというバス会社に雇ってもらったんです。それ以来ずっとバスを運転していました。ところが主人が膝を悪くして、バス会社を辞めなければならなくなりました。二六五パウンド（百二十キロ）もある大喰いの亭主と三歳半の幼子を抱えて、一体私はこれからどうしたらいいんだろう、と途方に暮れましたよ。ちょうどそんな時、テレビの広告で山城ダイアンさんのマンパワープログラムというものがあることを知って、オークランドまで三ヶ月通いました。そしてオークランドのアーミーベース（軍の基地）の中にあるウェアハウスでの職を得たんです。ミリタリーの人たちのためのお店です。食品から家庭用品、薬、自動車の部品まで、もうなんでもありました。そこで一年間みっちり働きました。

でも英語もできない私のような人間には、いい仕事なんてありませんよね。本当に最低賃金しか稼げないんです。おまけに主人はひとりで三人前は食べる人でしたから、もう私の稼ぎだけではとてもとても。カウンセラーの人が、私ひとりで家族を養うのは無理だ、政府の世話を受けた方がいい、と言うんです。私が主人と同じ屋根の下に暮らしていると、セクション８（低所得者向け家賃援助プログラム）が適用されないから別居するように、と言われたんです。その話をしましたら、主人は、『寂しいな』とは言いましたけれど、すぐに納得しました。そして子供の養育は私が受け持つから、なんとかやってみよう、ということになったんです。主人はバス会社から二年間の保障をもらっていましたし、その頃はユニオンシティにモービルハウスを持っていましたので、主人がひとりで暮らしていくくらいは不自由はありませんでした。それに主人はひとり暮らしが長かった人ですから、私もあまり心配しなかったですし。それでカウンセラーとの話もついて、法的な別居という選択をしました。そして私は娘を連れて家を出たんです。

それから一時期、私は悠子と日本に帰ったんです。姉夫婦は、悠子を引き取りたい、と言い出しました。『竹岡に養女として迎え入れよう。私たちが責任を持って育てるから、お前は何も心配せず、アメリカへ戻って、夫婦二人で暮らしたらいい』と言うんです。ところが悠子が聞かないんです。日本語はわからない。そして日本にいる間、主人は毎日電話をかけてくる。そうすると、『ダディのところに帰ろう、帰ろう』って言うし。その時、姉の主人は大学の教授で立派にやっていましたし、姉の子供たちは二人とも高校生で、六歳の妹ができたら嬉しいって感じでした。姉は悠子に、これ以上はできない、というくらいに、よくしてくれましたしね。でも、私には彼女を日本に置いて来ることはできませんでした」

——そして仁子さんは、娘と二人で生きていく決心をしてアメリカへと戻った。

「私の方は、めったな事がないと主人に会いに行きませんでしたが、主人の方から来るんですよ。止めても止めても。近所の手前、男がしょっちゅう泊まり込んでいる、なんて思われるのは具合が悪いですからね。でも主人は全然お構いなしなんです。『自分のワイフと子供に会いに来るのが何が悪い』って。別居しているとはいえ、親子三人水入らずの生活をずっと送ってきたわけです」

——そう言って、仁子さんは声を出して笑った。

「オークランドのアーミーベースの仕事は、私自身疲れ切って、病気になってしまって辞めました。それからデイケアセンターの仕事に就いたりもしましたが、それも一年で辞めて。教職のライセンスを取ろうと思ってカレッジにも行ったりしたんだけど、そんな甘くわないわよね。教職は無理だと思って、その代わりアートのクラスを取ったんです。ほら、あれは全部そのクラスで焼いたものよ」

——振り向くと、まだ箱詰めされていない花瓶や食器が、いくつも棚にきれいに飾られている。それらはどれも「和」を感じさせる形で焼かれ、渋い色使いで染められている。

「私と悠子の生活は、ずっと国の福祉のサポートでやってきました。でも、とてもそれだけでは親子二人やっていけません。主人からの経済的援助は一切ありませんでしたし。むしろ私の方がサポートしてたくらいです。実は大部分は、私の姉に助けてもらったんです。恐らく姉の主人に知られないように、こっそりお金の都合をつけて送ってくれるんです。私は頼まないのに、かわいそうと思って。本当に有難かったですね。子供の誕生日、お正月、お盆といった時に、必ず小包を送ってくれたんですが、その中にお金がしのばせてあるんです。ほらこれを見てください。これもその時の箱です」

——足元に詰まれた、みかん箱ほどの大きさのダンボール箱を指差した。そして箱に貼られた日本の切手をじっと見つめた。

「これは、四、五年前のものでしょうね。

うちの姉ったら、笑っちゃうんですよ。小包の箱の側面だとか、私の住所の脇だとか、もう箱中にマジックで手紙を書いて送ってくるんですよ。中に手紙を入れ忘れたためなんでしょうけどね。誰かに読まれて恥ずかしくないのかしら、って思っちゃうんだけど。その箱、この引越しの荷物のどこかにありますよ。

情が深いんです、山形の人間は。私たち親子は、そういう山形の情のお陰で生き延びたんです」

——レンズの奥で、瞳がほんのしばらくの間、静かに閉じられた。

「悠子は小さい頃は本当に内気で、いつも下を向いて歩いているような子でした。五歳の時に、ユニオンシティの仏教会の日本語学校へ、毎週土曜に通わせたんですけどね、かわいそうで辞めさせました。周りはみな日本人の子供さんばかりで、彼女が一番年下なものだから、なかなか友達ができない。とにかく引っ込み思案でしたからね。悠子が十三歳か十四歳になった時、また同じ日本語学校へ通い始めました。最初は五、六歳のクラスに入れられて、その三ヶ月後にはハイスクールの子たちのクラスに入れてもらいました。大学進学の勉強が大変になってきたので、本人が、『日本語は諦める。また将来勉強し直すから』と言って辞めました。私の日本語は大体わかっていたようですよ。読み書きも得意でした。今はほとんど、娘とはブロークンな英語でしゃべります」

――悠子さんはハイスクールを卒業すると、一年間のスカラーシップ（奨学金）を得て、ボストン・ユニヴァーシティーに進学する。けれど学費が続かず、悠子さんは大学を辞めて、仁子さんのもとへ一年後戻ってくることとなる。

「とにかく、この近くの大学に入りなおしなさい、と言ったんですけれど。ところが本人はもう決心していたんですね。帰ってくるなり、『マミー、私、身体検査に行って来る』って出かけて行ったんです。何かと思えば、ネイビー（海軍）の試験を受けに行ってたんです。それこそボストンから戻って、二人でゆっくり食事をする間もなく。フロリダのブートキャンプ（新兵訓練施設）でした。それから三ヶ月後にトレジャーアイランド、次はヴァージニアへ行きました。悠子は赴任先で知り合った男性と結婚しました。アイリッシュ系の人です」

――「そしてお子さんが、お二人生まれたんですね」と、壁に飾られた写真を見ながら尋ねると、

「いいえ、三人です。下にまたできたんです。女、女、男です。今はジョージアに住んでいます。ジャクソンビルから車で三十分位の所です。悠子は子供が生まれても、ずっと仕事をしてきたんですが、

三人目が生まれた時、『この子がプレスクールに入るまでは家に居なさい』って、私言ったんです。ところが私が娘の所へ遊びに行った時、上の子二人が学校から帰ってくると、よその子がドヤドヤ入ってくるんですよ、自分のうちみたいな顔して。私が、あれはなんだ、て娘に訊くと、『いいの、いいの。ベビーシッターしてるのよ』って言うんです。『マミィが家に居ろって言ったからよ』って。まったくねえ。自分の子が三人、よその子が三人、ネコが三匹。もう本当賑やかなんですよ」

——仁子さんはそう言うと、とてもいい顔で笑った。

「最後に私の主人の話をしなくちゃね。オークランドに地震があったの、ご存知ですか。ベイブリッジの橋の上が海水でビチャビチャになったんですよ。その時、主人の住んでいたアパートの天井がひび割れて、ガス漏れもあって、立ち退きを言い渡されたんです。他に行くところがないので、ユニオンシティの私のアパートに三日間ほど泊めることにしました。そこへ主人が十九歳の時に生まれた娘という人が訪ねてきたんです。マリーアンという人です。彼女は生まれて三ヶ月の時にもらわれて行った先からお嫁に行き、子供も二人いて、カリフォルニアのバーストに住んでいるとのことでした。

そんな彼女が突然主人の前に現れて、一緒に暮らそうと言ってきたんです。ずっと離れ離れで苦しんできた、親子の情を取り戻したい、そう言っていました。私にも『自分の父親として責任もって面倒を見るから、引き取らせて欲しい』と彼女は頼みました。驚きでしたよ。主人は今まで、その娘さんに何にもしてあげていないんですよ」

——仁子さんの夫は娘のマリーアンに引き取られて行った。仁子さんと悠子さんは、彼らの住むバーストに何度か会いに行った。

「でも主人の体が利かなくなって、マリーアンに申し訳ないな、と思っていた矢先に、主人はベテランズホーム（退役軍人用老人ホーム）に入りました。バーストの町の山の上にね、ちょうど新しくできたんです。それからですね、主人はインパズマを患って。咽喉癌です。もうあっちこっちに転移していて。手術をしないといけない、とオンタリオの病院に移されました。手術が成功したから、リハビリのため転院すると連絡を受け安心していました。サンディエゴの端っこにあるメキシコ風の名前の病院でしたね。じゃあ、サンディエゴに行く前にもう一度会いに行くから、なんて話をしていたんですけど、マリーアンから連絡が入って、容態が急変したっていうんです」

——仁子さんと悠子さんは病院へ駆けつけた。そして夫は息を引き取った。

「主人は死ぬ間際まで言ってました。『自分には子供は悠子しかいない』って。

私も悠子も葬式には出ませんでした。後でマリーアンから無事済んだ、と聞きましたけど。主人の遺言で、自分は長い間船に乗る仕事をしていたので、自分の灰は海にまいて欲しい、と希望していたんです。私が灰をもらいに行って、それと一緒に飛行機に乗って娘の住むジョージアに行きました。そして私と悠子だけのセレモニーをしよう、と二人でアトランティックオーシャンにまいて来ました。でも少しだけまだ残してあるんです。私と主人が行った場所へ、その灰と一緒に訪ねてみたいな、と思って。まだ実現してませんけど」

――仁子さんはここまで話し終わると、大きな溜め息をフーッと吐き出した。自分の半生を一気に語り尽くした疲れからだろうか。

「まあ変な人生ですね、振り返ってみると。日本から来て以来、もう全然方角違いの人生でしたよ。あの頃の夢はね、サンフランシスコのダウンタウンにあったデザイン学校に通うことでしたね。オファーレルって通りにあったんですけど、今でもあるんでしょうか。ちゃんと学校の入学案内も大事に持っていたんですよ。でもとんでもなかったですよ。どんどん違う方向へ行ってしまって。輝く未来なんてものは一体どこにあるの、って感じでした。

ただ、娘をひとり授かったお陰で救われました。宝でしたね。子育ての時期も苦労そのものと言えばそうでしたけれど。今になってみれば、苦しかったこと、悲しかったこと、何にも思い出しませんしね。

もちろん、もうちょっと裕福だったらって思うこともありますよ。結婚したばかりの頃、日本の姉との電話で『お宅はご主人が大学の先生、うちはタクシーの運転手。もう付き合えないわね、お姉ちゃん』って言ったことがあるのよ。『そんなこと関係ない』って叱られましたけどね。でもねえ。いつか義兄が勲章をもらうとかで、姉が何を着て行ったらいいんだろう、と悩んでるんです。私の悩みとはもう次元が違うっていうか。住んでる世界が違うんです。

私の母は九十四歳で亡くなりました。大往生です。でも母の葬儀には出ませんでした。日本には、悠子が六歳の時に行ったきり、帰ってないんです。

母と姉はそりが合わなかったんですよ。おばあさんが、竹岡家の跡取りとして、母から姉を取り上げるような格好になってからだと思うんですけど。その代わり、私は母の愛情を一身に受けて育った。母と姉はいつも口論ばかりして、私はその間に挟まれるような格好で、それが辛かったんだと思います。それで私、アメリカに飛び出したんだろうな、って今になって思います。母が八十五の時に脳溢血で倒れるんですけど、結局電話一本掛けませんでした。遠慮したんです。やっと母と姉が、親子らしく寄り添える時が来たんだと思ったから。邪魔したくなかったんです。もうよかったんです。私はもう十分過ぎる愛情を、子供の時、母から貰ったんですから」

――そう一息に話し終わると、仁子さんは急に何かを思い出したかのように立ち上がると、私に「ちょっと待っててください」と一言だけ告げて、奥の部屋へと入っていった。

「これ、孫たちの写真です」

――仁子さんは二枚の写真を私に差し出した。一枚は、水着姿の悠子さんと三人の子供たちがビーチで遊んでいるもの。光の加減で、それは夕暮れ時のものとわかる。写真の中の子供たちは、私の目にはどこから見ても白人の子供にしか見えず、外見的には、おばあちゃんの遺伝子を見つけるのは難しい。もう一枚は、三匹の猫たちの写真。家から一歩も外に出ない、とてもお行儀のいい猫たちなのだと、仁子さんは言った。

「姉のことも気がかりだし、日本へ帰りたいと思うこともありましたよ。でもね、こっちに孫が三人いるでしょ。やっぱり、USAを離れることはできないわね。

この部屋は、日当たりが悪いこと以外は気に入ってたんですよ。今度引っ越す部屋もここと同じ1《ワン》ベッドルームです。バスルーム以外は、全部ここより小さめなのよ。家具も今まで大した物は買ってこなかったのよ。持っていくのは、このテーブルと椅子とあの小さなカウチとベッドくらいです。

ユニオンシティは、なんにもない所。サンノゼは仏教会とか友愛会とか、日系のものがいろいろあって、今から楽しみなんですよ」

——私たちは別れの挨拶を交わし、席を立った。その時、仁子さんは、一番大事なことを言い忘れたというような顔で、こう付け加えた。

「あんまり欲が深いというのも、良し悪しだと思うんですよ。あんまり欲張らなかったということが、私の人生の収穫かな、って思います。ほんと、ちょうどよかったです」

——そして、今日一番の陽気な笑顔を見せた。

「孫たちの名前ね、上からケードン、スカイラー、ジェードン。お前、どうして変な名前ばかりつけるの、って訊いたんですよ。そしたら、『他の子と一緒にされるのが嫌なのよ』ですって。

他にも、まだたくさんいい写真があるんですよ。みんな箱に詰めちゃったのよ」

——仁子さんはとても残念そうに、そう言った。

「日本にいたら不満だらけの有閑マダムになっていたわね」

アメリカ留学、農家の嫁、ビジネスウーマン

土屋　和子

——ジャパンタウンに程近い二十四階建てのコンドミニアムに、土屋和子さんは暮らしている。私が訪ねた日は、ちょうど外壁の塗装工事中で、建物の壁にはゴンドラがぶら下がっていた。コンドミニアムのエントランスをくぐると、体格のいい白人男性のコンシェルジュが、「カズコのところに来たんでしょ?」と声をかけてきた。彼の指差した先にエレベーターホールがあった。ソファとコーヒーテーブルが整然と据えられて、とても清潔な雰囲気だ。

和子さんの部屋のある階でエレベーターを降りた。各部屋の緑色のドアには、恐らく外壁工事の件だろう、張り紙が貼られている。その中からお目当ての部屋番号を見つけ、ブザーを押した。扉に貼られた張り紙の文章を読む暇もなく深緑色のドアが開き、そこには明るい朝の光の中、目にも眩しい鮮やかなピンク色のニット姿の女性が立っていた。リタイアするまでは不動産業を営み、また国際結婚をした日本人女性を支援する非営利団体「ひまわり会」の設立者のひとりでもある和子さんは、てきぱきとした口調で、私を部屋に招き入れた。

廊下から広々としたリビングに入ると、まず目に飛び込んできたのは、大きな窓の向こうに広がるサンフランシスコのダウンタウンの眺望だ。その窓ガラスの四隅には、塗装工事の埃の侵入を防ぐために、白いテープが貼り付けられている。

「かれこれ一年くらいこんな調子なの。アメリカはこういうところがのんびりでしょ。夏までには終わって欲しいんだけど。窓が開けられないのが困るのよね」

――私たちは、部屋の一番奥に置かれたダイニングテーブルに向かい合って座った。すぐその脇にはCDプレイヤーとコンピューターが置かれ、また部屋の反対側の壁には黒い革張りのソファが据えられていて、そのすぐ後ろの壁には日本の金屏風風の絵画が飾られている。それは部屋の中に華やいだ印象を作っていた。

和子さんは、昭和九年（一九三四年）九月二十三日、東京に生まれた。実業家の父、母、そして二人の兄の五人家族、裕福な家庭で育った。

「生まれは田園調布です。小学一年生の頃、目黒の洗足へ移りましたけど、電車で田園調布の小学校にそのまま通わされました。兄と一緒に。でも戦争が始まって、小学生は危ないので電車通学ができなくなったんです。それで小二の頃、近所の小学校に転校しました。すごくいたずらでしたよ。小さい時、兄たちと遊んでいると、私が泣きながら駆けてきて、母に言ったんですって。『どうして私にはオチンチンがないの？』って。兄たちは外でシューってオシッコができるのに、なんで自分にはできないの？って。木には登る、屋根にも登る。年中、兄とチャンチャンバラバラ。もう口より手の方がはやい、みたいな子で。

戦争で家が焼けて、千葉に父が家を見つけて移ったんですね。競馬場の近くだったもので、近所はみな馬関係の人ばかりでした。調教師とか馬の世話係とか。地下足袋履いて忙しそうに働いてました。当時、私はそういう家の子供たちが遊び相手だったんですけど、ある日、ケンカして殴っちゃったんですよ。そうしたら地下足袋姿のお父さんが乗り込んで来たの。玄関先に座り込んで、母に、『どうしてくれる?』って凄んでるの。あとで母に叱られました。『和子、ケンカする相手は選んでちょうだいよ』って。中学までは、ほんとお転婆でした。

自分は女の子なんだって意識するようになったのは、高校生になってからね」

――和子さんは青山学院高校に進学する。

「『あっ、男の子がいる』って感じで、ちょっと異性を意識し始めてからね。まわりの友人たちが、みんなボーイフレンドを持っていたんで、『あー、私もかっこいいボーイフレンドが欲しいな』って思ったのよ。ボーイフレンド? みつかったわよ。それで少し女の子らしくなったかな。高校、大学時代と、私は部活とかサークル活動とかとは、まったく無縁でしたね。とにかく私は男女関係に専念してて。ずっと男みたいだった反動かしらね。

母は十三人きょうだいの真ん中でした。学校の成績は兄たちと同じようにできたのに、女だからというだけで、大学に行けなかったんです。母の兄たちは進学して、みな医者になりました。でも女は嫁に行く道しかなかったでしょ。だから母は私に対して、自分がやり損ねたことをやって欲しい、という気持ちがものすごく強くて。母は一度だって私に女らしくしろ、なんて言ったことはなかったですね」

――その後、青山学院大学に入学する。当時女子学生のほとんどいない経済学部を選んだ。

「大学はところてん。青山はあの頃、英文学がすごく有名だったんですね。英文科って九割は女の子なの。そんな所に行きたくなかったんです。それで経済学部を選んだんですよ。当時、経済学部には女子はたったの四人でした。教授たちが、どうやって扱っていいものか困っていたらしいです。よくいたずら心でね、ミニスカートはいてって、教室の一番前に座るんですね。そして足をパッと組むわけ。教授がもうどこ見たらいいか、わかんないって顔するのよ」

――やがて大学卒業を迎え、和子さんは、世間の様ざまな現実に直面する。

「大学を卒業して、いろいろ仕事を探したんですけど、その頃、四年制大学の経済学部卒の女子には、仕事なんて全然ないんですよ。多分父が頼み込んでくれて、やっと銀行に就職できたのはいいんだけれど、高卒の人たちと一緒の扱いなんです。高校出たての子たちと並んでね、まずソロバン。それからお金の勘定の仕方を習って、そしてお茶汲みさせられて。卒業後は自立して、自分の力で生活しようと思っていたから、一生懸命勉強して、割合いい成績も取って卒業したのに。私のノートを借りて、やっと卒業した同級生の男の子にお茶持って行くんですよ。向こうは幹部候補生、こっちは高卒扱い。給料もずっと少ない。もうこんなのやってられない、って思いましたよ。

ちょうどそんな時、青山と提携しているアメリカの大学に留学生の枠があると聞いて、これはいいと思いました。父は私をアメリカに行かせて帰ってくれれば、箔がついて嫁に出す時ちょうどいい、というつもりでしたね。それにもうひとつ、当時交際していた人を父が大反対していたということもありました。彼は学校の成績が良く、父が大手商社の就職を彼に世話してくれたんです。それから間もなく、父は『恥をかかされた』と物凄い剣幕で怒ったんです。実は、彼はある有名人の私生児だったんです。私はそのことを彼自身の口から聞いて知っていましたが、私はまだ若くて、そういうことが社会的バリアになるなんてことを全く知らなくて。私はこういう障害の多い恋愛を続けていくのはとても大変なことだと気づいて、彼とのつき合いは自分でやめました。でも父たちはそんなことは知りませんから、私をアメリカにやれば、その男性のことも忘れるだろうと思ったようです」

――そして和子さんは一九五七年、二十三歳で渡米する。それは初めての海外だった。

「羽田からプロペラ機で行きました。ウェーク島、ハワイを経由してサンフランシスコに到着しました。何時間かかったのか忘れちゃった。飛行機代、一体いくらかかったんでしょうね。当時飛行機でアメリカに行く人なんて、ほとんどいなかったと思いますよ。メリーランド州の大学に一年という約束で留学しました．実はアメリカに行く前に英会話を習っていたんですが、その先生というのがアメリカ生まれの日系二世でした。その人はアメリカで日本からの留学生の女性と知り合って結婚し、その奥さんと日本に来たという人でした。その先生が、自分の実家がサンフランシスコの近くにあるから、アメリカに行ったら、そこで一週間ほど休んで、それから大学のある東部に渡ったらいいんじゃないか、と言ってくれたんですね。先生のご実家はサンリアンドロでした。アメリカに着いて、私のエスコート役を任されたのは、先生の弟でした。実はその人が私の主人になる人です。名前は土屋武徳です。みんなはTakuって呼んでいました。彼は私と会ってすぐに、結婚しようとか言い出したんです。でも私は大学に行かなくちゃならないから、メリーランドへ行っちゃったんです。でも彼は一年間、私のことを待ってくれたんです。

アメリカに渡って一年が経って、約束の期限が来たわけです。日本からは早く帰って来い、早く帰って来い、って言ってくる。でも私は日本にはまだ帰りたくなかった。日本での女性に対する差別ですね。あれがどうしても嫌でした。学校出たって、なんの可能性もない。日本での大学時代、私は自分で仕事をしたい、とよく言っていたんですけど、父からいつも、そんなことは不可能だって言われてたんです。あの頃、女の四年制大学出なんて、なんの価値もなかった。

あと日本っていうのは、結婚というと興信所を使って、あれやこれや調べたりするでしょ。私の場合、以前つき合っていた恋人のことなんか出てきたりするじゃないですか。仲人さんになんとかまとめてもらったとしても、いずれそのことが知られることになって、嫁ぎ先やその親戚縁者にいじめられたりして。そういう煩わしい人間関係に接するのも本当に嫌だったし。

そんな時、土屋から熱心に結婚を申し込まれて。ロマンスもあったけど、やっぱり日本に帰りたくないっていうのが、彼との結婚を決めた一番の理由だったんじゃないかなあ。でも一方ですごく現実的だったなあ、っていう一面もあったんですよ。彼からプロポーズされて、私、メリーランドの大学の教授に訊いたんですよ。彼の収入がこれくらいで、こういう仕事をしているんですが食べていけますか、って。若かったけど、ただフワフワしてただけじゃなかったんだなあって。それでその先生は、大丈夫だ、と言ってくれたんです。

彼の実家はバラのナースリー（農園）で、彼はそこを継いでやっていたんです。普通、日系二世の方たちは農家に嫁ぐと、いえ、もう婚約時代ですら、農業の手伝いをしてましたよ。日本と同じですね。そう言うのを見て、私にはとてもできないと思いました。彼は、私が都会の人間だから農業の手伝いは絶対にさせない、と約束してくれて、私も結婚を決意したんです。五月に学校が終わって、六月にサンリアンドロに引っ越して、結婚式を挙げました。結婚前、土屋はメリーランドに何度も手紙をくれました。二回くらいニューヨークで会ったり、イースターには私の方がカリフォルニアに遊びに行ったりしました。

彼、本当にいい人なんです。こんな人だったらいいかな、と思いました。彼とのつき合いに、私の父は大反対だったんですけど、一度アメリカまで会いに来たことがあるんです。彼に会って父は、『こいつはビジネスはダメだけど、人間は大丈夫だ。なにかあった時には、いい奴だから、きっと人に助けてもらえるよ』って言ったんです。彼の人柄は認めてくれたけれど、結婚はやはり大反対。もう勘当同然です。ですから結婚式には、私の家族は誰も来ませんでした。もう勝手にしろって感じでした。その頃は、簡単にお友達を海外に呼べる時代じゃなかったでしょ。日本からは誰も出席しませんでした。土屋の方の親類、友人たちを呼んで、それなりに盛大にやってもらいました。サンリアンドロのキリスト教の教会で式を挙げて、クレアモントホテルで披露宴もやりました。私も一応着物を着たり、白いお洋服を着たりしてね。でもウェディングガウン（ドレス）は着なかったですね」

――そして、サンリアンドロでの新婚生活がいよいよ始まった。

「今はもうあの辺りはナースリーはなくなって、ほとんど住宅になってしまったわね。毎朝、彼はナースリーへ出かけ、私は専業主婦でしょ。一日中家にいるんだから、もう毎日が退屈で退屈で。それで少しは外で働いた方がいいだろうということで、サンフランシスコに仕事を探しに行きました。貿易会社の職を得たんだけれど、働き始めて二週間で、妊娠していることがわかったんですよ。つわりがつらくて、その仕事は辞めることになりました。また専業主婦に逆戻り。でも、それもほんの束の間。私、こんな大きなお腹して、また仕事始めちゃったんです。というのは、私が家にいるとね、毎朝主人の両親が来ては嫌味を言うんです。『自分たちの若い頃は、若い頃は』って。そしてナースリーの仕事に出て、また昼になると、ランチを食べにやって来る。で、私が支度してね。ディナーにはさすがに来なかったですけど。もう典型的な日本の嫁いびり。もう頭に来ちゃうでしょ。それで商品をパックしたり、ノートをつけたりという立ち仕事を始めました。

私、家族と一緒に食事を囲んだことなんてなかったですよ。食事の支度ができてテーブルに並べるでしょ。お舅、お姑さん、小姑さんたちが食べるでしょ。私が座る頃にはみんな食べ終わっちゃって、もう片づけ始めるんですよ。そしたら私、食べてなんかいられないでしょ。夫の両親は、明治に日本からアメリカに渡ってきたんです。だから、もうそこで止まっちゃってるんです。そして明治時代に日本でやっていたやり方を、そのまんまアメリカでやっているわけですね。そして息子の所にやって来たのは日本のお嫁さん。もうなんの疑問も感じず、明治のやり方をお嫁さんに押しつけてくるんです。主人は優しかったことは優しかったんですけどね、でも親から日本はこうなんだ、と言われて育ってますから。やはりそういう価値観持っちゃってるんですよね。もう洗脳されてる感じですよ、亭主関白が日本の夫婦関係なんだって。

私と同じ日系二世と結婚した友人とよく話すんですよ。二世と結婚したお嫁さんは苦労するよね、って。日系人じゃないアメリカ人と結婚した人たちが羨ましかったですよ。日本人は白人や黒人の家庭ではね、『かわいいお嫁さん』って大事にされてましたからね。

私のような日本から来たての女は、一般の二世の女の人たちからは、冷たい目で見られましたね。だって自分たちが狙っていた男性を、日本からやってきたばかりの女が、かすめとっていった、と思ってるんですから。主人はコーネル大学卒業なんです。アイビーリーグ卒で自家営業の農園の跡取り息子。狙っていた女性は多かったと思いますよ。ＦＯＢのくせに、ってわけです。知ってますか。Fresh Off the Boat って言うんです。船から落っこったばかりってわけです。アメリカに上陸したばかりの移民のことです。メキシコから来た人のことは、Wet Back って言うでしょ。リオグランデの川を渡ってくるので、メキシコから来た人間は背中が濡れているっていうんで、そう呼ぶんです。スラングです。今でも使いますよ。

白人と結婚した日本人女性は、日系人にすごく嫌われましたよね。日系人は家を買う時、随分差別を受けましたよね。ジャパニーズだからと売ってもらえなかったり。私も実は経験あるんですよ。結婚して、アパート探しをしたんです。主人が電話で不動産屋に、『We are Japanese. Is that OK?（私たちは日本人ですが、それでも大丈夫ですか）』って聞いてるんです。当時、本当にショックでした。ところが同じ日本人であるにもかかわらず、白人と結婚した日本人女性はいい所に住めるわけです。すごく嫌われてましたよ。だから、白人と結婚した日本人女性が日系社会で仕事する時は、多くの人が自分の日本のメイドゥンネーム（旧姓）を使ってたわね。日系の新聞社、銀行、日本語学校なんかでも。今でも覚えてますね。私が日系の銀行に面接に行った時、まず、『ラストネームは何か？』って訊かれました。ブラウンとかスミスだったら里の名前を使いなさい、って。白人の苗字を使うのなら絶対に雇わないって言われました。今はもう日系の会の役員リストに白人のラストネームを使っていらっしゃる方を見かけるようになりましたけど、三十年前だったら、それはハンデになったと思いますよ。

日系人は、日本から来た女性の九十パーセントは水商売上がりって思ってたんです。私でさえそういう風に見られましたよ。私なんか洋服派手でしょ。銀座でヴォーグに載ってた服をカスタムメイドであつらえたんだもの、サンリアンドロ辺りじゃ目立つわよねえ。だから『商売人だ』、って後ろ指さされるの。爪塗ってるだ、化粧がどうだっ、て。

異人種の社会に入っていった日本人花嫁よりもね、日系社会に入っていった日本人花嫁の方が、逆に多くの差別を受けて苦労しているという事実があるんですよ。みなさん、たくさん苦労してきてますよ」

——そして一九五八年十月三日、女の子を出産する。

「名前はアニタ・百合です。とりあげてくれた医師は一世の人でした。今思うと、非常にプログレッシブ（進歩的）なお医者さんで、その当時としてはめずらしい立会い出産でした。アメリカでもまだ稀だったんですよ。出産の時に、看護婦さんが、『まだ息まないで』って言うんですよ。**Don't push! Don't push!** って叫んでるの。主人がまだ分娩室に来てないって言うんです。身支度ができてないからって。もう冗談じゃない、って思いましたけどね。でも出産の瞬間、一緒にいたかったから必死でこらえました。主人がマスクして白衣を着て現れて、その後、わりと簡単に生まれましたね。私、娘が三人いるんですけど、みんな安産でしたね」

——産後の生活に話を移すと、和子さんの表情がやや曇った。

「赤ちゃんが生まれてうちへ戻った時は、さすがにお姑さんは手伝いに来てくれました。小姑さんが姑に用があると電話してくるんですよ。私が電話を取ると、『お母さんにかわって』って、ただそれだけ。私に挨拶するわけでもないし、私が、今呼んできます、って言っても、サンキューの一言もないの。お義母さんは畑にいる方が好きな人だから、家にいない時なんかもあるのね。だから私が外まで探しに行かなくちゃならないんです。産後の体で、それは大変なんですよ。主人の姉たちは、私に対して冷たかったですね。彼女たちに比べたら、私は畑仕事もできない。もっと他にましな嫁がいただろう、って思ったんでしょうね。姉たちは主人に、あんな嫁は役に立たないから離婚しろ、って随分言ったらしいですよ。でも今考えてみれば、私にも至らないところがあったと思いますよ。スポイルされて（甘やかされて）育ったと思いますもの。裕福な家庭で、何不自由なく育ってますしね。

結婚した時、ご飯の炊き方も知らなかったんですよ。私、結婚する前に料理学校に通っていたので、料理は上手だったんです。フランス料理、中華料理、日本料理、なんでもできました。新婚の時、主人に訊いたんです。『あなた何食べたい?』って。そうしたら『白いご飯が食べたい』って言うんです。私一度もご飯を炊いたことなかったんです。それまでは誰かがご飯を炊いて、私はおかずだけ料理すればよかったんですもの。それで、どうしよう、って悩んじゃって。しょうがないから日本に手紙を出したんです。実は兄が東芝の研究室にいたんですね。それで兄が電気の炊飯釜を送ってくれました。当時はまだ、電気釜というのは日本国外には輸出していなかったらしいんですが、兄が特別に電圧の違う国外用の物を私のために送ってくれたんです。いやあ、それで本当命拾いしました。だって自分でお鍋で炊くと、焦げちゃったり、お粥になっちゃったり。まあ土屋の家にとっては、私はなんの役にも立たない、ただ洋服ばっかり着てる嫁さんだったと思います」

――「勘当」された日本のご両親について訊いてみると、

「もちろん知らせました。向こうは初孫だったので喜びましたね。お宮参りの着物も送ってくれました。一応勘当って形にはなっていましたけどね、アニタが一歳になった頃、日本に里帰りしたんです。両親とも大喜びで、アニタのために、何から何まで支度して待っていてくれました。それは本当に嬉しかった思い出です。

でもお姑さんは、私がアニタを連れて日本に行くことを快く思っていませんでした。私の母は結構気の強い人だったんですけど、段々、アメリカでの私の状況がわかってくるでしょ。母は、一番下の子が生まれた頃からだったかしら、三年間続けて、夏の間ずっと、七月八月とサンリアンドロに来てくれたんですよ。大変だったと思いますよ。アメリカまで着物着て来るんです。若い頃は洋服を着たこともあるんですけど、年をとってからは体形が悪いからって着物しか着なかったんです。旅用にナイロンかなんかの着物を作ってね。母は自宅の庭でバラ作りが趣味だったので、我が家の庭の草取りなんかしてくれて、『高い庭師だ』とかなんとか言ってました。今思うと、母は私のためにデモンストレーションにやって来たんですよ。これ母のダイヤモンドなんです」

――和子さんは、そう言って自分の指にはめられた指輪を私に見せた。大きくて立派なダイヤだ。

そして指輪のはめられた方の掌をテーブルに戻し、それから反対の手の指先がその上にそっと重ねられた。

「ダイヤをつけて、着物を持って、娘の嫁ぎ先に乗り込んできたんですね。

こんなこともありました。舅がバラの畑の脇にナスだとか、いろんな野菜を作ってたんですね。ある日の夕食時に、舅が、『和子、ナスを取って来い』と言ったんですよ。そうしたら母が、『恐れ入りますけど、わたくし、うちの和子をそのようなことをさせるために育てておりません。ご自分であそばせ！』ってピシャリと言ったんですよ。舅はただ黙っちゃって。姑の方はニヤッとしてましたよね。それ以来、むこうが何か理不尽なことを言うと、いつも母がきちんと言ってくれるんです。やっぱり母親って有難いわ。

サンリアンドロに滞在中にね、土屋の両親の友人なんかが母に向かって言うんですって。『あんた、よかったねえ、娘さんを土屋さんとこにやって。食うのに困らんよねえ』って。

母はもうなんと答えたらいいかわからなくて、黙っていたらしいですよ。あとで私、その人たちに言われました。『和子のお母さんは日本語もしゃべれんのか。バカじゃないか』って。私もなんて答えていいか困りました。

そうそう一度、土屋の両親が日本へ観光旅行に行ったことがあるんですよ。その時、私の両親がいろいろご案内したんですよね。そして父が二人を自分のオフィスにお連れしたんです。父のオフィスの窓からは、ちょうど宮城《きゅうじょう》が見えるんです。それでやっとわかったみたいですね。和子は食べていくために結婚したわけじゃない、ってことが。和子には日本にこういう生活があったんだ、ってことが。だって皇居を見下ろす場所にオフィスを持つ父親がいるんだって知ったんですから。あの時代の一世なんて、土下座して天皇陛下を拝んだ世代ですよね。それを上から見下ろすなんて、もう考えられないことだったんじゃないですか。父がカメラだとか、いろいろお土産を持たせて帰ってきたらしいんですね。土屋の両親もこれは仕方がないと思ったらしく、それ以来、私の扱いがちょっと良くなりましたね。姑たちは私がどういう家に生まれて育ったか、まったく知らなかったんです。もし話したとしても、ホラ吹きくらいにしか思わなかったでしょうしね。

あの頃、アメリカは戦争に勝って豊かな国、日本は負けて貧しい国という意識があったから、日本人っていうだけで暮らしに困っているって思われましたよね。だから私が東部に留学した時もちょっと困りました。というのは、教会の婦人部の人たちとかが、恵まれない人たちを誘ってくれるんです。私も日本から来た、ということで何度も誘って下さるんです。彼女たちにとっては、私はいわゆるかわいそうな戦災の貧しい子なんです。でも私は銀座のデザイナーに作らせた最先端のファッションを身にまとっているわけ。私を哀れんで声を掛けてくれるアメリカの田舎のご婦人たちの方が、ずっと質素なんですよね。JCペニーかなんかで買ってきた安い服を着てるんですもの。

子供たちがよく言ってました。『ダディは絵のようなお母さんが欲しかっただけなんだ。ドレスアップしたお母さんが欲しかったんだ。だからダディは、何もできないって、お母さんの悪口を言うべきじゃない』って。彼は田舎で育って、それから都会の一流大学に行ったでしょ。そこで今まで見たことのない世界を覗いてしまったんですね。だから自分が思い描く理想の生活に、都会的な匂いのする私がどうしても必要だったんでしょうね。娘たちは言うんです。畑仕事が下手でも、私のことが重荷になろうと、それは『His choice（ダディが選んだこと）』だと。この結婚ははじめから、私にとっても彼にとっても無理があったんだろうなって思います」

――「ご主人との関係は、それからどうなったんでしょう」。私がそう訊ねると、和子さんは、こう言葉を続けた。

「これはどういう風にお話したらいいのか、わからないのだけど。彼、麻薬中毒者になっちゃったんですよ。六十年代に流行《はや》りましたよね。彼が大学生だった時代は、白人社会に彼のような東洋人は受け入れられなかったんです。ダンスに行く相手もいない、映画へ行く相手もいない。白人は白人同士でつき合いますからね。白人ばかりの学校で、ほんのわずか東洋人の学生がいるだけなんです。でも六十年代になって世の中が自由になってきたでしょ。東洋人でも白人の集まりなんかに自由に出入りできるようになって。彼、憧れてたんでしょうね、白人の世界に。だから、そういう集まりに顔を出すようになって。そして経済的にも一応余裕があるし、自分がいなくても使用人で仕事の方はなんとか回るでしょ。お金はある、時間もあるっていうのが悪かったんでしょうね。彼って非常にいい人なんです。だから利用されたんだと思うんです。どんどんハマっちゃって、抜け出せなくなっちゃったんでしょうね。

実はその頃、私たち夫婦はマリッジカウンセリングを受けていたんです。カウンセリングに通うようになってから、主人の機嫌がよくなってきたんです。あ、これはいい。カウンセリングの効果が出てきたかな、と思いました。でもあとで考えると、あれは麻薬だったんですね。コカインの影響で気分がハイになったりしてたのね。それを私はカウンセリングのお陰だと勘違いして。

二世って団結力がすごく強いんです。彼もすごくいい友人がたくさんいました。その中には弁護士や会計士の友人とかもいて、みんなものすごく面倒をみてくれました。彼らが私に言うんです。私が決断をして、彼をうちから追い出さなければ、彼は絶対に治らない。私がナースリーを経営して、暖かい眠るところがあって、お金があったら、絶対に立ち直ることはできない、と。私たち夫婦は完全なすれ違いの生活になってしまいました。私の前では主人はいつも寝てるんです。私は朝、忙しく仕事に出かけるでしょ。彼は昼間はずっと寝ていて、夜起きてくるんです。そして私が仕事から帰ると、彼は必ず私と顔を合わせないように隠れているんです。私は仕事から戻って疲れて寝るでしょ。それから彼は夜遅く食事をとって出かけていくんです。

その頃の私は家を支えていくために必死でした。日本語を教えたり、サンフランシスコの宝石店で働いたり。だって彼がどんどんお金を使っちゃうから、手元にお金がないんです。ナースリーの使用人に給料を払って、娘たちの学費を払ったら、なんにも残らないの。宝石店はその日に現金で給料をくれるのね。仕事の帰り道、その給料を持ってどこかの店に立ち寄ったんだけど、わずかな生のチキンしか買えなかったんです。『ごめんね、これしか買えなかった』って、私が言ったのを娘たちは今でも覚えている、と時どき話しますよ。ナースリーの経営を主人に代わって、私が事実上見てたでしょ。でもね、女だとダメなのよ。集金ができなくなるの。農業だから卸しに出すわけですよ。商品は出ちゃってるのに、卸しからの支払いがないんです。チェック（小切手）を送ったけど、まだ着いてないんだろうとか、支払いを届けようと思ったけど道がわからなかったとか。こっちが女だと思って、あれやこれや言い訳をして支払いを引き延ばすんです。しまいには相手の自宅まで電話しましたよ。『金払え、金払え』って。じゃないと給料が払えない、税金が払えない、ＰＧ＆Ｅ（ガス・電気代）が払えない。

主人が麻薬中毒だという事実は、主人の家族は知りませんでした。私と娘たちで必死に隠していたんです。もし知られたら、私たち追い出されると思ったから。主人はナースリーの社長でしたけど、四十九パーセントオーナーだったんです。だから麻薬常用者だなんて事実を知られたら、簡単に会社を追われてしまうんです。ですから私がいない時に、彼のお姉さんたちが来た時は、娘たちは、『ダディもマミィも留守だ』と言って、絶対に家に入れなかったそうですよ。

子供たちを食べさせていくために、なんとか踏ん張ってやってたんですけど、ある出来事が、もうこの生活をやめなくては、と決心させたんです。私と主人は完全にすれ違いの生活をしていたので知らなかったのですが、大学生だったアニタが言うんですよ。主人が幻覚症状を起こしているって。コップの水を見て、『この水をかえてくれ。虫が浮いている』とか、娘が車に乗っていると、『乗っちゃダメだ。虫が這ってる』とか言い出すんですって。でも彼と別れる決心を決定的にさせたのは、末娘のリサとの出来事ですね。ある日、主人とリサが喧嘩をしたんですが、主人は、『リサが自分に危害を与える、暴力をふるうと思ったから自衛手段に出た』なんて言い出すんです。リサは私より華奢で小柄なんです。ああ、これはもう頭がおかしくなっていると感じたんです。なんとかしなくちゃと思いました。

さっきも話しましたが、主人はたった一票差（一パーセント差）でナースリーのマイノリティオーナー（少数株主）にされていたんです。いろいろ相談に乗ってくださる方たちが、株主総会で実権を奪われちゃったら、もう明日から食べていくのに困るじゃないか。仕事を閉めて、株と土地を売ってしまいなさい、とアドバイスしてくれたんです。そうすれば四十九パーセントは保証されるからと言うんです。いろいろありましたが、なんとか無事に売却することができました。そしてそのお金を土屋の家族と私たち夫婦で折半し、その手元に残った半分を、さらに私と主人で半分ずつに分けたんです。当時すでに私たちは、同じ家の一階を主人、二階を私と娘たちという風に暮らす『同居別居』夫婦でした。行くところがないから、なんとなく一緒にいたわけです。いずれは別れることになるだろうということは、わかっていました。私たち夫婦には持ちアパートがあったので、私と娘たちは家を出て、そこに移りました。主人は友達の所に転がり込んだらしいですよ。最後まで家の荷物を引き取りに来ないから、最後には彼の友達がトラックで来て片付けて行きました。

それから私たちはリーガルセパレーション（法的別居）の形をとりました。一九八九年までの二十年間、正式に離婚しませんでした。離婚すると、贈与税がかかるでしょ。だから義父が亡くなって、義父の遺産がはいってから、いろいろ整理して離婚手続きに入ったんです。そういう訳で、離婚するまでこんなに時間がかかってしまいました。

別れた主人から前はよく電話がかかってきましたよ。『チェック（小切手）の書き方がわからない、電気釜のスイッチの入れ方が分からない』とかね。今はもう麻薬もやめて、魚とか釣って過ごしてますよ。アラスカまで魚釣りに行ったりして。彼は四十代から一切仕事をしていないんですよ。例のナースリーを売ったお金でなんとか暮らしているようです。

離婚した時は、土屋の人たちは麻薬のことなんか知りませんでしたからね、私に落ち度があったと思っていたんじゃないかしら。だから私が彼を捨てて、お金だけ持って逃げたと思ったでしょうね」

――離婚後、和子さんにとって、また新しい人生が始まることになる。

「離婚後はサンフランシスコにあるアレン・オカモトで働き始めたんです。不動産の仕事です。ナースリーを売った時に、私一応不動産業の免許を持っていたんですね。将来のためにと学校に行って資格を取りました。土地を売るときの仲介料って十パーセントなんです。すごい金額でしょ。じゃあ、やってみようと思ったんです。

ちょうどその頃、日本がバブルで、日本からのビジネスマンがアメリカの不動産を買おうと、たくさん来たんですよ。ゴルフコースを買おうとか、ホテルを買おうとか。日本語の話せるエージェントということで、アレン・オカモトに雇われたんです。それから日本の人からの要請もあって、私ともうひとりと組んで会社を作りました。日本やニューヨークを飛び回りました。フェアモントホテルだとかペブルビーチだとかを買う話にも首入れたんですよ。実際には成立しなかったけど。ゼロがいっぱいくっついた話をたくさんしました。だから立派な車に乗って、よくパワースーツとかパワークローズって言うでしょ。そういう服で全身決めて。東洋人の女だから、よほど貫禄つけて行かないと、相手にしてくれないんですよ。

例えばフェアモントホテルとの交渉の時なんかもね、ニューヨークの大きな会社がハンドルした(扱ってた)んですけどね。いくら電話しても、資料を送れって言っても、まったく相手にしてくれないんですね。もう埒《らち》があかないから、フェアモントホテルに直接乗り込んだの。立派に着飾ってね。ホテルのドアマンには、『Take care of me(私の面倒をみろ)』って、ポンとチップ渡してね。ネイルはいるか、って訊くと、オフィスにいるって言うんで、そのままオフィスに行ったのよ。そしたらセクレタリーが、どうしていいか困ってるのね。仕事の用件だろうか、それとも彼女が会いに来たのか、みたいなね。ネイルいるかって凄んで訊ねると、さっきの秘書が、ネイルはいないけど、息子のスティーヴはいるって言うの。『ああ、それでいい』って、もうどんどん奥の部屋に入って行っちゃって。そしてその息子にむかって、『あなたのところの物件に私のクライアントが興味を持っているんだけど、あなたのニューヨークのエージェントは、いくら連絡しても一切応じてくれない』って話したの。そうしたら彼、すぐに受話器をピックアップして、ニューヨークまで電話してくれましたよ。それから間もなく資料の入ったパッケージが届きましたね。そういう時は、ほんとポーカーゲームですよね。こっちが強い態度で押さないと、相手は動いてくれないわけね。だからその時が一番肩いからせて、背筋伸ばして、もう実際より何インチも背が高くみえるようにって心意気ですよ。

そのブームがあって、そしてそのブームが廃れてきて、今度は個人の住宅を売る方にいったんですけど、同じ不動産業でも、まるっきり仕事のやり方が違うんですね。いろんな主婦の方の要求とか、いろんな理不尽な主婦的感覚ってあるじゃないですか。三つ家を見せて、本当は一番狭い家なのに、あの家が一番大きい、とか、もう全然話がかみ合わないのね。ご主人はわかってて、私とご主人はすぐに話がついちゃうんだけど、奥さんはどうしてもわかってくれないの。そういうことに対して、私にもう忍耐心がないんです。コミッション（手数料）を取っても、税金払ったりすると、いくらも私の手元には残らない。頭痛のわりには身売りが少ないってことがわかった。それと買う方にとっては、家というのは一生の大きな買い物なのね。みんな真剣なんです。だから、そういうお客さんたちについていけない自分が、そういう場に立ち会うというのは、とても不誠実だなって思ったんです。それでリタイアすることに決めたんです。この十年ほどは、自分のもっているものを投資にまわしたり、管理したりしながら生活しています。貯金を崩すのではなく、持ってるお金を活用して、元を減らさないで、なんとかやっていけるようにしています。

仕事を辞めるとね、頭の回転は遅くなるし、ほんとどうしよう、って思います。ですから男の人が仕事から退いた時の気持ち、すごくよくわかります」

——ずっと走り続けて来た和子さんに、第一線を退いた今の一番の生き甲斐はなんでしょう、と訊ねてみた。すると、それまでとてもテキパキと早口に話していた和子さんの様子が、少し変わったように見えた。答えるまでにしばらくの間があり、それから少しゆっくりとした口調で、そしてちょっぴり恥ずかしそうに話し始めた。

「ここ五年間おつきあいしている方がいるんです。今、私にとって、とても特別な存在です。実は彼、三ヶ月前に前立腺ガンと診断されて。私たちには、二人であちこち旅をしよう、なんて夢があったんですけど、今は二人で静かに過ごしています。良くなればいいし、良くならなければ、一日一日を大事に生きていこう。そう思っています。

彼は七十九歳なんですが、私なんかより、ずっと健康だったんですよ。目もいいし、耳だっていいし。二、三年前まで眼鏡もかけずに新聞読んでたような人なんですよ。私みたいに、あっちこっち痛いっていう人は、しょっちゅう医者にかかるので、大きな病気はしないんだけど。彼みたいに体が丈夫だと、つい病院にも行かず不養生しちゃうんだと思うんですよ。

私、ここ五年くらい社交ダンスを習っていて、彼とはそのダンスクラスで知り合いました。彼はそこのクラスのナンバー1ダンサーだったんです。『私、絶対にこの人と踊る！』って心に決めて練習に励んだんですよ。彼は白人です。若い頃離婚して、それ以来三十五年間独身だったんで、全身、独身シュギーって感じ。私が主人と別居するようになった後、十三歳年下のボーイフレンドがいたんだけど、その人が、別れる時に言った言葉があるんです。『そんなにオジオジしてないで、これはと思ったら、自分の方からアプローチするんだ』って。それまで私、自分の方からアプローチってしたことなかったんです。何人もボーイフレンドはいたんですけど、いつもなんとなく、そういう雰囲気になってくると、むこうから、ちょっかい出してくるのよ。でも今回だけは私の方からアプローチしたんです。昔のボーイフレンドの言葉を思い出して、勇気出して。

ずっと私ひとりだったでしょ。もう七十年代からずっと別居してましたから。ボーイフレンドは何人もいましたけど、やっぱり生活を一緒にシェアできる人が欲しかったのね。お食事したり、サンセットを一緒に見たり。早くしないとチャンスはどんどんなくなってくるでしょ。彼も私も経済的に自立していて、彼とはとても対等につき合えると思いました。そうそう。年配の男性で、お相手を探している方には、無料《ただ》の看護婦かハウスキーパーを探している人多いんですよ。日系人だけじゃなくて白人の人でも。もう見え見えなのよ。『僕は暗いうちへ帰るのはいやだ』とか『あったかいスープの匂いのする家に帰りたい』とか言い出すんだから。男性とデートする時、私、最初に必ず言っちゃうんです。『私、お料理できません、お掃除下手です、ベッドメイキングも出来ません』って。そうすると大概の人は諦めますね。だって家政婦扱いなんてイヤですもの。こっちがアジア人っていうことはあると思いますよ。東洋人だったら、それくらいして当たり前って感覚あると思います。

私のボーイフレンド、チャールズっていうんですけど、チャールズと最初にデートした時も、まず初めに、『私、家事はなんにも出来ません』て宣言したの。『私、洋服着てるだけよ』って。本当は家のことするの大好きなのよ。お料理大好き、お裁縫もする。配管の修理から大工仕事からなんでも自分でやっちゃうもの。私、前の結婚時代に、いろんな仕事覚えましたからね。畑仕事はしなくてもいいって約束でしたけど、でも毎日毎日姑たちに、『お前は楽してる。食っちゃ寝、食っちゃ寝してる』なんて嫌味言われるの嫌でしたからね。穴も掘れるし、大きなハシゴに乗って作業もできるし。一通り覚えましたよ。小さい頃、男の子顔負けに活発だったでしょ。だから、そういう事つらくなかったですね。今になって思いますよ。若い頃の苦労って無駄がないなあって。ほんと苦労しておくと、あとが楽なのよ。だからね、あとでチャールズに『ウソつきー』って言われました。『この大嘘つき!』って。

でもチャールズは、私が家事を一切しないって言った時、『うちは長年ハウスキーパーが来てくれているし、食事は外ですればいいんだから関係ないよ』って言ってくれました。『一緒に時間を過ごしてくれればいい』って」

——今日一番の優しい表情を和子さんが見せた瞬間だった。

「最初彼と出会った時、ちょっと年をとっているのが難点かな、と思いましたけど。でもね、女の方が寿命長いし、なんて考えたり。ちょっと迷ってる私に娘が言ってくれたんです。『これぞと思う人が現れて、たとえ限られた時間であっても、共にその人と過ごすのと、これからずっとひとりで暮らすのと、どっちがいいの？』って。彼の家はマリーンにあるので、そちらで一緒に暮らしています。そして火曜と木曜だけ、ここに帰ってくるんです。この日は毎週ミーティングがあるので、ここからの方が便利なの。あとね、火曜日は彼のところにハウスキーパーが来るの。会いたくないから出ちゃうんです。その人ドイツ系の私と同年輩の独身の女性なんだけど、ものすごく私に張り合うのよ。自分の方がずっと前からこの家に出入りしていて、この家の主なんだ、みたいな顔するの」

――そう言って口を開けて大笑いして、それから今度は和子さんの表情が少し固くなった。

「年齢からいって、彼の方が先に病気になるだろうな、ということは初めから覚悟してたんです。でもね、私と比べて彼の方がずっと丈夫だったから、彼の病気を聞いた時は、まさかって思いました。いつも私の方が、ここが痛いあそこが痛い、って言ってましたからね。そうすると彼に、『弱いなあ』なんて言われてたんです。それが彼の方が倒れてしまって。

さっきのご質問で、私の今一番の生き甲斐は何かってあったでしょ。その質問の答えは、チャールズと二人で暮らすこと、ですね。二人で同じ時間を共有すること。いずれ終わりが来ると思うけど。だから余計にね」

――和子さんは、そう一気に話してから、テーブルに掛けられた青いテーブルクロスを食い入るように見詰めた。

「でもね」

――とても力強くそう言った。

「最初に彼の病気が見つかった時、まず頭に浮かんだの。『大した事じゃない』って。昔、三人の子供を抱えて、主人がああいう風になって。その時の責任っていったら、それは物凄かった。夜寝てても胸が痛いんですよ。重しかけられたみたいに。明日どうしよう、あれはどうしようって。それに比べたら、なんでもない。彼が死んでも私の生活は変わらない。私の住む場所がなくなるわけじゃない。私の基盤になる場所は、彼と暮らし始めても、こうしてここにそのまま残してある。彼に依存しているわけじゃない。一緒にいたいから、ただこうして二人で暮らしているだけ。彼がもしいなくなってしまったら、寂しくなるけど、大丈夫。それは仕方のないこと。私は大丈夫。

つくづく苦労って、あとになってすごく見返りがあるな、って思いますね。苦しい所を通ってくると、あとで『あの時に比べたら、大した事ない』って思えるから。周りの人がよく、大変ねえ、って言うけど、大変だなんて思わないですよ。自分でわかるから、乗り越えられるって」

――凛とした強い眼差しで、和子さんはそう言った。

「今、アラメダなんかに、日本から来た若い日本人女性が結構住んでるんですよ。軍の関係で整備士だとかで日本に来ていたアメリカ人と結婚して、アメリカに来た日本人女性が多いんですね。子供さんを見ると、相手の方は有色人種ですね。その人たちがアメリカにいながら、完全に日本の生活をしているんです。

今は、それこそ二十四時間日本のテレビ番組を見ることだってできるし、サンフランシスコまで行けば紀伊國屋ブックストアもある。コンピューターのスイッチを入れれば、インターネットで日本の情報がリアルタイムで入ってくるし、ネットショッピングで日本の物も簡単に手に入る。つき合う友達は同じような境遇の日本人ばかり。まったく英語を使わなくても、とりあえず暮らせちゃうんですよ。

子供たちも、三歳から五歳くらいの子たちが、みな日本語しか話さないんです。お母さんが、一〇〇パーセント日本語で応対しているから。でもね、あの子たちが学校に行くようになると、あっという間に英語になっちゃいますよ。そして小さい頃はあんなに上手に話していた日本語もやがて忘れていっちゃうんです。そうしたら、あのお母さんたちはどうなります？ 家族の中でさえ取り残されてしまいますよね。子供とまともなコミュニケーションもとれなくなるんですよ。あんまり安易に日本が手に入るために、日本の方角ばかり向いて生活しているんです。彼女たちの多くは、アメリカで学んで、自分の力で生きていこうという気もないし、ただハズバンドのお給料でなんとなく生活しているんですね。彼女たちは、そう遠くない未来に用意された悲劇をどう考えているのでしょうか。

まったく気づいていないのか、それとも、とりあえず目を反らしているのか。ともあれ彼女たちは、『日本のコクーン（繭《まゆ》）』をつくって、その中に引きこもっているんです。国際結婚をして、日本から来た日本人女性の抱える問題は、時代が変わっても、全然変わっていないんですね。変わったのは、日本からアメリカへの時間と旅費がずっと短く、そして安くなったことだけかしら」

——ひまわり会は在米数十年という年配の日本人女性が占めているが、今後はそういう若い女性たちを支援していくという新たな役割が期待されるのではないだろうか。この問いに和子さんはこう切り出した。

「ええ、そういう事も考えます。でもそういう若い世代の人たちを会に誘っても、続かないんですね。あの世代の人たちは、自分が人からもらうことばっかり考えていて、自分の方で何かを差し出すということはご免なんですね。彼女たちは小さな子供を連れてきて、子供はほったらかし。私たちが、その間子供たちの面倒を見なくちゃならないんです。そして終わったら、ゴミだけ残してさっさと帰っちゃう。これじゃあ、私たちが消耗してしまう。アラメダで何度か、若いお母さんたちのための集まりを企画しましたけど、うまくいきませんでしたね。それじゃあ、ベイビーシッター代をとろうか、なんて話も出ましたが、そうするともう来ませんね。自分たちで集まって、一緒に日本のビデオ見ながら、おせんべいかじってた方が、よっぽどいい、って。

たとえば、子供が病気になって、病院に連れて行かなければならない、という状況でも、自分ひとりでは対処できない母親が多いんですよ。子供の症状を看護婦や医師に伝えられない。医師の言っていることがまったく理解できない。アメリカ人の夫がいる間はなんとかなるでしょう。でもね、年をとったり、離婚したり、頼るべき夫がいなくなってしまった時、悲劇が待っているでしょうね。そんな人たちのために、ひまわり会はずっと続けるべきだ、とおっしゃって下さる方がいらっしゃるんですけどねえ」

――自身にとって、このひまわり会とはどういう存在なのだろう。

「やっぱり、みんなの顔を見ると、ホッとします。私の同胞がいるって、心から安心できるんです。よく皆さんから、『ご苦労様、よくやってくれました』なんて言われるんですけど、そうじゃないんです。私の方こそ、ひまわり会の皆さんから支えてもらっているんです。私は別に、老後、日本人向けの老人ホームとかに入りたいなんて思わないんですよ。日本人はうるさいからね。だけど、ひまわり会に行くと、何言っても通じちゃうでしょ。喧嘩することもあるけど、新年会なんかで集まって、飲んで、食べて、日本語でおしゃべりして、それだけで心からホッとする。

私は沢井さん（ひまわり会創設者の日系女性）のように専門的な勉強もトレーニングもしていないから、テクニカルサポートはできないんです。ただ私、割と明るい人間だから、ひまわり会の人たちから泣きべそなんかかきながら電話がかかってきても、最後は『じゃあまたねえ』って、笑いながら終わるんですよ。自分の役目っていうのは、コメディアンとはいかないけれど、目の前に咲いている小さな花を、ほんの少し塞《ふさ》いだ心に届けてあげることかなあ、そしてちょっぴり元気になってもらうことかな、なんて思っています。病気になった方には、カードを送ったり、ご主人がなくなったら、なぐさめに行ったり。団結。同胞の団結。ひとりじゃないんだ、ってことに気づくことが、とても大切なんです」

——和子さんは、そう力強く言葉を結んだ。それから私は、訊くまでもないか、と思いつつも、最後の質問を、彼女にしたのだ。アメリカに来て、よかったですか？と。

「ええ、もちろん。あのまま日本にいたら、何不自由のない生活は保証されたでしょうけど、不満ばっかりの有閑マダムになってたわね。そして、きっとなんにも感謝しない人間になってたと思うわ」

——迷いのない眼差しで私をみつめ、和子さんはきっぱりそう言った。

＊　＊

インタビューを終え、私たちは席を立った。私は大きな窓のむこうに広がる風景にもう一度だけ目をやった。お世辞にも青いとは言えない空の下に、見慣れたサンフランシスコのダウンタウンが見える。二時間四十分という時間を共に過ごし、軽い疲労感を共有しているはずの私たちの目には、この街の景色もそれぞれ随分違って映っているのだろう。

「ねえ、ちょっと見ていきません？」

廊下に続く扉の脇に置かれた本棚の前で、和子さんが手招きした。写真が所狭しと飾られている。古い写真が随分とあった。千歳飴の袋を提げた三歳の晴れ着姿の和子さん。晩年の両親の大きなポートレート。ハイスクール時代の三人の娘さんたち。それぞれ顔をぴったりと寄せ合っている。

「上からアニタ・百合。離婚して、今、ユタでテクニカルライターとして独立してるの。この子が一番日本的な価値観を私から引き継いじゃってるかしらね。そのことで苦労することもあるんじゃないかと思って。次がエレナ・則。フレズノで非営利団体のマネージャーをしてます。この子あたりから、もう日本的なものは薄れてるわね。そして三番目がリサ・万理。コロラドで小学校の先生をしてます。この子も離婚して、六歳の男の子をひとりで育ててます。まあ三人共通しているのは、みんな鼻っ柱が強いってことかしら。娘たちにはアメリカで差別を受けないようにと、日本語は極力教えないようにしてきたでしょ。でも最近ちょっと思うのよ。日本語教えておけばよかったかな、って。私の父が遺した俳句を読ませたいな、とか、日本語の歌を一緒に聞きたい、とかね」

他にも和子さんのお母さんの若き日の写真。ブルーのガウンを着たお孫さんのプレスクールの卒業式の写真もある。

「私ね、仕事をリタイアして真っ先に考えたのは、日本にいたらできなかったことをしようってこと。最初にやったのはカーレーシング。そして次が飛行機のライセンスをとること。これがその時、ひとりで飛んだ時の写真よ。でも残念ながら、体調を崩して、飛行機はあと一歩のところで諦めました。

そうそうこれを見て。この人、七十過ぎて結婚したのよ」

アイボリーの美しいイブニングドレスに身を包んだ白髪の日本人女性が、白人男性の隣に収まった一枚だ。

「人間、何歳だからもう遅いなんてウソよ。日本って、なんでもすぐ、『いい歳をして』っていうじゃない。でもここアメリカは、たとえ何歳だろうと、学生にも戻れるし、飛行機だって操縦できるし、恋愛や結婚だってできる」

そして和子さんは、最後の額をそっと指差した。

「そしてこれがチャールズ」

そこには恰幅《かっぷく》のいいタキシード姿の老紳士が微笑んでいた。そしてその左隣には、あでやかなコバルトブルーのロングドレスを颯爽と着こなした和子さんが、彼の腕に手をまわしている。

「素敵な人でしょ」

そう言って、和子さんは写真を指先で撫でた。まるで今日のセーターの色を塗ったかのように、その頬は明るく光り輝いていた。

「さっき、『アメリカに来て、よかったか?』って訊いたでしょ。日本で私みたいな年齢の女が、こんなドレス着られます? これだけとっても、アメリカに来てよかったって思うわ」

「娘たちともっともっと話したかった」

わが子との言葉の壁、お姑さんとの絆

ジョネイ 昭子

――サンフランシスコからベイブリッジを渡り、少し南下したところに、サンフランシスコ湾に面した小さな島のような町、アラメダがある。この町は、軍関係の人が多く住んでいるらしい。

私の隣でハンドルを握る夫が、そう教えてくれた。

決して大豪邸ではないが、感じのよい一軒家が並ぶ住宅街へと車は入っていった。お目当ての番地は、そう苦労することなく見つかった。家の前の花壇には、色とりどりの花が所狭しと植えられ、その日の青空にとても似合っていた。茶色い外壁の三角屋根のその家は、古いけれど、なぜかとても温かな雰囲気があった。白いカーテンが覗く二階の窓の辺りで、星条旗がはためいていた。五日後に、メモリアルデーの祝日を控えた朝だった。

舗道から数段の階段を上がると玄関があった。すぐ脇の窓にも、内側から紙製の星条旗が貼られている。

呼び鈴を押した。ドアが開き、中からアロハシャツにジーンズ姿のジョネイ昭子さんが現れた。ショートカットから覗く耳元には、やや大ぶりのピアスが揺れていた。

私たちは互いに挨拶を交わし、昭子さんに招かれ、リビングへと入っていった。部屋には誰が弾くのだろう、茶色いグランドピアノがある。その上には、楽譜のほかにキャンドル立てや白い陶器のランプが置かれている。そしてピアノの足の陰から、こげ茶色の熊の置物が四つん這いになって、この見慣れぬ客人の様子を窺《うかが》っている。部屋はレースのカーテンから洩れる柔らかな光で満ちていた。

私たちは、早速ダイニングテーブルに向かい合って座った。昭子さんは、出会ってまだ十分と経っていない私に、自分の半生を語るという不慣れな状況に戸惑っているのか、ほんの少し表情が固かった。このインタビューは、少しだけぎこちなく始まったが、昭子さんは、私の問いにひとつひとつ丁寧に答えてくれた。私が昭子さんに生年月日を尋ねると、彼女はそれに英語で答えた。

「ナインティーンフォーティーフォー、ノーヴェンバー　サーティース」

——ジョネイ昭子さんは、昭和十九年（一九四四年）十一月三十日、宮崎県に生まれた。両親は元々沖縄の人であるが、昭子さんの父親の仕事の関係で、父と母は宮崎に移り住んだ。昭子さんの兄と昭子さんは宮崎で生まれた。そして母のお腹に妹がいる時に、父は仕事先の事故で突然亡くなる。出産予定日の三ヶ月前のことである。

「母は妹を産んだ後、私たちを連れて沖縄の久米島に帰ったんです。私が三歳の時です。知り合いの家の離れというか、ほんと小さな部屋を貸してもらって、母子四人で住みました。それからしばらくして、私たちはまた引越しをしました。親戚が土地を持っていましてね。そこに小さな一軒家が建っていたんです。そこで家族四人で暮らし始めました。

母は結局再婚しませんでしたねえ。いろいろ縁談の話もあったらしいですけど、『いやあ、気にいんない』って、みんな断ってたみたいね。『ここんちに貰ってもらえば、もっと白いご飯が食べられるわよー』なんて、親戚に説得されるんだけど。本人は絶対にイヤだって。うちの母はどう言ったらいいのかなあ。情熱的っていうのかしらね」

——昭子さんは、ハハハっと大きく口を開けて笑った。昭子さんの緊張が解けた瞬間だった。

「白いご飯と引き換えに、誰かと結婚するなんて出来ない人だったんでしょうね。結局どこにも行きませんでしたね」

——一家は昭子さんが中学一年まで久米島で暮らし、その後、沖縄市に移る。そして彼女は沖縄市の高校に進学した。ところが昭子さんの人生を変える大きな出来事が起こるのである。

「高校に入って一年も経たない頃、母が病気で倒れたんです。母が病院に入って、私が母の看病をしなくちゃならないし。私もお金を稼がなくちゃならないから、高校を辞めました。そして親戚のやっていたギフトショップで働き始めたんです。今は少なくなったけど、昔、沖縄にはアメリカの兵隊用のギフトショップがたくさんあったんですよ。和風の小物なんかを扱っているんです。扇子とかアクセサリーとか着物とか、いろんな物がありました。サンフランシスコのチャイナタウンにあるようなお土産屋さんよね」

——間もなく、母は亡くなった。妹は叔父の家に引き取られ、兄は大阪に就職し、沖縄を出て行った。

「母が亡くなって、きょうだいもバラバラになって、私はその親戚の店に住み込みで働くことになりました。私、高校だけはどうしても卒業したかったの。それである日、親戚に相談したの、高校に戻りたいって。ところが『親のない子は、働くだけで十分だ』って言われちゃってね。私、頭にかちんって来ちゃって。その日で店辞めちゃった」

――母が亡くなってから、ちょうど一年が過ぎる頃だった。

「それからが大変。その当時、従姉が四畳半の小さな部屋を借りていて、そこに転がり込んだのよ。那覇市の喫茶店で昼も夜も働いたの。昼間の高校に行きたかったけれど、一人で働きながら通うのは難しかった。それで夜間の商業高校を受験して、また学校に戻ったの」

――けれど十六、七歳の少女が、たった一人で仕事と学業を両立しながら生きていくことは簡単なことではなかった。

「やっぱりお金が足りなくて、食事も満足にとれなくて。とうとう栄養失調になっちゃったの。それで三度三度食事がちゃんととれて、学校にも通わせてもらえる、ということで、沖縄の家庭で住み込みの家政婦を始めたんです。その家は紳士服の仕立てをやっていました。そこはなんだか複雑な事情のある家で、親子が別居していました。両親は仕事場兼住まいに暮らし、彼らの子供たち四人は、別に部屋を借りてもらって住んでいました。私の仕事は、子供たちと一緒に暮らし、身の回りの世話をすることでした。食事、洗濯、掃除、と主婦の仕事を一切やっていました。でも十六歳で母を亡くしてるでしょ。母にクッキングを習うチャンスもなくて、料理なんてほとんどしたことなかったんですね。だから子供たちに食事作らなくちゃならないでしょ。野菜とかお肉とか持ってきてもらったものを自己流で作るんです。こっちはあれこれ考えて作るんだけど、子供たちは、こういうの嫌いとか言うの。ほんと苦労したわね。でもあの子たち、かわいそうだったわよね。私の下手糞な料理、毎日食べさせられて」

——昭子さんは、この住み込みの仕事を二年で辞めた。そして那覇市のアメリカ兵が出入りするレストランで、ウェイトレスの仕事を始めた。従姉の紹介だった。

「このレストランはアメリカのビールや食事を出していました。ちょっとチャイニーズ風の食事が出されることもありました。店中にアメリカの音楽が鳴り響き、もう別世界だったわね。私、それまでピッツァなんてものは見たことがなかったし、それに熱い鉄板に載ってくる分厚いステーキ。もう見るもの聞くもの、すべてがめずらしいの。楽しみだったのが夜食。食べたことのないようなものが出てくるの。おいしかった。それとアメリカ式だから、ティップ（チップ）が入るでしょ。もう働き始めた頃は、楽しくって楽しくって」

——昭子さんは、そう一気に話すと、うっとりと目を細めた。

「そのレストランは小ぢんまりしたお店でしたけどね、食事をするダイニングとお酒を飲むカウンターとに分かれていたのね。そういう店だから、お酒を飲みにやって来るお客さんがいるわけね。バーの女の人たちを連れてくる人もいるのよ。その店で働き始めて一週間くらい経った頃かなあ。このレストランの地下が大きなナイトクラブになってたの。そこのナイトクラブで働く日本人のおねえさんたちが、外国人のお客さんと上がってきて、食事をすることがあるんです。その日もクラブのおねえさんが白人の兵隊さんと上がってきて、バーのカウンターに腰掛けるなりキスしたのよ。もうそんなもの実際に見たことないから、もうビックリしちゃって。私、運んでたピッツァをうっかり床に落としちゃった。あの時はマネージャーにものすごく叱られちゃった」

——昭子さんは声を上げて笑った。

「今思えば、ちょっとチュッとするだけのキスだったんだけどね」

——この沖縄にあったアメリカ兵向けの小さなレストランが、昭子さんにとって最初のアメリカへの入口となったのだ。ティーンエイジャーの昭子さんは、年頃の娘らしく、初めてのアメリカのカルチャーに素直に驚き、無邪気に興奮したに違いない。そして知らず知らずのうちに憧れの気持ちを募らせていったのだろう。十六歳からずっと一人で生きてきた昭子さんの目に、沖縄のこの「小さなアメリカ」は、どれほど眩しく夢のように映ったことだろう。けれどこの時、このレストランとの出会いが、自分のその後の人生を大きく変えることになろうとは、昭子さんはまだ知らなかった。

「レストランで働いている時に、ちょっと空き時間があると学校のホームワークをよくしてたのね。

私が英語の宿題をしてたら、『英語の勉強してるの？　見せてごらん。ああ、これはこうだよ』とか言って教えてくれるお客さんがいたんです。彼は米兵で、夜勤明けなんかに時どき夜食を食べに店に来てたの。それが今の主人です。夜間高校は四年間通うんですけど。高校最後の学年の頃だったから、うちの人と出会ったのは。私が二十歳くらいだったのかしらねえ。そして彼は私より二歳年上の二十二歳」

——昭子さんは正確に思い出そうと、目を細め小首をかしげながら、そう言った。

「でもね、まだ彼のガールフレンドとかじゃないのよ。彼には他にお付き合いしている人がいたんだもの。私はただホームワークを見てもらうだけ」

——そんな二人がどのようにして結婚という道に進んで行ったのだろうか。

「彼とは一対一の付き合いはしたことがなかったんです。彼は私と他のウエイトレス仲間たちを遊びに連れて行ってくれたりしたわね。ショーに誘ってくれたこともあったなあ。でもそれだけの関係。間もなく、彼はベトナムに行ってしまったの。それからベトナムから手紙をもらうようになって。でも何も特別なことは書いてなかった。『元気でやってるか？』くらいのことが書いてあるだけで。そうしたら、私がとても親しくしてた友達から『彼はあなたのことが好きなんだよ。ベトナムに行く前に、そう言ってた。でもあなたは彼のこと友達としか見てないから、彼は何も言わずにベトナムに行ったんだよ。彼のこと考えてみてあげて』って言われたんです。もうベトナムに行ってしまった後に。

そう言われても、まだ最初の頃はピンと来なかったわね。縁があったのかしらねえ。いつの間にか、こういうことになっちゃって。だんだん心が傾いちゃったのかなあ」

——あはは、と高らかに笑った。久し振りに夫との馴れ初めという記憶の糸を手繰るのは、昭子さんにとって照れくさくもあり、けれどとても幸せな作業なのだ。

「私たちはとうとう結婚することになって、そのための書類をいろいろ作らなくちゃならなかったんです。遠く離れての作業でしたから大変でした。彼はまだベトナム勤務だったから、軍の神父さんを通して書類を作成するんです。また私の方も沖縄の教会の神父さんを通して、結婚のための必要書類を揃えるわけです。それにいろいろサインをしたり大変なの。それで彼が沖縄に来て、書類にサインして仕上げようかとも考えたんだけれど、ちょうどその頃、彼が休暇で台湾に行くことになって。そこで書類も完成させてしまおうということになって、私も台湾に行くことになりました。それが初めての飛行機だったわね。高校の時、修学旅行で日本本土まで行きましたけど、船でしたよ。沖縄から鹿児島まで船で行って、そこから汽車であっちこっち。そして東京まで行きました。それ以来の大旅行。

台湾には五日くらい滞在したのかしらね。彼はすぐベトナムに戻らなくちゃならなかったから。台北と台中に行きました。そして台湾滞在中に、書類を完成させたんです」

——昭子さんの結婚は着々と進み始めていた。

「これが私たちの実質のハネムーンだったわね」

——と昭子さんは言った。

「それからまた別の機会に、彼は結婚の手続きをするために沖縄に来ました。そして私たちは、軍で宣誓みたいな事をしました。もうそれだけで一日仕事なんです。次の日は、アメリカと日本のガヴァメント（政府）から、またいろいろサインをもらわなくちゃならない。そして最後の日は教会に行って、結婚の承認をもらいます。ですから結婚の手続きをするのに最低三日間はなくちゃならないんです。そしてそれを済ませると、彼はすぐにベトナムへと戻って行きました。とても目まぐるしい三日間だったけれど、こうして私たちは、正式な夫婦になったんです」

——一九六八年、いよいよ昭子さんは日本を離れ、たった一人でアメリカに渡ることになる。

「彼は軍を除隊して、一足先にアメリカへ帰って、私を待っててくれました。私は高校を無事卒業したあと、彼と出会ったレストランを辞めて、那覇市のホテルで経理の仕事に就いていたんですが、そこも退職して、アメリカへ行くことになりました。もちろん不安はあったけれど、でもそれ以上に、外国に行ってみたいという気持ちの方が強かったからねえ。それに両親もいないし、誰も引き止める人はいなかったし。そういう意味では、気が楽だったかもね。

あの日のことは、今でも本当によく覚えてるわね。沖縄から羽田に行って、羽田で一泊泊まったの。ニューオータニだったわ。羽田に着いたら、リムジンが迎えに来てて、ホテルに送ってくれたの。あれが生まれて初めてのリムジンでしたよ。そして翌日リムジンで空港まで送ってもらって、そしてサンフランシスコ行きの飛行機に乗りました。その間、ずっと一人。その間、ずっといろんな思いが頭を駆け巡ってた。アメリカンドリームって言ったらおかしいんだけど、これからアメリカに行ったら、何ができるかしら。あれもできるかな、これもできるかなって、もうなんだかわくわくする気持ち。もう抑えきれませんでした。そして一方では、不安が頭をよぎるんです。誰も知らない初めての土地でうまくやれるだろうか、とか、言葉は大丈夫だろうか、とか、もしこの結婚に失敗したらどうするんだろう、とか。でもやっぱり、どうにかなるって気持ちが強かったんだと思うわね。沖縄発つ時も、友達はおいおい泣いてたけど、私は泣かなかったもの」

——そして昭子さんの飛行機は、いよいよサンフランシスコへと着陸するのだ。

「サンフランシスコに着いたら、彼と彼のお兄さんとお姉さん三人で、私を迎えに来てくれていたのよ。それだけでも嬉しかったのに、まだその続きがあるのよ。空港からオークランドの私たちの新居へ着くと、うちの人が、『今から両親の所へ行こう』と言うんです。彼の両親が、ちょっと田舎にヴァケーション用の家を持ってたんですね。今度はそこに連れて行かれて。部屋に入って、もうビックリ。大勢の人たちが、私のことを待っていてくれて、みんなでそれは大歓迎してくれたんです。彼の家族や親戚とはその日が初対面でした。ただお義母さんからは、沖縄に一度手紙をもらったことがあるんです。『息子の愛する人だから、こちらも大歓迎ですよ』ということが書いてありました」

――両親を早くに亡くし、「十六歳からずっと一人だった」と話していた昭子さん。そんな彼女が、遠い見ず知らずの国に、彼女の新しい家族がこんなに待っていてくれるなどと想像できただろうか。昭子さんは彼の出身地であるオークランドで新婚生活をスタートさせた。

「新婚当初は、彼は軍隊を除隊して、まだ仕事を探している最中でした。家の近くに知り合いがやっているセメタリー（墓地）があったんです。その墓地で働きながら、学校に行き始めました。彼のメジャー（専攻）はビジネスアドミニストレーション（経営管理学）です。兵隊に行く前はサンフランシスコ・ステイト（サンフランシスコ州立大学）に通っていたんですけど、除隊した後は、ケネディー・ユニヴァーシティに入りなおしました。彼は仕事が終わると、一時間半くらいかけて大学に行って、夜のクラスで、やはりビジネスを勉強してました。帰りがまた霧がすごくて、たまに夜中の二時三時に帰ってくるなんてこともありましたね。

墓地では、彼はもうなんでもやってましたね。穴掘りもするし、クリメイション（火葬）もやりましたし。それから彼の仕事ぶりが買われて、そのセメタリーのマネージャーまで任されるようになりました。でも、オーナーが替わって、その人と意見が合わなくて、他の仕事に移るんです」

――昭子さんの夫がセメタリーの仕事を辞めて、次に見つけてきた仕事はホームセンターのマネージャーの仕事だった。

「エースハードウェアストアっていう店。でもそこ、すごくお給料が少なくって。これは大変だわ、と思っても、当時私たちには二人の子供がいたの。私が外で働こうと言っても、そう簡単じゃなかったわね。一九六八年にアメリカに来て、一九六九年の五月には最初の女の子ができて、一九七二年には二番目の女の子が生まれたんです。アメリカに来たばかりの頃は、子供はしばらくいいと思ってたんですけどね。もちろんベビーシッターを雇うか、デイケアに子供を預ける方法だってあったけれど、デイケアってすごくかかるの。それじゃあ私の給料がみんなデイケアに行ってしまう。だから私が働くのはもう少し子供たちが大きくなってから、と思って、しばらくは金物屋さん（ホームセンター）の給料でやりくりしました」

――昭子さんは、言葉などハンデの多いアメリカで職を得るには、手に職をつけるのが一番、と考え、子供たちが学校と幼稚園に通い始めた頃、美容師になるための勉強を始めた。

「子供たちが学校にいる間、オークランドのレニー・カレッジに通い始めました。ここで英語とコズメトロジーのクラスを取ったんです。美容の勉強です。この学校で必要な単位を取って、州のテストを受けてパスしなければなりません。レニー・カレッジは普通の短大でしょ。美容師を養成するための専門学校、ビューティーカレッジに行けば、ずっと短期間で美容師試験が受けられるんだけど、学費が高いの。だから私はレニー・カレッジで一年間かけて授業を取って、そして試験にパスして美容師の資格を取りました。取ったところまではいいんだけどねえ」

――短い沈黙。それから力なく笑った。

「私ってほんとダメよね。いろんな状況を考えないで、思いつきでやってしまって。資格を取って、アラメダの美容院で働き始めたの。よーし頑張るぞって。ところが働き始めてから気付いたの。美容師ってウィークエンドも働くでしょ。子供たちが、『お休みなのに、どこにも行けない』って、それはそれは嫌がって。なんとか六ヶ月続けたけれど、これはもう無理だなあ、って、とうとう辞めました。子供たちがもうちょっと大きくなったら、また復帰しようとは、その時思ったんだけど。一年間の苦労がなんだったのかって思いましたよね。私が浅はかだったんだけどねえ。

それから次は、オークランド空港のギフトショップで働き始めました。オークランドは国際線がないから免税品は扱っていないのに、なぜかデューティーフリーショップって言ってたわね。毎朝三時半に起きて、家族の朝ごはんの支度なんかしてから家を出るんです。お店は六時開店ですけど、準備のために五時にはお店に着いていなきゃならないの。開店前は金庫を開けるとか、結構仕事があるんです。ですから主人が子供たちを学校に送り出してくれてました。そして私は午後一時に店をあがって、子供たちを学校に迎えに行くんです。この仕事は二年続けました。

その頃はオークランドから、このアラメダの家に引っ越してきていて、子供も二人とも小学校に上がってたわね。私、時間が許す限り、学校のボランティアに積極的に参加するように心がけました。どんな雑用でも。特に思い出に残っているのは、本の読み聞かせね。子供たちの通った保育園は、お母さんたちは、どんどんお手伝いに参加しなくちゃいけないところだったのね。だから私も出かけて行く機会がよくあって、子供たちと接することには慣れていたの。だけどアメリカ人の子供たちを前に本を読んであげるっていうのはねえ。最初は恥ずかしかったですよ。幼稚園の子供たちが十名くらい座ってて、その前で絵本を読むでしょ。知らない単語や発音の難しい単語とかあるじゃないですか。そんな単語を私が読むと、子供たちが笑うんですよね。だけどそんなのも、私、すっかり平気になっちゃって。でもそれも小学校一、二年生までででしたね。それ以上になると、難しい単語がいっぱい出てきて、もうお手上げだもの」

――「子供とは言え、アメリカ人の前で英語で朗読するのは、大変だったでしょう。数ある学校のボランティアの中から、なぜ読み聞かせを選んだのですか」と私が訊ねると、昭子さんは、すぐにこう答えた。

「自分が習うためですね」

――昭子さんは、他にも「ランチタイムのオブザーブ」のボランティアもしたそうだ。子供たちのランチタイムのお世話や、ランチ後、外で遊ぶ子供たちの様子を見守るという役目だ。

「うちの主人も、子供たちにウッドワークショップを開いたりしてましたよ。子供たちにのこぎりや金づちの使い方を教えてあげるんです。大工さんみたいに、木でいろいろなものを作るんです。動物の形をした風車とか作ってましたね。主人は家でも、ちょこちょこ作ったりするんですよ」

――子供たちが通ったアメリカの学校は、昭子さん自身が沖縄で経験したものとは随分違ったのだろうか。

「あのね、最初娘を通わせた学校は、とてもオープンな雰囲気の学校でした。校長先生のこともファーストネームで呼んでたんですよ。アメリカの学校で最初一番驚いたのは、父兄会ね。ちょうど夏で暑かったんだけど、肌の露出したタンクトップにショートパンツなんかはいて、お母さんたちが集まってくるのよ。もう私びっくりしちゃって。だって日本だったら、きちんと正装してきますよね」

――昭子さんは、アメリカで生まれ育ったお嬢さんたちとは、どのようにコミュニケーションをはかっていたのだろうか。また苦労はなかったのだろうか。

「娘たちは、日本語は全然だめですねえ。オークランドに仏教会があって、そこの日本語のクラスに毎週土曜日三時間通わせました。読み書きはどうにかできるようになったんですけど、やっぱりカンバセイション（会話）がねえ。まだ学校に上がる前は、私が日本語で話してましたけど。学校に行くようになって、先生や友達と英語で話すようになり、テレビも一人で勝手に観るようになったら、もう日本語なんてね、あっという間に忘れてしまいました。私がもっと家庭で日本語の環境を作ってやっていたら、違ったかもしれないんだけど。でも私の方もなんとか英語をマスターしないと、って気持ちが強かったのね。子供たちを通して、英語を覚えようって思ったのね。だから娘たちの日本語は、本当に片言ですよね」

――お嬢さんたちと日本語で話せたらな、と思うことはないのだろうか。

「ありますねえ、やっぱり。日本語でこう言ったら、もっと自分の気持ちが、うまく伝わるだろうなあ、とか思いますよ。思ったことの半分も言えない事とかありますよね。

上の子はね、何か相談事があると、よく夫の母の所に行ってましたね。おばあちゃんはオークランドに住んでましたから、すぐ近くなんです。私ではちょっとクエスチョンマークって時は、おばあちゃんの所に行くの。どんな相談をしてたのかなあ。おばあさんがいつか言ってたけど、やっぱりボーイフレンドの相談なんかしてたみたいよ。そういう相談は、私にする前におばあちゃんにしてたわね。主人のお母さんは、昔、学校の先生をしていたの。だから娘たちは、学校の友達関係の問題なんかも相談してた。あとおばあちゃんは、昔、子供たちによく洋服を作ってくれていました。だから洋服の相談なんかもしてた。こういう時は、どんな服を着て行ったらいいの、とか、こういう服が欲しいんだけど、とかね。特に上の子は、そうやっておばあちゃんに、いろいろ相談してましたよ。普通だったら、真っ先に母親に相談するようなことをね。やっぱり残念だったなあ。もっと深く話を聞いたり、話してやりたかったなあ、って。そういう普通のことが足りないな、って思いましたよ。ちょっとだけ、ううん、ちょっとなんかじゃないわね。とってもとっても残念でした」

――昭子さんは、そう話し終えると、ほんの少しだけ目を伏せた。生まれ育った国で、子供を産み育てた者では、経験はおろか想像もしない悩みだ、と思った。血のつながった親子で、共有する言語を持たないことの不自由さ、いや苦悩を私は頭の中で思い描いてみたのだ。

「あのー、子供たちのことになると、話が長くなるけど、聞いて！」

――めずらしく昭子さんは語気を強めた。

「長女のジュディは、ハイスクールを卒業したら軍のコーストガードアカデミーに進むことを希望していたんです。沿岸警備隊ですね。コーストガードに入るのは、審査がとても厳しいんです。体力的にも学力的にも。うちの子はその基準を九十九パーセントパスしていたので、私たち家族は間違いなく合格するものだと思ってました。その学校はイーストコースト（東海岸）にあったので、卒業式にはみんなで行こうね、って話していたんですよ。ところが選考の最後の最後で、視力検査で引っかかっちゃったんです。一番初めに目の検査をした時はオーケーだったんですよ。ところが夏休み明けに再度視力検査があったんです。そうしたらコーストガードアカデミーの最低基準を下回ってしまったんです。夏の間に視力が〇・〇一まで落ちてしまって。コーストガードは眼鏡を認めてくれないのでね。ほんとあの時はかわいそうでした。その落胆振りといったらなかったですよ。進路を変えようにも、その時点ではもう大学の出願も全部締め切られたあとでしょ。どうにもならないんですよね。とりあえずコミュニティカレッジに通ってクラスをいくつか取って、翌年、カリフォルニア州立大学へイワード校に編入して、結局最終的にはハワイ大学ヒロ校を卒業しました」

――長女のジュディは、ハワイで知り合った男性と結婚し、オアフ島で暮らしている。彼女は研究所に勤め、科学者のサポート業務をしているという。

「子供たちの話は長くなるの」

——そうもう一度言った。

「次女はアラメダハイスクールに通っていたんですけど、シニア（高校三年生）の時に、子供ができたの。同級生の男の子との間にね」

——フーっと静かにゆっくりと息を吐き出し、とても落ち着いた口調で、こう語り始めた。

「その日、前からとても楽しみにしていたところに行って、私、ものすごく気分よく家に帰ってきたんです。ああ、いい一日だった、って、上機嫌。ウキウキしてた。そしたら娘が寝ないで、私のこと待っててね。『ママに話がある』って言うの。『怒らないで聞いて欲しい』って。何かおねだりしたい物があるっていう様子じゃなさそう。だって、なんだかとても追い詰められているような目をしているんですもの。学校で何かあったのかしら。友達のことで悩んでいるのかしら。でもね、まだその時は、彼女の話を聞いて、それに私がちょっとアドバイスをしてやれば、『ありがとう、ママ』ってすっきりした顔で自分の部屋に戻って行くくらいのことだと思ってた。でも彼女の口から出てきたのは、『あのね、私、妊娠したの』。

ああ、その時の気持ちといったら。いきなり天国から地獄に突き落とされたみたいでした。ああ、どうしよう。ただその言葉だけが、私の頭の中をぐるぐる駆け巡っていました。私はその時、娘に何を言ったのか、どうしたのか、何も覚えていないんです。もう何をどうしたらいいのかわからない。

どうしよう、どうしよう。大変なことになった、って。

　私はこういう場合、まず何をどうすべきか、ということをじっくりと考える冷静さもありませんでしたし、また知識もありませんでした。もうただおろおろするばっかりで。そして思い切って近くに住む日本人の友達に相談したんです。その友人は、専門家に相談するのが一番だ、と私に言いました。カウンセラーと話をして、これからの将来をどうするのか話し合うべきだ、とアドバイスしてくれました。そして彼女の紹介で、ティーンエイジャーの妊娠を専門にしているカウンセラーが我が家に来たんです。カウンセリングは、ほとんどカウンセラーと娘の一対一で行われました。カウンセラーは、『今起きていることから目をそらさずに、この問題を現実的に考えなくてはいけない』と何度も強調していました。そしてもし子供を産んだとして実際に育てられるのか、というようなことを、二人でいろいろ話し合っているみたいでしたけど。

　私の友達の中には、もし娘が産んで育てるというのなら、まず娘を放り出しなさい。そして親に頼らず彼女自身で育てさせなさい。そして本当に自分ひとりで赤ん坊を育てていけるのかどうかを見極めさせなさい、と言う人がいたのね。だけど、生まれたばかりの赤ちゃんを放り出すなんてこと、できないでしょ。

　娘は、妊娠がわかった時から、産むと決めていたようです。私たち家族も選択を迫られていました。そして決めたんです。出産することを。

カウンセラーのアドバイスで、娘は同じアラメダにあるアイランドハイスクールに転校することになりました。そこは問題を抱えた子供たちが、そのまま勉強を続けられるように、という高校なんです。大きなお腹を抱えて、今までの学校には通えないでしょ。そして彼女は、この学校を卒業しました。

九ヶ月。本当に……本当に長い九ヶ月でしたね。どうして、わざわざそんな苦労をしなきゃいけないのかって」

——昭子さんは、自分の口を両手で覆うと、何かに耐えているかのように、じっと動かなかった。父を三歳で、母を十六歳で亡くし、同世代の友人たちが当たり前に謳歌している青春を横目に、歯を食い縛って生きてきた昭子さんにとって、娘たちには、何より「普通の幸せ」を望んでいたのではないだろうか。家族がいて、当たり前に学校へ行き、十代にしかできない経験をたくさんして、思い出をたくさん作って。昭子さんがちょうど娘と同じ年頃に、望んでも決して手に入らなかった幸せを、娘はわざわざ捨てようとしている。昭子さんは、どんなに悔しかっただろう。

「ずっと後に友達が、『あなたの背中、本当にかわいそうだった』って言ってました。やっぱり娘の出産には心から納得するということはできなかったわね。

出産には、私と主人と私の友達とで立ち会いました。彼女はカウンセラーを紹介してくれて、そして九ヶ月の間、ずっと私たちをサポートしてくれました。赤ちゃんの父親はね、最初はヘルプするって言ってたんですけど。途中、娘と喧嘩になって、そのまま別れてしまったんです。分娩室で陣痛の始まった娘の側にいても、気持ちは複雑でした。これは娘にとってよかったんだろうか。生まれてくる子供はどうなっていくんだろう。先の見えない将来が不安でなりませんでした。

でもね、生まれてきた赤ちゃんの産声を聞いた瞬間、みんな忘れちゃった。それまでの長く苦しかった九ヶ月のことは、全部消えちゃったの」

——生まれてきたのは女の子だった。

「無事に生まれてきてホッとしましたが、そのあとも大変でした。周りが、『十八の娘が子供を育てるなんて無理だ、里子に出しなさい』って言うんです。教会の神父さんとも話し合ったりもしましたね。でもあの子は絶対に譲りませんでした。もうどんなことがあっても手放さないって。本当に、子供がどうやって子供を育てるんだろうって思いましたけどね」

——昭子さんは声を立てて笑った。

「その子ももう十四歳になりました。今はキャストロバレーに住んでいて、頻繁に会ってますよ。生まれて三歳になるまでは、私たちと一緒にこの家で育ったんです」

——次女はその後、カレッジの音楽科でピアノを学ぶが、腱鞘炎を患い、音楽の道を断念する。そしてカレッジ時代に知り合った男性と結婚し、さらに三人の子供をもうけた。現在は離婚をし、保安官をしながら四人の子供を育てている。

「子供たちのことになると、話が長くなる」と言っていた昭子さんは、今度は彼女の夫について話してくれた。

「主人の名前はジャンです。でもみんなはジャック、ジャックって呼ぶのよ。だから私もそう呼んでます。彼の母方はアイリッシュ系で、父方はフレンチなんです」

――夫のジャンさんはアメリカに帰国後、除隊し、霊園で働き始める。その後、ホームセンターのマネージャーの職に就いた。しかし職場の人間関係によるストレスから胃潰瘍を患い、次の職を見つけぬまま退職してしまった。

「さて、これからの生活をどうしたものか、と悩みました。実は私たちが通う教会の神父さんが、旅行会社をやっていたんです。神父さんが、リタイアして田舎に行くので、その会社を手放すというんです。それでうちの人にやってみないかと言ってきてくれたんです。主人はその会社に入って、二、三ヶ月働いて、旅行業務を勉強しました。そして彼はいい感触を得たみたいで、やってみようと決心したんです。上の子がハイスクールの頃だったかしら。そして二〇〇一年に閉めるまで、この旅行会社は二十一年間やりました。セプテンバー・イレヴン（九・一一テロ）の一週間前のことでした」

――旅行会社が軌道に乗り始めると、昭子さんは空港の免税店の仕事を辞め、夫の仕事を手伝い、店に立つようになる。社員も三人雇った。旅行業務の仕事をこなす上で、一番苦労したのは、やはり英語だった。

「英語は苦労したわね。特に電話は難しい。相手の顔が見えなくて声だけでしょ。『アキコの言葉は、電話じゃ聞きにくいから、今から事務所に行くわ。面と向かって話をすればＯＫだから』なんてことも、よくあったわね。私の経験だと、私たち日本人の英語は黒人の人たちには、どうも聞きにくいみたいなのね。彼らには日本人の発音を聞き取る耳をもっていないいんだなって、いつも思います。でもそれは、こっちの勉強の足りなさなんだけど。発音がちょっと下手だからね。長距離電話なんて、もう大変。今からそっちに行く、なんて訳にはいかないものねえ。チケットの手配でエアラインの人と話をしなくちゃならないでしょ。『私のサザンアクセント（南部訛り）とあなたのジャパニーズアクセントとで、ゆっくり話しましょ』なんて言ってくれる人はまだいい方。ニューヨーカーなんて、すごいですよ。怒鳴られますからね。

いやあ、ほんと必死でしたね。お客さんにとっては、夢の旅行ですからね。その日のために、何年もお金を貯めて行くわけですからね。百パーセント楽しんでもらわなければ、という気持ちがこちらにはありますもの。だから一生懸命やらせてもらいました。それでも、どうしても手違いなんか起きてしまうんですね。そういう場合は、本当にすまなくてね。例えこちらの落度じゃなくても、直接お客さんとお話ししたのは、こちらですからね。全責任を感じるわけですよね。

逆にお客さんから、『本当にいい旅をさせてもらった』なんて言ってもらった時なんてね、ああ、大変だったけどやってきてよかったたって思いますね。苦労が報われる瞬間よね」

――旅行会社を二十一年間続けてきた中で、今でも忘れられない出来事がひとつあるのだと言う。

「私はね、面と向かって、ジャップなんて侮辱的なことを言われた経験はないんですね。でもね、今でもとても印象に残っている人が一人いるんですけどね。

夫が引き継いだ旅行会社で私も働くようになって、うちの人とは話をするけど、私とは絶対に口を利こうとしない白人のお客さんがいたんです。どうしてなんだろう、って私ものすごく気になって。あとで、彼の弟さんが戦争中に日本兵に殺されたっていうことがわかったんです。どういうきっかけだったのか忘れてしまったけれど、その話はずっとあとで、そのお客さん自身から聞いたんです。旅行をよくする人で、お店によく出入りしてた人なんですけど。なんだったのかなあ。旅行の手付金かなにかで、私が彼の奥さんといろいろやり取りをしたことがあったんですね。奥さんから、『あそこの店の日本人の女性によくしてもらった』という話を聞いたと、それから少しずつ口を利いてくれるようになって。そしてお店を閉じるまで、すごくいいお客さんでした。

大切な弟さんを日本人に殺されて、辛い思いをして、日本に対して恨みや憎しみしかなかったんでしょうね。でもあるきっかけで、少しずつ日本人の私に心を開いてくれて、最終的にはとてもよい関係を築くことができました。これは私にとって、とてもいい経験でした」

――そして現在、ジャンさんは何をされているのだろう。

「本当はリタイアして、のんびりしたかったんだけど、なかなかそうもいかなくって。今はね、アラメダのプレスクールでサブスティテュートのティーチャーをやっています。休みの先生の代わりに呼ばれて授業をする代理教師ね。ハイスクールで教えていた時はね、生徒たちとの間に、なんていうのかしら、ジェネレーション・ギャップがあったんですね。うちの人にとっては、今の高校生のものの言い方は、コチンとくるわけなんですよね。『一体どんな英語を使ってるんだ』って、いちいちコチンコチンくるわけよね。ところが小さな子供たちは、主人が教えれば教えるだけ、全部アブソーブ（吸収）してくれるような感じで、楽しくてしょうがないんですって。もうそれですっかり気に入ってしまって、ずっと続けているんです。毎日行ってます。彼の手帳は一ヶ月先まで、プレスクールのスケジュールでびっしりなのよ。うちの人も、六十二歳ですからね。小さい子供たち相手に、立ったり座ったりで、すごく疲れるって言ってますよ。でもそれ以上に楽しくてやりがいがあるんでしょうね」

——昭子さんは次にお姑さんについて語ってくれた。

「やっぱりアメリカに来てよかったんじゃないかなあ、って思うことのひとつが、姑の苦労がなかったってことなのよ」

——昭子さんはそう言うと、快活に笑って見せた。

「うちの人のお父さんが三年くらい前に亡くなられて、今、お母さんはリタイアメントホーム（老人ホーム）に入って、そこでのんべり暮らしています。もう八十五歳です。

ほーんとに私、よくしてもらったんですよ。お義父さんとお義母さんはリタイアして、オークランドから田舎に引っ込んだんです。カリフォルニアのデルタという所。大きな川のそばに家を買ったんです。二人はガーデニングしたり、ボート遊びしたりして過ごしていましたね。夏休みやホリデーには子供たちを連れてよく遊びに行きました。そんな時、一週間とか泊まるんですけど、私はのんびり朝寝坊させてもらうんです。そしておじいちゃんとおばあちゃんが子供たちに朝ごはんを食べさせてくれるの。『子供たちは私たちが面倒見るから、アキコは骨休みしなさい』って。そんなこと日本ではできませんよね。

サンクスギヴィング（感謝祭）にお義母さんのうちにきょうだいみんなが集まって、一緒にディナーを食べるんです。主人のお兄さんのお嫁さんなんかは、後片付けの手伝いなんか、一切するつもりはありませんよね。お義母さんは、やらなくてもいいのよ、って言ってくれますけど、私は座っていられる性分じゃないから、やるんです。嫁だからやるんじゃなくて、お手伝いしたいからするだけ。本当にいいお義父さん、お義母さん。だから私は自分のお父さん、お母さんだと思ってる。そしてむこうも私のことを、本当の娘のように思ってくれているんですよ。人に私を紹介する時も、自分の娘だって紹介するの。アメリカでなんとか私がやってこられたのは、本当にお姑さんの存在は大きいと思います。

来たばかりは誰も知り合いがいませんでしたからね。食べ物にも苦労しましたね。アメリカに来て最初の秋でした。グロッサリーストア（食料品店）に柿が出ますよね。あー、おいしそうな柿だと思って、買って帰ったんですよ。そしてガブリとやったら、もう渋くて渋くて。アメリカには甘い柿はないの？って。

メディアもまだね、テレビの日本語放送もなかったから、日本に関する情報がわからなかったの。その頃、サンフランシスコにジャパンタウンがあるなんてことも知らなくて。だから最初はアメリカの食べ物ばかり。うちのお義母さんが、『アキコ、ライスが食べたいでしょ』って教えてくれたのが、アンクル・ベンっていうインスタント食品。お湯を入れて、フタをして何分か蒸らすだけでできるご飯。待っている間、楽しみで楽しみで。久し振りにお米が食べられるって。ところが、できあがったのはドロドロで、日本の白いご飯とはおよそ程遠い代物。オートミールみたいなのよ。ああ、アメリカのご飯はおいしくないなあ、って。ほんと、がっかりしました。今でもあるんですよ。

その頃、ジャパニーズフードのレストランって、まだそんなになかったんですよね。最初お義母さんが、『アキコをチャイニーズレストランに連れて行こう』って、近所のお店に連れて行ってくれたんです。その時のビーフグリーンペッパーっていうのが、とってもおいしくて。ピーマンとビーフを炒めたものですよね。あっ、これなら私にも作れるわって、それから毎週それを作りました。

最初の日本のお店をみつけたのは、ヘイワードでした。今はもうないんですけど。そこにお豆腐があるって聞いて、私すぐに飛んで行って買ってきました。おいしかったですよ。その時の感動は忘れられないわね。

こっち来てね、私、ホームシックとかって、全然なかったんですよ。日本では親を亡くして、たった一人で生きてきたでしょ。お金にも苦労して、ご飯も満足に食べられないような生活だったから、帰りたいとも思わなかったのかもしれないわね。それにこっちに来てすぐ妊娠したので、故郷を恋しがっているどころじゃなかったのかもね。私、つわりがひどかったのよ。

結婚して十二年経って、二人の娘と私とで初めて沖縄に帰ったんです。上の子が十一歳、下が八歳の夏でした。羽田に降りた時、暑くてねえ。参りました。子供たちは、『沖縄は海がきれいでいい所だったけど、暑いのがいや』ってこぼしてましたね。

沖縄にはお盆過ぎまでいましたね。ひと月いたのかな。いとこのうちに泊めてもらいました。いとこが山梨にもいたので、そこを訪ねたり、あと河口湖にも足を伸ばしました。久し振りの沖縄は、きれいになったなあ、発達したなあ、前よりよくなったなあ、と思いましたね。そして子供たちの学校の新学期に間に合うように、八月の終わりか九月の最初の週までにはアメリカに戻って来たんです」

——昭子さんはハーっと大きな溜め息をついた。

「それからが大変。予想もしないことが起こったの。もう寝ても覚めても沖縄のことばかり。頭から離れないのよ。朝起きて仕事に行くんですけどね、帰ってくると、もう三時間くらい動けなくなっちゃうの。そして沖縄で買ってきたテープを聴くの。沖縄の民謡とか日本の歌とか。もう聴きながら涙がボロボロこぼれちゃって止まらないの。なんだかボーっとしちゃって、何もやる気になれないし、時間があれば昼寝ばかりしてた。もう寝ないと大変なの。体力的にも精神的にも持たないのよ。そんな状態が一ヶ月は続いたかしらね。『時差ボケにしては長過ぎる』って、家族から言われてね。

そうこうするうちに、サンクスギヴィングのホリデーが近づいてきて。主人のお母さんに、『アキコ、今年のサンクスギヴィングはどうする?』って訊かれたんですよ。あー、これではいけない、と思って、『今年はうちでやりましょう』って答えて、それから気持ちを切り替えたんです。昼寝もしなくなりました。ほんと重症でしたね。とてつもないホームシックにかかってしまいました。

最後に沖縄に帰ったのは十年前です。その時は主人と二人で行きました。主人にとっては、かれこれ三十年ぶりの沖縄でしたね。でもこの時は、アメリカに戻っても、もうホームシックにはなりませんでした。あー、自分の帰る場所は、アメリカになったんだなあって思いました。アメリカのこの家に戻ると、一番ホッとするんですよ」

——壁の掛け時計はそろそろ正午を告げようとしている。高く昇った太陽の日差しが、窓に掛けられた白いレースのカーテンを抜けて、私たちに注いでいた。私の目の前に腰掛けた昭子さんの頬と半袖のシャツから覗く少し焼けた腕に、うっすらとレースの編み模様が映し出されていた。昭子さんはほんの少し眩しそうに目を細めていた。

「これは冗談だけどね。上の子を妊娠している時にね、『アメリカのプレジデント(大統領)になるには、両親ともアメリカのシティズン（国民）でなくちゃダメだ』って、人から聞いたのね。そうかあ、お腹の子供はアメリカ人なんだから、じゃあ私もアメリカのシティズンシップ（アメリカ市民権／アメリカ国籍）を取らなくちゃって、取りに行ったんです。アメリカ国籍を取ることに対して、迷いはなかったですね」

――「アメリカに渡って来て、よかったですか」と私は訊ねた。

「後悔ってことはないと思うけど。あの時、あんな風にすればよかったかなあ、とか思うことはいろいろあるけれど……でもアメリカに来て、後悔はしてません。だけど時どき想像することはあるのよ。もしあのまま沖縄に残っていたら、どうなっていたかなあって。

アメリカに来て、家族にも恵まれ、私の人生これでよかったんじゃないかしらね。でもまだ足りないこともあるのよね。恥ずかしいけど、やっぱりもっと学校に行きたいな、っていう気持ちがものすごくある。アメリカに来たばかりの頃に、英語を習いにアダルトスクールに行ったりしたけど。移民の人たち向けの英語学校ね。あと美容師になるためにカレッジに通った時、少し英語のクラスも取りましたけど。学校に行きたいっていう気持ちが、常に自分の中にあるんだけど、でも腰が重くて、なかなか実行できないのよ。

私の英語はまだまだ。アメリカに来て三十六年になるけれど、この頃思うのよね。年々日本語は忘れていくし、英語は上達しないしって。ほんともっと年を取ったら、どうなっちゃうのかしらね。だから日本語の本と英語の本と、両方読んだ方がいいのかな、とか思います。

今からでも英語をもっと勉強したいなって思うんですよね。昔は、沖縄から辞書を引き引きでも英語で主人に手紙を書いてたのにね。主人は昔の私からの手紙をみんなとってあるんですよ。今読むと、え、こんなこと書いてたんだ、なんて思いますよ。今では、日本語でも英語でも手紙なんて書かなくなっちゃったしねえ。だから娘に言われるの。『孫とEメールしなさいよ』って。でもなかなかねえ。

ハワイの孫はね、今、日本語勉強しているんですよ。学校のカリキュラムに日本語の時間がちょっと入っているんですって。この前も電話でね、『今日こんな歌を習ったよ』って、どんぐりころころを歌ってくれたわよ。

次女の方にも孫が四人いるでしょ。娘は離婚して一人で働いて子供たちを養ってるの。彼女、朝早く仕事に出るのよ。ベビーシッターを雇うにしても、子供たちをきちんと食べさせてるだろうか、ちゃんと躾をしてくれてるだろうか、って気になってしょうがないのよね。他人の手では、なかなか行き届いたことはやってもらえないだろうと思って。だからあと一年くらいは、私が孫たちの面倒見なくちゃって思ってるの。私が手を貸さなければ、娘は娘でなんとかやっていくんでしょうけど。でも孫たちがかわいそうだし。孫たちの面倒を見なくてもよくなったら、そうしたら、今度は私が学校に行きたいなあ。なかなか腰が重たいんだけど」

――そう言い終ると、昭子さんはまるで少女のようにはにかんだ笑顔を浮かべていた。

私は昭子さんに最後の質問を投げかけた。「あなたにとって、一番大切なものはなんですか」と。

「家族かしらね。家族が欲しいっていう気持ち、若い頃はあんまり気付かなかったんですけどね。でも沖縄の高校時代にね、もう自分はひとりなんだから、いつでも好きな時に好きなところに行けると思ったのね。ところが友達は、『お母さんに、あそこの喫茶店には行っちゃいけないって言われた。ああ、うるさい』とか言ってるの。羨ましいなあ。私もそういうこと言ってくれるお母さんが欲しいなあ、とか思いましたよね。親のいない私にしてみるとね」

——昭子さんは熱心に私に話してくれた。アメリカに来て幸せだったけれど、もっと勉強したかったということだけが心残りなのだと。私には今、昭子さんのこの気持ちがとてもよくわかる。もっともっと英語が上手くなって、もっともっと家族と話がしたいに違いない。長い間、昭子さんの胸の中にしまわれた、たくさんの思いをもっと正確に、もっと深くまで。そしてかつてお姑さんが娘たちの良き相談者であったように、自分もいつの日か、年頃となった孫たちの相談に乗れたらどんなに素敵なことだろう、と。

「そう、あなたと話している間、ずっと考えてたのよ。うちの人からどんなプロポーズされたかなって。いやあ、ほんと忘れちゃったわね。あとでうちの人に訊いてみるわ。でもね、なにかパーっと燃え上がったものがあったとか、そういうんじゃなかったわね。なんか自然にねえ。気がついたら、うちの人についてアメリカに来ちゃってたわね」

＊　＊

ふと見上げると、掛け時計の針はとうに正午を過ぎていた。お昼前には失礼しなくては、と思っていたのに。いつも知らないうちに時間は経って行く。時計の金色の振り子がずっと同じ調子で、右、左と揺れている。とても静かな時間が流れていた。

私は別れを告げ、外へ出た。すぐ目の前の車道に、夫の車が停まっていた。インタビューの終わる頃合を見計らって、戻って来てくれたのだ。挨拶をするために車から降りてきた夫に、昭子さんが、「坊やに食べさせてあげて」と小さな紙袋を手渡した。

私たちはお礼を言って、車に乗り込んだ。ドアの前で、昭子さんが手を振るのが見える。私も車の中から手を振った。朝見た時と同じように、二階の窓の辺りをスターズ　アンド　ストライプスが風に翻《ひるがえ》っていた。それはとても誇り高く見えた。

アラメダからオークランドに向かう短いトンネルを抜けた時、さっきの紙袋を開けてみた。中には真っ赤に熟れたイチゴが入っている。車内に甘酸っぱい匂いが広がった。後部座席のチャイルドシートには、二歳の息子がよだれを垂らして熟睡中だ。車のデジタル時計が一時を表示した。私はもう一度、あの静かなリビングルームと振り子時計を思い出していた。

「絶対にアメリカ人に負けちゃいけない」

人種差別、「教育ママ」だったあの頃

ドンゴン　巳器乃

——アラメダのジョネイ昭子さんのインタビューを終えたあと、私たちはファストフードレストランでランチを済ませ、すぐまたアラメダに住むもう一人の女性の家を訪ねた。白い外壁に茶色の煉瓦がアクセントになった平屋の一軒家だ。サンフランシスコではなかなかお目にかかれない澄んだ青空が、ほんの少し眩しかった。家の前の青々とした芝生には、街路樹が濃い影を落としている。

私たちの車の音に気付いたのか、私が車を降りると同時に玄関のドアが開き、中から一人の女性が顔を覗かせた。

「はじめまして、みきの　ドンゴンです」

——小花柄のTシャツに青い胸当てのスカート姿のその人は、そう言って私を中に招き入れてくれたのだった。

白い壁に囲まれたリビングのダイニングテーブルに、私たちは向き合って腰掛けた。

「みきのさんって、どういう漢字をお使いになるんですか」

——私は真っ先にこの質問をした。

「辰巳の巳、うつわの器、そして乃木大将の乃です。巳器乃、と書きます」

——そう説明して、私のノートに書き込んでくれた。私はその名前の由来を尋ねた。

「わたくしは巳年だったので、きっとそのためじゃないのかしら。うちの父が、ある宗教家の方と親しくしてて、その方がつけてくださったんです。わたくしの姉は喜利与《きりよ》、妹は味土里《みどり》といいます。みんな字がちょっと変わってますでしょ」

——ドンゴン巳器乃さんは昭和十六年（一九四一年）三月二十八日に東京は麹町の三年町に生まれた。父は埼玉出身で印刷業を営み、母は茨城出身の専業主婦だった。巳器乃さんは三姉妹の真ん中である。

「わたくしのメイドゥンネーム（旧姓）は箕浦です。でも実はこれ母方の名前なんです。母は父と結婚して小林姓になりましたが、母の弟が亡くなりまして、箕浦の跡を継ぐ人がいなくなっちゃったんです。それで真ん中の娘のわたくしが母の実家の跡継ぎということで、箕浦姓になりました。わたくしが小学校に入る前のことです。ただ箕浦に苗字が変わったあとも、家を出るわけでなく、今まで通り、両親姉妹と一緒に暮らしました。

麹町の家は、戦争できれいに焼けちゃって、なんにも残りませんでした。それで新しく家を建てて住みました。麹町の三年町というのは、今のアメリカ大使館がある反対側の方なんです。あの辺りは広い道路を新しく作るというので、みんな取り払われちゃって、ものすごく変わっちゃいました。

麹町を離れて、父は京橋にビルを建てました。下は印刷工場とオフィスで、三階がわたくしたちの住居でした。そこにはわたくしが高校の頃まで住みました。父は七十人ほどの従業員を雇っていました。母はたまにオフィスの手伝いをしていましたね。その後、父が渋谷に家を買いましたので、大学時代はそこに住みました。そのうち七つ年上の姉が結婚しまして、姉夫婦が渋谷の家で暮らすことになりまして、またわたくし達は京橋に戻りました」

――巳器乃さんは高校卒業後、杉野学園女子短期大学に進学し、洋裁を学ぶ。二年間通ったのち、さらに一年間師範科でも学んだ。卒業後は芝・白金の貿易会社に就職し、事務の仕事をした。

「その会社は雑居ビルの中に入っていました。そんな大きな会社ではありませんでした。その同じビルに入っていた他のオフィスに勤めていた方とお友達になったんです。その方、フィリピンの知り合いがたくさんいたんですね。フィリピンのオーガナイゼイション（組織・団体）とかよく知っていて。彼女の誘いでフィリピン人の人たちと会ったんです。最初のうちはグループで会って、一緒に食事に出かけたりしましたね。そのうち段々二人きりで会うようになった人がいたんです。その人が私の主人です。彼はUSネイビー（米海軍）として横須賀に駐留していました」

――それは巳器乃さんが二十五歳の出来事だった。その男性の名前はアルティーミオ・ドンゴンさん。巳器乃さんより十二歳年上のフィリピン人だ。

「出会った時、主人は三十七、八歳でしたね。私と年が離れていましたけれど、彼にとっても私との結婚が初めてでした。彼からは出会って三ヶ月くらいでプロポーズされました。もう私もかなり年だったんで、相手もいないし、これくらいでいいかって。適当な感じ」

――母方の跡取りでもあった巳器乃さんは、外国人との結婚に家族からの反対はなかったのだろうか。

「うちの母も父も、もちろん反対でした。ところがね、姉の主人が応援してくれたんです。義兄は両親と私の間に入ってくれて、父と母にこう言ってくれたんです。『もしこの結婚がうまくいかなかったら、責任を持って自分が生涯面倒見るから、どうか結婚させてやってくれ』って」

——そして巳器乃さんはアルティーミオさんとの結婚を決心した。

「アメリカ大使館に行って書類の手続きをして、大使館で宣誓して終わりでした。結婚式なんてものはありませんでした。私の両親があまりこの結婚に賛成ではなかったこともあるし、それにその頃はちょうどベトナム戦争中でしたから、ベトナム行きの訓練のために主人はすぐにアメリカに行かなければならなかったんです。主人は結婚の手続きが終わり、正式な夫婦に認められるとすぐにアメリカに旅立ってしまいました」

——二人は出会ってわずか九ヶ月で結婚した。巳器乃さんが二十六歳の時のことだ。

「主人がベトナムに行っている間の一年半、私は東京で彼のことを待っていました。新婚早々離れ離れの生活でしたけど、彼は三ヶ月に一回くらい、一週間ほど休暇がもらえるんです。そのたびに日本に私に会いに来てくれました。それと主人は毎日手紙をくれました。私も毎日書きました。でも毎日は手紙は着かないんです。時どき届くんです。一週間位なんにも来ないこともあります。やっぱり戦地ですからね、郵便事情がなかなか上手くいかないんでしょうね。でもね、消印を見ると、ちゃんと一日も欠かさず出してくれてるのがわかりました。

戦争に行っている間、本当に心配でした。怪我はしていないか、とても心配でしたけれど、でも仕方がないと諦めてました」

――ベトナムの次の任地はフィリピンだった。二人はフィリピンへ渡った。結婚して一年半が経っていた。やっと二人の暮らしが始まったのだ。

「二人の結婚生活は主人の生まれ故郷から始まりました。主人は生まれも育ちもフィリピンです。彼のお父さんもフィリピン人としてアメリカ海軍に入っていたんです。ところがお父さんが従軍中フィリピンを離れている間に、第二次世界大戦が始まってしまって、当時日本に占領されていたフィリピンに戻れなくなってしまったんですね。そしてそのまま行方不明になってしまったんです。それで主人は、半分はお父さんを捜したい、というような気持ちから、大学を卒業するとアメリカに渡り、海軍に入ったんです。そしてアメリカの国籍も取りました。フィリピンは長い間、アメリカの植民地だったでしょ。そういう関係で独立後もフィリピンの人たちには、アメリカの軍隊に門戸が開かれていました。そして入隊したフィリピン人は国籍も容易に取得できたんです。アメリカの海軍には、フィリピンの人たちがものすごく多いですよ。

主人のお母さんは、彼のネイビー入りには大反対だったそうです。ですから主人はこっそり試験を受けて合格したんです。そしていよいよ船に乗り込む日に、庭でUSネイビーのユニフォームに着替えて、脱いだ服を庭の木にくくりつけて、こっそりと家を出たんです。そして出発する直前にお母さんに電話をして、『海軍に入隊した。今からアメリカに行く』と告げたそうです。お母さんも、入ってしまったものは仕方がないと諦めたそうです。電話を切って庭に出てみたけれど、脱いだ衣類は誰かに盗られちゃって、みんな無くなっていたんですって」

——フィリピンには一年三ヶ月暮らした。そして一九七一年、新しい赴任地アメリカへと渡ることになる。

「最初に来たのが、このアラメダでした。途中二、三回サンフランシスコに引っ越したこともありましたけど、あとはずっとアラメダです。

主人は一九七四年の十二月に軍隊からリタイアしました。その後はずっとシビリアンの仕事に就いていました。シビリアンというのは軍属で、戦争には行かず、事務関係の仕事をするんです。またウェアハウスといって、基地内にある軍人のための大きな店があるんですけどね、生活用品なんでも揃うんです。その管理の仕事とかしていました。主人は現役の間は、ずっと軍関係の仕事に就いていました」

——そんな夫アルティーミオさんは、二〇〇二年の五月に亡くなっている。

「二人の子供たちももう独立して、ずっと一人でこの家で暮らしているんです。まあ気ままなものです」

――巳器乃さんは、毎朝六時半に近所のプールで泳ぐのが日課だという。また、シニアのためのボランティア活動にも参加しているそうだ。

「上の息子は、ファーストネームが主人と同じなんです。アルティーミオ・ミノウラ・ドンゴン。一九六九年にフィリピンで生まれました。下の娘はジュリアナ・ミノウラ・ドンゴン。二人とも私の旧姓、箕浦をミドルネームにしました。息子はサンフランシスコに住んでいます。まだ独身ですよ。彼は大学はＵＣバークレーを出ました。そのあとサンフランシスコ大学でＭＢＡを取りました。そしてＣＦＡ（Chartered Financial Analyst）という資格を取って、ファイナンシャル関係の仕事をしています。主人とはまったく違う畑に行きました。

娘のジュリアナはサンフランシスコ州立大学でブロードキャスティング（放送学科）を専攻しました。卒業後はそういう関係の仕事をちょっとしていましたね。それから大学院に戻ってビジネスを学んでいたんですが、在学中に、彼女の今の主人と出会って結婚することになり、大学院は辞めてしまいました。娘の主人は、コーストガードアカデミーといって、沿岸警備隊の養成学校を卒業して、コーストガードの仕事をしています。彼はその世界以外は知らない人ですね。二人の間に子供はまだいません」

――三十数年のアメリカ生活を振り返ると、巳器乃さんにとってはどんな日々だったのだろうか。

「いやあ、もう無我夢中でしたね。アメリカに来て、右も左もわからないわけです。そして私の頼りは主人だけなんです。でもその主人もアメリカ人じゃない。生活に慣れるにも、子供を育て、教育していくにしても本当に大変。よくやったなあ、と思います」

——そして巳器乃さんはこうも語った。アメリカでの暮らしは、毎日が小さな人種差別の積み重ねだった、と。

「息子がプレスクールに通っていた時のことです。遠足でサンフランシスコの動物園に行くのに、母親のボランティアが必要だというので、私もそのボランティアを買って出たんです。子供たちの引率やお世話をするんですね。遠足当日の朝、まだ赤ん坊だった下の娘を朝早くからお友達の所に預けに行って、息子と大急ぎでプレスクールに行ったんです。ところが着いてみると、先生も子供たちも誰もいないんです。おかしいなあ、と思っていたら、教室のドアに『動物園行きはキャンセル』と貼紙がしてあるじゃないですか。呆然としていたら、白人の女の人が来て、先生の家庭の事情で遠足に行けなくなったので、急遽中止になったのだ、と、とても親切に説明してくれたんです。他のお母さんたちには電話連絡が回ったのに、なぜか私のところだけ来なかったんです。

私物凄く頭に来ちゃって、その先生の家はうちの近所だったものですから、行ってみたんです。どうして私には連絡をくれなかったのか訊きたくて。その先生白人でしたけどね、逆に『どうして知らなかったの?』ですって」

——そう言って、眉間にしわを寄せた。

「忘れられない経験がまだあります。息子が三歳くらいで、娘がまだ生まれたばかりでした。娘を乳母車に乗せ、息子の手を引いて買い物に行ったんです。息子にカウボーイハットを買ってやろうと思って見ていました。そうしたら乳母車の中で、娘が泣き出したんです。でも大きな声でギャーギャー泣いたわけではありません。ちょっとぐずったんです。そしたら白人の店員が現れて、うるさいから、出て行けって私たちに言うんです。びっくりしちゃって。そうしたら隣にいたお客さんが、『子供が泣いているだけじゃないか。誰にも迷惑かけてないでしょ』とその店員さんに言ってくれたんです。

他にも、デパートに行くでしょ。売り子さんが売り場に立ってますよね。いくら待っても私のところに来ないんです。ところが他のお客さんがくると、サッと来て、彼女には接客するわけです。本当にアメリカに来て、人種差別はあるんだ、と身をもって感じました。顔を見たらアジア人、そこで口を開いたら訛った下手糞な英語。もうそれだけで、ここでは見下されてしまうんだ、と思い知りました。子供たちには絶対にこんな目に遭わせまい、と固く心に誓いました」

――そう一気に話し終わると、本当に腹に据えかねるといった風に、短く息を吐き出した。

「アメリカで子供を育ててみて思うんですけど、日本だったらこんなに苦労しなかっただろうな、とは思いますね。やっぱり英語のこととなると、お手上げですよね。小学校の三年生くらいまでは勉強を見てやってましたけど、それより上になると、とても無理。ただ息子も娘も、割合成績が良くて、私の手を借りずに自分たちでやってくれたので、その点は助かりました」

――巳器乃さんは、さらに続けた。

「私、物凄く厳しかったんです。絶対にアメリカ人に負けちゃいけない、という気持ちが物凄く強かったですからね。子供たちが言いますよ。『成績表を見て、Bなんかが一つでもあったらどうしようって思った』って。子供にはやはりオールAを望みました。日本で言うオール五ですね。私、子供たちには随分言って聞かせましたよ。人より頑張らなきゃダメだ。人一倍やらないと、って。白人の場合だったら、九〇パーセントできればいいけれど、人種の違う者は、一〇〇パーセントできなければ認めてもらえないんだ、ということを口酸っぱく言い聞かせました。夏休みなんかでも、私がいろいろなテキストを買ってくるんです。そしてそれを子供たちにやらせてからでないと、表に遊びに行かせませんでした」

――巳器乃さんは子供たちに、勉強だけでなくスポーツも力を入れたそうだ。

「息子が外に遊びに行った時にね、一度ブラックアイで帰って来たことがあるんです。近所の子供に殴られて目の周りがひどいアザでした。これはいけない、何か自分の身を守る術を身につけさせないと、と思って柔道をやらせたんです。柔道の先生がとても力を入れて下さって、かなりいい線いってたんですよ。息子も娘もカリフォルニア州のチャンピオンになりました。ところが、息子がバスケットボールをやっていて、膝のお皿をだめにしちゃったんです。お医者さんにもう柔道は無理だ、と言われてしまって。それで柔道は中学二、三年生の頃辞めました。お医者さんが、柔道を辞めた息子に水泳を始めたらどうか、と勧めてくれたんです。私自身水泳が好きなんですよね。小学生の時、競泳をやっていて、中央区の大会に出場したこともあります。それはいいと思って、息子と娘にも水泳を始めさせました。

息子は水泳でも活躍したんですよ。高校三年の時、卒業式の一週間前にカリフォルニアのノースコースト地区の大きな大会があったんです。息子のチームは、団体メドレーリレーで一着でした。今でも、そのアラメダ高校の記録は破られていないんですよ」

——巳器乃さんはやや頬を紅潮させて、息子さんの高校時代の活躍を話してくれた。それらの記憶は、彼女にとって何物にも換え難い宝物なのだ。

「息子は高校時代、水泳でオールアメリカにも選出されましたし、成績も五百人中、九番目の成績で卒業しています」

——そして息子さんはカリフォルニア大学バークレー校に入学する。アメリカ有数の名門大学である。

「私、本当に教育ママでした。日本に暮らしていたら、ここまではしなかったんじゃないかと思います。とにかくこの国には、人種差別が歴然と存在するということ、そしてそれがその後の人生に大きく影響するんだ、ということを痛感したんです」

——そして巳器乃さんは、子供たちにアメリカ人よりも、白人よりも頑張れ、と教え続けてきたのだ。自分の子供が人種差別の中に埋もれてしまわないように、いい成績、いい記録を残すことにこだわり続けた。

「息子なんかは、『カリフォルニアを出たくない』って言いますよね。イーストコーストのようにアジア人が多い場所ならいいけれど、真ん中（中西部）には絶対に住みたくないと言います。娘のお婿さんの友達がハワイでコーストガードをやっているんですけどね。彼の同僚のお父さんが、オハイオから息子の新しい任地のハワイに遊びに来たんですって。ところがそのお父様は、『ハワイはドルが使えるのか』って言ったそうですよ。ハワイはれっきとしたアメリカの州なんですからね。そういう人からすると、日本人も中国人も韓国人もへったくれもないんですよ。みんないっしょくたですよ。うちの子供たちはアメリカで生まれて育ったアメリカ人ですよ。でもね、顔がアジア人ですからね。よく言われましたよ。**"You speak good English"**（英語が上手ですね）って」

――お子さん達は、英語がネイティブの両親の間で育っている子供たちに比べて、最初は英語に苦労したのだろうか。

「学校に行き始めた頃ね、私が息子に英語の本を読んでやっていたら、『ママ違うよ。学校ではみんなそういう風に発音してないよ』なんて言ってましたね。『ぼくは先生の発音を一生懸命聞いて、真似して発音してるよ』って話していました。アメリカ人の両親を持つ子供は、自然に英語の発音を身につけていくのに対して、息子や娘は、そうやって努力して覚えていったんでしょうね。

息子が小学二年生の時だったかなあ。あの子、ギリシャ神話が好きだったので、ギリシャ神話の本を買ってやったんです。ある日、学校の授業中に、彼はこっそりその本を読んでいたんですね。それを先生が見つけて、息子からその本を取り上げたんです。するとその本が絵なんかまったくない中学生くらいが読むような難しい本だったものですから、先生はとっても驚いてました。あとでその先生が私におっしゃっていました。『この子は、英語が母国語であるアメリカ人の両親の間で育った子供たちよりも語彙力がありますね。とってもよくできるお子さんです』と、とても褒めて下さいました。息子はとても本が好きでしたね。小さい頃は本屋さんへ連れて行って、自分で好きな本を選ばせてました」

――巳器乃さんは、そうとても誇らしげに語った。

「私は子供たちに少しでも英語の環境を作ってやりたくて、家庭でも英語を使うようにしていました。でも娘に言わせると、『ママは昔は随分日本語を使ってた』そうです。今は息子と娘とは全然日本語で話しません。

息子が幼稚園に行くようになってから、ボランティアでずっと学校に行ってましたね。私自身がアメリカの学校というものを知らないわけでしょ。経験がないんですもの。ですから、アメリカの学校ってどんなところなのかな、と思って、ずっと子供たちと一緒に小学校に行って、いろいろボランティアをしてました。私がとても熱心にやっていたものですから、学校の先生から、学校で働かないか、と誘われたんです。ティーチャーズエイドといって、先生の助手です。娘が二、三年生の頃始めて、二十年やりました。お給料は物凄く安いんです。でも子供たちと一緒に学校に行って、帰りも子供たちと帰ってこられるでしょ。子供が病気で仕事を休まなくちゃならない時も、全然文句言われないですし、娘が歯医者の予約があるなんて時も、仕事を早引きできますしね。子供を抱えながら働くのには、ストレスがなくてとてもよかったですよ。仕事の内容は、リーディングが遅れている子のところへ行って、勉強のヘルプをしたり、アートのプロジェクトがあると手伝ったりするんです。アートが苦手な先生っているんですよね。私がアイディアを出して、絵を描いてあげたり、何か作ってあげたりしましたね。クリスマスにはこういう工作をしましょうとか考えたり。

他に日本語学校で土曜日に教えていました。これは十一年くらい続けました。生徒は日系だけではなく外国人の子もいました。私は高校生のクラスを担当していました。この地域の高校は日本語学校の授業を認めてくれたんです。私の出す単位が、彼らの通う高校の外国語の履修単位として認められて、ちゃんと高校の成績表にも載っていたんです。私の子供たちはこの日本語学校で日本語を勉強するということはありませんでした。二人はオークランドの仏教会の日本語のクラスに二、三年行ったんですけれど、結局続かなくて辞めてしまいました。二人とも日本語はだめですね。でも娘の方は日本語を聞くことはできるんですよ。ですから日本語で悪口なんか言うと、わかっちゃうんです。話す方は、知ってる単語をぽつぽつとつなぎ合わせて、なんとか通じるって感じですね。

息子は日本語はだめなんですけど、おもしろいんですよ。ある日、息子の勤める会社の別の部署に日本から電話が入ったんですって。日本とも取引があるらしいんです。ところがどうしてもその日本人の方の英語が聞き取れないんですって。それで回りまわって、うちの息子のところにその電話が回ってきたんです。どうしても何を言っているかわからないって。ところがうちの息子が聞くと、その日本人の英語がよーくわかるんです。というのは、私の英語が日本人英語でしょ。アクセントが同じなんです。息子にとっては、日本人が話す英語は生まれた時から聞いてきた、とても馴染みのあるものなんですね。それからもその人から電話が来ると、部署の違う息子に通訳を頼んでくるそうです」

——話は、アメリカに来て間もない頃の日本人同士の近所付き合いに及んだ。

「アメリカに来たばかりの頃、アパートに住んでたんです。そのアパートの前に、結婚してアメリカに来た日本人の女の人が住んでいたんですね。そこへ日本人の人たちが集まるわけなんです。でも私は呼んで頂けなかった。というのは私の主人が白人じゃないでしょ、だから……」

——そう言って、巳器乃さんは少し言葉を濁した。

「同じ日本人同士なのに、主人が白人か、そうじゃないかで態度が違うんですよね。私の主人はフィリピン人ですからね。それに私は東京から来てますでしょ。その近所の日本人の奥さんたちは地方からの人が多かったんです。最初にお会いした時に話す言葉というのは、やはりちょっと丁寧な言葉を使いますでしょ。それで『あの人、つんとしてる』って思われちゃうみたいで。

ミリタリーの人と結婚して、アメリカに来た人が多いんですよ。同じような境遇なのに、結婚相手の人種で差別し合うんです。私が子供を連れて表へ出て、外に座って子供をあやしたりしますでしょ。彼女たちだけで固まって座るんです。同じ日本人なのに、あからさまに避けてるって感じなんです。彼女たちの言葉って、ちょっと乱暴なんですよね。日本にいたら、きっと知り合うチャンスもなかったと思います。

こんな事話しているのが聞こえたことがありましたよ。何をしたのか知りませんけれど、売春をしたのか、盗みをしたのか。『あたしはね、銀座通りをねえ、腰縄を打たれて歩いたことがあるんだ』って、威張ってるんですよ。私もうびっくりしちゃって。そのグループの中にね、私より五歳くらい若い人がいたんですけど、ご主人の転勤でハワイに引越す前に、彼女が私のところへ来ましてね、言うんですよ。『巳器乃さん、私、実は気にしてたのよ。あの人たちは、ちょっとおかしいんだから気にしないでね』。彼女は日本で大学を卒業したそうですよ。確かに他の人たちとは雰囲気が違っていましたね。でも彼女のご主人は白人だったから、仲間に入れてもらったんでしょうね」

――ハーっと、切ないほど大きく長い溜め息が巳器乃さんの口から吐き出された。

「昔、ある日本人の集まるミーティングに出たときのことです。近くにいらした方が、『巳器乃さん、あなたのご主人が迎えに来たわよ』って言うんですね。その頃、我が家には車が一台しかなくて、私がその車に乗って来てるんですから、主人がここに来るわけはないんです。そんなわけない、と思って、その人が指差す方を見ると、ちょっと前に部屋に入ってきた黒人の男の人がいるんですね。黒人の方が悪いというわけじゃないんですよ。でも嫌な気分でした。『私たちは白人と結婚しているけど、あなたは違うでしょ』ってことなのかなあって。そういうことも昔はありましたね。辛かった経験のひとつですね」

――日本からアメリカにやって来たマイノリティーの日本人が、またその中で格付けをして差別し合うという、悲しい現実があるのだ。

「アウトゴーイングでした。ええ、活発な方だったと思いますよ」

――そう巳器乃さんは自身を分析した。

「知り合いからは『あなたは元々強かったけど、アメリカに来て、もっと強くなったわね』とも言われます。

私、運転免許は結婚する前に日本で取ってたんですよ。その頃は、まだ女性のドライバーは、ほとんどいませんでした。その頃の言葉で、『一姫二トラ三ダンプ』って言葉があったんです。女の人の運転が一番たちが悪いって言うんです。トラは酔っ払い運転、ダンプはダンプカーの運転手。アメリカに来て、何が良かったかというと、車が運転できたこと。運転免許証が最高の花嫁道具でしたね。アメリカでは車が乗れないと、どこにも行けないでしょ。私、地図さえあれば、どこに行くのも怖くないです。車が故障さえしなければね」

——巳器乃さんはそう言って、半オクターブ高い声で陽気に笑った。

「ええ、日本には遊びには行きたいです。でも日本に暮らすのは考えちゃいます。ややこしいですよ、本当に。着る物ひとつとっても、そうでしょ。例えば、夏に日本に帰っていて、ショートパンツなんかはいて出かけようものなら、『あら、みきちゃん、ダメよ。そんな格好で外に出たら』なんて言われますしね。あと親戚のうちに行きますでしょ。『こんにちは。お久し振りです』と挨拶するじゃない。私が頭を下げて、向こうが頭を下げて、向こうがまだ頭を下げているのに、私の頭が先に上がっちゃうんです。もう私、頭が低くないんですよね。母がよくこぼしてました。『困るわねえ。まともな挨拶ができなくなっちゃって』。そういうのって、面倒で嫌です。もう母も亡くなって、親戚に会う機会もなくなりましたけどねえ。

アメリカは、自分の好きなことをしてても誰もなんの文句も言わないでしょ。例えば今、私のような年齢の女がミニをはいて出かけようと、何も言われないでしょ。自分が良ければ、それでいいんですもの。人の目を気にして、自分の好きなことを我慢する必要がないの、こちらは。そういう点では気が楽です。いろいろあったけれど、私、アメリカが好きです」

——巳器乃さんの夫、アルティーミオさんは二〇〇二年五月に他界している。二回の心臓の手術を受け、そして最期は心不全で亡くなった。

「主人がハートアタック（心臓発作）を起こしましてね、二回手術をしているんです。オープンハートサージェリー（心臓切開手術）を。最初の発作は五十歳の時でした。この時、最初の手術を受けています。もし主人に何かあったらどうしよう、と不安でした。当時、息子はまだ小学生だったでしょ。子供たちを、これからアメリカで私ひとりで育てなくちゃならない、と思いました。息子が私に言うんですよ。『ママ、大丈夫だよ。ぼくが新聞配達するから』って。もう本当にあの時は……。

そして六十二歳で、また二度目の手術を受けました。この時は、下の娘はもう大学生でしたし、息子は大学院に行ってましたし、その時はなんとかなるという気持ちがありましたけど。でも夫は二度の手術で生き延びたんです。

主人は七十三歳で亡くなりました。心不全でした。

亡くなる前の日に、主人は病院に行っているんですけど、先生は主人の変調に気付かなかったんですね。以前から先生に運動しなくちゃいけない、と言われていて、主人はなるべく歩くように心がけていました。私と娘はいつも泳いでるんですが、その日、『たまにはパパも一緒に行こう』と、三人で泳ぎに行きました。翌朝、なんとなく主人が疲れているようなので、『今日パパは休んだ方がいいわね』と言ったのですが、主人が『歩きたい』と言うんですよ。娘が付き添って、主人はいつも通り散歩に出かけました」

——ところが帰宅後、夫はトイレで倒れ、救急車で運ばれた。

「倒れた原因はポタシウム（カリウム）の過剰摂取でした。主人はウォータービル（利尿剤）を服用していました。その副作用で体内のポタシウムが不足するんですね。そのため処方されたポタシウムの錠剤を毎日飲まなければなりませんでした。実は、主人はバナナが大好物なんです。毎日バナナを何本か食べるんです。バナナはポタシウムを多く含む食品なので、錠剤とバナナで二重にポタシウムを摂ってしまっていたわけです」

――措置が早かったため、その後の経過は良好で、救急治療室の医師は、早ければ今日、遅くとも明日には退院できるだろうと話したと言う。

「主人は救急治療室から一般病棟に移されました。そこに主人の心臓の主治医が様子を見にいらっしゃいました。先生は『頭を打っているのなら、すぐCATスキャンをしなくてはダメだ』と言うんです。私と娘は、救急の先生が、『意識もはっきりしているし大丈夫だ』と言ったと説明したんですけれど、主治医の先生は頑として譲らないんです。救急の先生は勤務時間が終わって帰宅してしまった後で、連絡がつきませんでした。主人は人工呼吸のポンプやポタシウムを摂るために口にボンベをはめていたりしたんですが、そういう物を全部はずされて、CATスキャンに送られました。でもそれが悪い結果になってしまって。その結果心不全を起こしてしまいました。その日の朝まで、主人はいつも通りの生活をしていたんです。ですから本当に突然でした」

――ともにアメリカに渡り、異国の地で苦労を分け合った伴侶は、こうして帰らぬ人となったのだ。

「主人は二〇〇二年の五月に亡くなりましたが、実はその年の九月に娘の結婚式を控えていたんです。

招待状も出来上がっていて、あとは投函するばかりになっていました。ところが娘が結婚を延期したいと言い出したんです。でも式を取り止めると、ホテルに物凄いキャンセル料を払わなければなりません。悩みましたね。でもねえ、いずれまた結婚式はするわけだし、そうしたらまたお金がかかるわけでしょ。そのまま当初の予定で結婚式を挙げることにしました。

娘の結婚式まで忙しかったです。もうバタバタと日が過ぎていきました。そして娘の結婚する日が来て、彼女はこの家を出て行きました。そうですねえ、そのあとなんだかポッカリと心に穴が空いてしまったようでした。ああ、行っちゃったんだなあ、って。

主人が亡くなった時、ああ、これで私の人生終わったわ、と思いました。主人は、私と一緒に今まで生きてきて、私と一緒に協力しながら家族を支えてきたんです。その人がいなくなり、そして娘も結婚して、私の元を離れて行った。息子だってもう立派にひとり立ちしています。もう私の役目は終わったんだ、と思いました。だから私は、いつ逝ってもいい、と思ってます。娘たちは、『そんなの困る』って言ってますけど」

――巳器乃さんは、クスリと笑った

「振り返ると、いろんな事がありましたけれど……。私、キリスト教を信じていますでしょ。それが物凄く支えになったと思います。何事も神様の御心のなすが如くで、神様が、それがいいとお思いになったら、きっとそうなさるでしょう。もちろん嫌なことがあれば、どうしてかしら？って思うこともありましたけれど。

私の父はとても熱心な日蓮宗の信者だったんですよ。朝晩ちゃんとお経を上げるんです。それも一時間くらい。私が子供の頃、家の近所にキリスト教の教会ができたんです。土曜の夜になると太鼓の音と歌が聞こえるんです。『日曜日に教会の礼拝へいらっしゃい』と、通りで誘っていました。私が行きたい、と言うと、父も母も文句も言わずに、私を教会に行かせてくれました。サンデースクールに行くとお菓子がもらえるんです。それが楽しみで。教会に行く時には献金するでしょ。そういうのも両親が出してくれました。中学に上がって、教会から足が遠ざかってしまいました。アメリカに来てからです、また教会に行くようになったのは。

主人はカトリック信者です。そして実は私はプロテスタント信者なんです。息子と娘はカトリックです。主人と私の間には、信仰の違いによる摩擦はありませんでした。ところが子供がカトリックの洗礼を受ける時に、ちょっとごちゃごちゃありました。洗礼は大抵生まれて一年以内に受けるのが普通なんです。息子は一歳で受けました。ところが娘の時に、私たちが教会で結婚式を挙げていないこと、そして母親の私がカトリック信者でないということで、教会がすんなり洗礼を受けさせてくれなかったんです。結局、娘は二歳くらいになって、やっと洗礼を受けさせてもらいました」

――巳器乃さんは自分のこれまでの半生、夫のこと、息子と娘のことを語り終えた時、最後にもうひとつ、かつての自分のように、また新しく日本からアメリカに渡ってきた若い世代のお母さんたちに言いたいことがあるのだ、と言った。

「最近の若い日本人のお母さんたちを見ていると、なんだか日本の方ばかりに目が向いちゃっているように思うのね。いずれ日本に戻る方は別ですけれど、こちらで生きていこうと思っている方が、日本語日本語と言って、自分の子供たちに英語を後回しにさせて、日本語に重きを置いている様子が少し気になります。こちらの環境に馴染もうとしない方が多いように見受けられますね。私の知っている若いお母さんはね、もうなんでも日本語なんですよ。その方の家に行くとね、二歳になるお子さんのために、家中、日本語の貼り紙がしてあるんです。例えば机には「つくえ」って具合です。お子さんに話しかけるのも、全部日本語。絵本も全部日本語。お母さん自身も、一日中日本語を話し、情報は日本のテレビと日本の書物から。彼女に言わせると、『アメリカの事は主人に訊けばわかるから』ということらしいんですよ。でもね、私の経験から言うと、男の人はやっぱり男の人なのよ。例えば、アメリカではヴァレンタインの日に、子供が学校のクラスメートみんなにヴァレンタインのカードを持って行きますでしょ。そのお母さん、そういう事を全然知らないんです。『主人がなんにも言わないから』って。それじゃあ、子供がかわいそうですよね。

私たちの世代に比べて、今の日本から来た若い母親たちは覚悟の仕方が違うように思いますね。ですから彼女たちを見ていると、自分の子供をアメリカにいながら日本人として育てたいのかしら、って思っちゃいますよね。子供たちが学校に入る前に、ある程度準備してあげなくちゃと思うんですけど。私の経験から、入学前に、家庭に英語の環境を子供たちのために作ったことは、とてもよかったと思います。息子にしても娘にしても、私が英語ができないながらも、ＡＢＣとかある程度身につけさせたから、学校に入ってから他の子供たちに遅れることなくやっていけたのだと思うんですよ。アメリカの社会で生きていくんでしたら、日本のことよりアメリカというものをもっと教えてあげなくちゃいけないんじゃないかと思いますよ。

さっきの日本人のお母さんが、以前私にこう言ったんです。『私の友達がね、子供が小学校に入ったら、お金が全然かからないわよ、って教えてくれた』。確かにアメリカの公立の学校は一切お金がかかりませんよ。でもね、子供が学校に通い始めると、他でいろいろかかるんです。例えばサッカーチームに入ります。バレエを始めます。ピアノを習います。タダでは習えませんよ。サッカーチームだって、メンバーシップを年間二百ドル払って、毎月トレーニング代とか諸々払うんですから。ところがそのお母さん、『アメリカの人って子供に習い事とかさせないんですね。だってうちの近くの子たち、みんな公園で遊んでますよ』って言うんです。そんな事ありませんよ。サッカーチームにしても野球チームにしても、入っているのはほとんど白人の子供たちなんです。またそういうチームを運営しているのも白人なんです。彼女そういう事全然わかっていないんですね。

彼女は数少ない日本人の友人から誤った情報を仕入れて、勝手な思い込みをしてしまっているんです。ある時こんなことも言ってましたね。『白人はいつもフローズンフード（冷凍食品）かファストフードしか食べないんですね』。『そんな事ないわよ』って言ったんですけどね。こちらの方は、なさる方は庭で取れたフルーツを瓶詰めにしたり、手の込んだことをなさるでしょ。また彼女、『自分の子供は絶対にパブリックスクール（公立の学校）には行かせたくない。プライベートスクール（私立学校）に行かせるんだ』なんてことも言ってました。私立の方がレベルが高いから、だそうです。とんでもない。地域によってはものすごくいいパブリックスクールがありますからね。また私立でも大学の進学率が低い学校だってありますしね。アメリカ人はいい公立の小学校に子供を通わせるために、わざわざその学区に引越しなさるでしょ。本当にいい加減な情報で子供を育てて、教育を受けさせたらとんでもない事になりますよね。全部わが子にしわ寄せがいくんですから。

私自身はティーチャーズエイドをしながら、アメリカの学校事情について随分と学ばせてもらいました。そこで実際に見たり聞いたりして覚えたんです。それから教会に行ってましたでしょ。そこでもいろいろ学びました。

彼女たちには彼女たちの信念があるのかしらね。本当にあれで大丈夫なのかしらって心配になりますよ」

――巳器乃さんの表情は今日一番の曇り空だった。アメリカで子育てをしてきた日本人女性の先輩として思うこと、言いたいことが山のようにあるのだろう。

最後に巳器乃さんは、根深いアメリカの人種問題について触れた。

「白人のお友達がハワイにいるんですけど、彼女がわたくしの娘に言ったそうです。『あなたの人種差別に対する悩みや痛みが、今はすごくわかる』と。彼女は白人でしょ。ハワイでは彼女が少数派ですからね。ハワイに住んで、初めてマイノリティーの立場を経験したんですね。ハワイの人、白人のことをハオリって呼びますよね。

娘は『ハワイはものすごく居心地がいいわ。誰も自分の事をじろじろ見たりしない』って言ってましたね。それと（カリフォルニア州）バークレーが一番好きだと言いますね。バークレーってとてもリベラルな土地柄でしょ。だからどんな人種でも受け入れてくれるんですよね。このアラメダは人種差別ありますね。とても保守的なところです。でも別に離れたいとは思いません。お友達もいますし、わたくしの通っている教会もありますしね。だからアラメダがいいです。

今でもありますよ。ちゃんと店で応対してもらえないことなんか。でも、もう慣れちゃいましたね。今頃は、わたくしの方がオバタリアンだから。こっちも強くなってきて、逆に言い返しちゃうのよ。この前、銀行に定期預金の切り替えに行ったのよ。そしたら、そこの銀行員なんて言ったと思います？『この忙しい時に』って言うのよ。こっちはお客様よ。もう頭に来て、解約しちゃったわ」

——巳器乃さんはそう笑い飛ばすと、私の目をじっと見た。

「その銀行はカスタマー（顧客）を一人なくしたわけよね。馬鹿げてますよね。白人には決して言わないと思うのよ、そういうこと」

＊　＊

その時、隣の部屋で電話のベルが鳴った。ごめんなさい、と巳器乃さんは椅子から立ち上がり、電話に出るため隣室へと消えた。私は腕時計を覗いた。針は四時五十分を指していた。インタビューをはじめて、二時間を優に越えていた。巳器乃さんの話し声がかすかに聞こえる。

私たちが二時間向き合ったリビングルームの白い壁は、私が最初に通された時よりもずっとグレーを帯びていた。太陽はぐっと西に傾き始めているのだ。

明日の朝、東の窓に朝陽が射《さ》す頃、彼女はベッドから一人起き出し、身支度を整えると、近くのスイミングプールへ出かけるのだろう。そしていつもと同じペースで水の中を進むのだ。今までがそうであったように。淡々と、けれど力強く。

「もういつ死んでもいい」と巳器乃さんは言っていた。私はその言葉を聞いたとき、少し寂しい気持ちになった。けれどそれは、彼女の言葉のほんの上澄みしか汲み取っていなかったのだ、と感じていた。「やるだけのことはやった」。巳器乃さんは私にそう伝えたかったのではなかったか。

巳器乃さんの笑い声が漏れてきた。それは少しずつ終わろうとしているこの日のこの瞬間に、そっと小さな灯りを点すような笑い声だった。私の推測は間違っていない。私はそっとレコーダーのスイッチを止めた。

「私の後ろ姿が気に入ったんだって」

日系二世とのお見合い、お嫁さんはフィリピン人

スダ　ミツコ（仮名）

「あれ、もうこれ録ってるの？　余計なこと喋れないねえ」

――両耳がまるまる覗くほど短くカットされたヘアスタイルにジーンズ、そして淡いブルーのオーバーサイズのコットンシャツをざっくりと羽織った飾らないスタイルのスダ　ミツコさんは、やはり飾らない調子でそう言った。

ダイニングテーブルを挟んだ向こう側で、早く話を始めたくて、うずうずしている、といった風のミツコさんの目は、人懐っこい輝きできらきらしている。この日初めて訪ねたにもかかわらず、まるで仲良しの親戚の伯母さんと再会したかのような錯覚を覚えてしまう。

――「余計なこと、どんどん喋って下さいねえ」

こちらもつい軽い調子で応えている。

隣のリビングルームには、私の夫とミツコさんの親友、ヤマグチ　テルさんが、私たちの二歳になる次男坊を挟んでおしゃべりをしている。テルさんはバークレーの自宅を改装中とのことで、ミツコさんのお宅で一緒にインタビューすることになったのだ。

「私もバークレーにずっと住んでんのよ。ここはね、私の息子の家。夫婦とも外で働いてるからね、孫の世話しに毎日通ってんの」

――玄関を入ってすぐ正面の壁に、額に入った大きな家族写真が飾られていたことを思い出した。元気そうな少年たちが何人か写っていた。腕白盛りの孫たちに手を焼きながらも、大家族に囲まれて幸せな日々を送るミツコさんの姿が目に浮かんだ。

昭和七年（一九三二年）十月五日、スダ　ミツコさんは台湾に生まれた。

「父は山形県、母は島根県の人。母は若い頃、台湾に行って、向こうで父と知り合って結婚したの、私みたいにね。仲人さんは山形の人だって言ってたね。父は台湾で製糖会社に勤めてたのよ。砂糖よ。きょうだい？　七人おったよ。もうみんな亡くなっちゃってね、残ってるのは私のすぐ上の姉と東京の弟だけ。私は女では四番目、きょうだい全部の中では六番目なのよ。

私が生まれたのは台湾の台南州。父の故郷の山形に引き揚げてきたのは、女学校の時だから、十二、三だったと思うよ。

当時の記憶は少しはあるよ。もう毎日逃げ回ったでしょ。毎朝、母がおにぎり作って、リュックサックに詰めてね。私とすぐ上の姉と弟がまだ子供だったからねえ、母は私たちの手を引いて、逃げるんだ。父は仕事の関係上、一緒じゃなかった。ほんと毎日逃げ回ったよ、あの頃は。今でも覚えてるのは、みんなで甘藷《かんしょ》畑の中を通って、逃げた時のこと。うちの母親は日本の兵隊さん達が隠れているところに逃げこんじゃったのよ。母親は兵隊さんがいるから安心だと思っちゃって。だけど一番危ないよ。一番狙われちゃうんだから。機関銃がブルブルーって来《く》んのよ」

――その時、鳥かごの小鳥が激しく囀《さえず》り始めた。ミツコさんの声が掻き消され、ほんのり紅が引かれた唇が激しく振動するのだけが見えていた。

「運良く誰も死ななかったけどねえ。

日本へ戻る船に乗る時、具合の悪い姉を見た兵隊さんが、『危ないから、もっとゆっくり帰りなさい』と言ったらしいよ。すぐ上の姉が結石を持ってたんだ。ところがうちの父は頑固親父だから、『子供一人くらい亡くなっても、帰るといったら帰る』って、言い続けたみたいだね。兵隊さんの忠告も聞かずに、私たち一家は船に乗ったんだよ。貨物船だったね。持ち込みが許されたのは、一人につき、リュックサック一個。だから台湾で作った財産なんて、みんな置いてきちゃったのよ」

――小鳥の囀りがまだ部屋に響いていた。ミツコさんは椅子の背に体を預け、言葉を続けた。

「そして家族で日本に引き揚げて来た。私たちは父の故郷の山形に身を寄せたんだ。何もかも台湾に置いて来ちゃっただろ。山形の親戚に、うちの母が言われたらしいよ。『箸一本ないもんが、子供に学校なんか行かせることはない』って。そういう風に、結構いじめられてたんのよね。

うちの父は、おじいさんからある程度田畑もらってたみたいなのよ。ところが父の兄貴、呑兵衛さんでねえ。もう父は日本に帰って来ないもんだと思って、父の相続分の田畑みんな売っちゃったみたい。父はその土地を当てにしてたんだけど、兄貴がよ、みんなそれ売って、飲んじゃったってんだ。

父はもう完全にリタイアしちゃってね。その代わり、私の一番上の兄が家族を養ってくれたのよ。兄はね、私よりずっと年が離れていて、日本に引き揚げてくる前は、台湾で学校の先生してたの。ずっと後で、兄が台湾に遊びに行った時は、それはそれは、みんな良くしてくれたそうだよ。兄は、

『自分たちは学校行かせてもらったのに、下の二人だけ学校行かせないわけにはいかない』って、私と下の弟を学校へやってくれたのよ。

兄は、『先生は金にならん』って言ってよ、上野の音楽学校の学生なんかを集めて、バンド編成したのよ。もともと音楽好きでね。タンゴバンドでしたね。あの頃音楽ってお金になったの。だから教員を辞めて、家族のために仕送りしてくれた」

――ミツコさんは、懐かしそうに目を細め、一端言葉を区切った。

「私はね、山形県立東高校を出たの。その頃、制度が変わってね、中学三年、高校三年と六年同じ学校に通ったのよ。私は引揚者だから、台湾で女学校の一年生を終えていても、日本でもう一度一年生をやらされたの。結局、台湾で逃げ回ってたから、満足に学校に行けなかったって理由なんだけど。でも六年いたけど、英語とか大した勉強しないの。まずブック（教科書）がないのよ。This is a bookとかなんとか書いてあるわら半紙を毎日もらうのよ。でもそれを勉強するためのノートどころか紙一枚ないの。だからスティック持って、土の上にＡＢＣＤ書いて勉強したこともある。とにかく物がないのよ。石鹸から紙から、それこそ便所紙もないんだから。田舎じゃね、新聞紙で鼻かんで、その鼻紙を干して、今度それを便所に使ったの。どこの家庭もそんなもんよ。だからアメリカみたいに、パーパーパーパー使っちゃって、パーパーパーパー捨てたりしない。

あの時代は、周りがみんなそういう貧乏してたからね。弁当はジャガイモだけ。朝の六時半頃、家を出て、一里、四キロくらい歩く。最初はよかったけどさ、冬が来たら雪道歩くのに、涙がこぼれたよ。台湾は全然雪ないから、雪に慣れてないの。雪道歩くにも、ろくな靴もないし、足にあかぎれや霜焼けができて、辛かった。

大変な時代だったよ。今、ああいう思いをして暮らしたら、相当お金貯まるかもね」

――ミツコさんは、子供のような無邪気な笑顔を浮かべた。

「うちの姉二人がね、ハワイ生まれの知り合いの世話で、山形の米軍キャンプで働くようになったのよ。Post Exchange と言って、食料品から衣料品までなんでもある軍が経営してる店よ。それで私にもキャンプで働く話が舞い込んだわけ。高校を出たばかりの私は、日系人がやっている美容室で働き始めたのよ。

キャンプは家から四十分くらいの所にあったかな。手づるがないと日本人は、キャンプに出入りできないの。英語が少しは分かる人を探してるっていうんで、私に声がかかったのよ。英語なんてあんまりよく知らんけど、でも高校で少しは勉強したから。私の仕事はね、銀行に行って、チェンジマネー（つり銭）を用意して、あとお客さんのアポイントメント（予約）取るのよ。アメリカ人のお客さん相手に電話で応対するわけ。お客さんは女性ばっかりよ。奥さんが頭にカーラー巻いて、ドライヤーかぶってる時なんかに、旦那さんがフラリと店に顔出したりしてたわね。アメリカ人ばっかりよ。たまに日系人もいたわね。でも日系人はあんまり金使わないからね。特にハワイ日系はね。お店に来るのはみんな偉い人の奥様よ。

うちの姉たちは軍直営の店に勤めてたでしょ。姉たちが言うのよ。『あんたが働いてる美容院は個人経営で、ベネフィット（福利厚生）がないから、軍が直接やっている所に入った方がいい』って。それでうちの長女（一番上の姉）がPost Laundryっていう所で働き始めてたの。軍の経営しているランドリー。軍の洗濯屋よ。そこのドライクリーニング部門に私を紹介してくれて、次はそこで働き始めたのよ。軍がやってる所には、必ずPostがついてたねえ。軍の管轄って意味なんだろうね。

軍の制服のクリーニングが主な仕事なんだけど、軍人の家族の衣類も持ち込まれるのよ。キャンプの中でクリーニング店はそこだけだったから、奥さんたちの綺麗なドレスなんかも来るのよ。そこで私が任されたのは、ドライクリーニングのマーキン受付。マーキン（Marking）っていうのはね、お客さんがドレス二枚に、ジャケットが一枚とかって持ち込むでしょ。洗濯物が入ってきた袋の中身をチェックして、それを伝票に書き込んで、その袋に受付番号をつける仕事なのよ。結構忙しかったね。私は持ち込まれた衣類をゆっくり眺める暇なんてなかったけどさ、でもすごいなあって思ったよ。ナイロンだかなんだか知らないけどさ、ピラピラしたもんがいっぱいあったよ。

それから間もなくキャンプがクローズ（閉鎖）になっちゃったのよ。だから日本の職業安定所で失業保険をもらいながら、職業訓練所で美容の訓練を受けたの。やっぱり美容の方に興味があったのね」

——そう話し終えたミツコさんは、ダイニングチェアから背中を離し、やや身を乗り出した。

「私は姉が三人いるんだけど、すぐ上の姉もアメリカに渡って来て、パシフィカに住んでるのよ」

——パシフィカは、サンフランシスコから南に下った太平洋側の海沿いの町だ。そこは一年中霧に包まれている。

「パシフィカの姉は、帰米二世とお見合いして結婚したの。姉のハズバンドはね、アメリカ生まれよ。戦前に日本に来て、日本の特攻隊に入ってるんですよ。戦争が終わって、彼のお父さんのいるアメリカに戻った姉のハズバンドは、日本の少年航空に所属してたから、軍事裁判にかけられて当時十何万ものお金を払って、やっとアメリカ市民権（国籍）を取り戻したのよ。彼のシスターもアメリカを離れて日本に行ってたんだけど、日本軍に関わっていなかったから、お金を払わずに市民権が戻ってきたらしいよ。

ハズバンドは日本航空でね、飛行機の中の必要品をチェックして、それを飛行機に積み込む仕事をしてた。定年までサンフランシスコのインターナショナルエアポートで勤めてたわよ。

それでさ、姉が私にもアメリカに来いって言うのよ。姉がしつこく言ってたわねえ。姉にはアメリカにハズバンドと子供がいたけど、やっぱり大勢で育った人だから、きょうだいが近くにいて欲しかったんだと思うよ。姉と私は仲もよかったからね。あと姉はあまり体が丈夫でなかったね。病弱なのよ。心細かったんじゃないかな。

私も行くつもりになってたよ。アメリカに行ったら、ハリウッドの美容界に行きたい、という夢があったね。でもアメリカで暮らしていくには、永住権がいるでしょ。それにはやっぱ結婚するしかないのよ。

当時アメリカは、日本の女が一人でアメリカに来ることに絶対反対だったのよ。独身の日本の女がアメリカにやって来て、アメリカの男をみな横取りするって。だからアメリカに姉を頼って行く時に、アメリカ大使館で、『必ず日本に帰って来ます』ってサインさせられたよ。アメリカには、まず『呼び寄せ訪問』という形で行ったの。アメリカに家族が住んでいる人は、そういう形でアメリカに行けたのよ。

——ミツコさんは一九六四年、三十一歳で海を渡った。

「私、船で来たの。うちの姉が日本から持って来てもらいたい物が、いっぱいあるって言うのよ。荷物たくさん持って、飛行機なんて乗ったら大変なのよ。高くついちゃって。私は払わんかった。きょうだい皆で出し合ってくれたのよ。

私ね、アメリカに来て最初は、知り合いの家に下宿させてもらって、サンフランシスコのアダルトスクール（移民のための英語学校）に通ってたんだよね。ところがさあ、通い始めて三日目で、姉が倒れちゃったのよ。姉を医者に見せるんだけどね、原因がわからないのよ。会う医者会う医者みんな、アイ　ドント　ノウ、アイ　ドント　ノウ、って。結局、四人目の医者でやっと病名がわかったの。

結石だって。こんな大きな石が入ってたのよ」

　――そう言って、右手の親指と人差し指で丸を作って見せた。ピンポン玉くらいの大きさだ。

「姉はね、いまだにその石を瓶詰めにして持ってるわよ。まるでダイヤモンドみたいよ。いーや、ダイヤモンドより立派よ」

　――ミツコさんは、肩を揺すって笑った。

「姉が手術をするからって、私はその知人の家を出て、パシフィカの姉夫婦のうちに行ったのよ。ところが上手くいかんよね。姉が入院中に、今度は姉のハズバンドが事故に遭ったのよ。仕事場の飛行場に向かう途中がさあ、物凄くフォギーだったのよ。霧で一寸先がまったく見えんかったのよね。事故で車が立ち往生しているのに気づかなくて、姉のハズバンドの車が衝突して、坂道から転落したわけよ。それでお尻に大怪我してねえ。それでハズバンドも入院よぉ。

　ほんと具合の悪いことだよね。姉の所の一番チビが、親が恋しくて泣くのよ。一度に父ちゃん母ちゃんが入院だもの。だから私が朝、子供たちにご飯食べさせて、幼稚園と学校に子供たちを送って、また終わる頃迎えに行って、子供たちの面倒は全部見たの。こういう事って、あるのかねえ。もう自分の学校どころじゃなかったよ」

　――そう言って、ミツコさんは軽く肩をすくめてみせた。

「それから私、知り合いの紹介で見合いしたのよ。アメリカ滞在中に結婚相手みつけんと、アメリカには住めんからね。その知り合いの人がね、私の見合い相手の姉さんのベストフレンドだったのよ。そういう縁で見合い話が進んだわけだ。

　私のハズバンドはジャニーっていうの。日本の名前も持ってるよ。正影《まさかげ》。ジャニー　正影　スダね。私より七つ上。

　お見合いはね、サンフランシスコのチャイナタウンのレストランでやったのよ。むこうはジャニーさんと姉さん夫婦とその子供が二人。こっちは、私一人で行ったよ。仲人さんはよ、まだ若くて、子供がちっちゃいから来なかったんだよね。うちの姉夫婦も病人で来られないしさ。

　見合いに行く前にね、姉が私にこんな事言うのよ。『婚約指輪はごちゃごちゃしたのはダメだよ。大きいダイヤモンドをもらいなさいよ』って。それから仲人さんはね、『あなたの一ヶ月の稼ぎはいくらですかって必ず訊くように』って念を押すわけよ。絶対に恥ずかしがってちゃダメだって。これがアメリカンスタイルよ！」

　――ミツコさんはそう威勢良く言い放った。

「ジャニーが言うにわよー、私の後ろ姿が気に入ったんだって。おかしな表現するでしょ。それから『どんなリングがいる？』って訊くからね、姉の言う通りに答えたよ。『ごちゃごちゃいらんから、おっきいダイヤモンドちょうだい』って。

　ジャニーの姉さんは、私のことを物凄く気に入ってくれたのよ。『もしジャニーのことを気に入らないのなら、うちにはまだ弟が二人いるから、是非来てくれ』。そう言うのよ。仲人さんは、いい人を選んだって言ってたね。『家がある人と結婚するから、あんたは幸せよ』って。

婚約中にね、ジャニーは私に会いに、パシフィカの姉のうちに遊びに来ると、その晩は決まって泊まってたのよ。パシフィカから彼の住んでるバークレーは遠かったからね。ある日さ、姉のハズバンドが私にこんな事訊くのよ。『ミツコ、ジャニーとキスしたか？』って。私が、『しないけど』って答えたら、『はあー、随分オールドファッションだなあ』だって。

私とジャニーはね、生涯で一度きりしかキスしたことないの。子供四人もいるから、どこまでがキスなんだか知らないけどさ」

――ミツコさんはカラカラと無邪気に笑った。

「結婚してからね、ジャニーが仕事に出かける時に、ランチを持たせて、チュッってしたのよ。それも口じゃないよ。ほっぺたかどっかだよ。キスなんかしなくたってさ、関係ないのよ。心は通じてんのよ」

――ミツコさんは、めずらしく真顔でそう言った。

「ジャニーは長男だからね、ジャニーのお父さんも一緒に暮らしたのよ。でもそのお父さんが介護の必要な人でね、トイレや着替えの世話とかしなきゃならないんだよ。あの頃、今みたいにダイパー（紙おむつ）とかないから、それは大変だったね。結婚する前に、そういうテイクケア（世話）しなくちゃならないお父さんがいるってことは、聞かされてなかったのよ。ただ、『どんな指輪が欲しいか』って聞かれただけよ」

――そんな話は聞いてない、と憤慨しなかったのだろうか。

「そういう風には思わない。長男の嫁に来たんだからね。やっぱり看るのは当たり前と思うのよ、私らの年の人間はね。こっちに住んでる友達に言われるのよ。『あんた随分古臭いねえ』って」

――目尻にクシャっと皺を寄せた。

「ジャニーのママはね、ナパの病院に入ってたのよ。体は元気だったよ。だって百なんぼまで生きたんだから。ただしメンタルだったのよ。精神を病んでたんだね。そのことも結婚前は知らなかったの。なんでもキャンプ（強制収容所）時代にね、流産したらしいのよ。それから心を病んでしまったようなのよ。細かいことは、私わからないんだけどね。

一度だけジャニーのママが、うちに遊びに来たねえ。今でも覚えてるのは、私がボロのTシャツを雑巾にしてたんだけど、それをママがきれいに洗って干してるのよ。昔の苦しかった時代を思い出して、なんだか昔に戻って、そんな事するんだろうねえ。そうしてまた病院に帰って行ったわねえ。

ジャニーのママの見舞いに病院に行ったこともあるよ。ジャニーとパパと私で行ったの。

ママはね、ジャニーのことを、影《かげ》って呼ぶの。ジャニーの顔を見たら、『影、影』って何度も名前を呼んでた。ところがパパのことは、『あれ、どこのおじさん？』だって。

私ね、旧姓が山口っていうの。ここに嫁に入る前にね、ジャニーのシスター、一番おっきい姉さんがね、あのヤマグチさんと私のことを姉妹だと思ってたのよ」

――ミツコさんはリビングのヤマグチ　テルさんを指差した。テルさんは突然、自分に話題が向けられて、ちょっとビックリした顔でこちらを見た。

「日本語上手だったね、あの姉さんは。アメリカにいる身内は、パシフィカにいる姉だけだって説明したら、『ああ、そうなの』って言ってた。だから結婚する前から、あのテルさんの事は聞いてたのよ。まだ当時は会ったことなかったけどね」

――そう言って、ミツコさんとテルさんは顔を見合わせて、互いに頷いた。

「割合日本人が多いのよね、バークレーって。あの頃、リタイアした一世が集まって、コーヒー飲みながらお喋りしてるのを、町でよく見かけたよ。今より日系人同士、仲良かったみたいね。今の我々は、ベビーシッターに追われて、それどころじゃないよ。

ジャニーのパパはね、自分の兄さんと一緒にアメリカに来たのよ。そして日本の村から嫁さんを選んで、アメリカに呼んだの」

――ミツコさんは少し腰を浮かせて、座る位置をずらした。インタビューを始めて一時間が経過していた。ミツコさんは、何かを思い出したかのように少し微笑むと、こう言った。

「結局、あのお見合い一回だけで、私はジャニーとの結婚を決めちゃったのよ。ジャニーと何度目かに会った時、ナパとかいろんな所に連れて行ってくれたのよ。二人で長いドライブしたけどね、でも手ひとつ握らない。キスひとつしない。あの人も明治臭かったね、大体。

もうすぐ昼だよ。ベイビーもお腹空いたでしょ」

——インタビューを一時中断して、ミツコさんは近所のショッピングセンターにランチを買いに行こうと、私の夫を誘って出かけて行った。

二人は二十分ほどで戻って来た。いろいろ買い込んだようだ。

「ミスター浅井が荷物を持ってくれたお陰で、いろいろ買えたよ」

——ミツコさんとテルさん、夫と息子そして私は、ミツコさんが買ってきてくれたハンバーガーとフレンチフライをテーブルに広げて、少し遅いランチを共にした。初めて聞くハンバーガーショップだった。息子の顔がすっかり隠れてしまうくらい大きなハンバーガーを私たちは思いっ切り頬張った。ハンバーガーに目のない夫は、とりわけ満足そうに舌鼓を打った。けれどミツコさんの陽気なお喋りが、この日のランチで何よりのご馳走だったのは、私も夫も同じだった。

ランチを平らげて、身も心も満足した私は、すっかりくつろいでしまい、なんだかこのまま気ままなお喋りを楽しみたい誘惑に駆られたけれど、そうはいかなかった。テーブルを片付け、ノートとレコーダーをテーブルに用意し、再び私とミツコさんは向き合って座った。

「ジャニーと私の間には、子供が四人いるのよ。一九六五年に最初の子、ナンシーが生まれたのよ。

この子は結婚して、今、サクラメントにいるよ。十歳の男の子がいる。そして一九六六年に、双子の男の子が生まれてね、名前はジョセフとジェームス。ジョセフはこの家に住んでるの。男の子が二人いる。いつもこの孫の面倒を見に、ここに通ってるのよ。一九六八年に末っ子のマイクが生まれたの。まだ独身で、バークレーの家に私と暮らしてる。

双子の片割れのジェームスは、なんと言ったらいいのかねえ、いろいろある子でね。メンタルな面で問題があるのよ。生まれた時からってわけじゃないみたい。カレッジに行き始めた頃からかね。『世間は自分たち日系人を認めてくれない。日系人よりも他の人種を選ぶ。ここは人種差別ばっかりだ』とかって、そんな不満を口走るようになって。それからだね、最初のおかしな行動を起こしたのは。

あの子、オークランドのレイクで泳いでたらしい。あんな湖に入り込んだら死んでしまうよ。たまたまその場に居合わせた人が見つけてくれて、助かったんだけど。そして今度は、うちの二階の窓から飛び降りたのよ。それを隣の人が見つけて知らせてくれたの。足が滅茶苦茶になってね。足のかかとの骨を折ったのよ。医者に完全には治し切らんって言われてね。結局、ディサビリティー（身体障害）になっちゃったのよ。やっぱりコンタラン、コンタランって歩くよ。体が大きいから目立つよね、そういう歩き方が。

今、バークレーの施設に入ってるよ。会いに行くと、上手な事を言うのよ。『自分が帰ったら、少しは楽になるよ。兄さんの所へ行って、自分も子供たちの面倒を見るよ』って私に言うの。言うことは上手いのよ。それにコロッと丸め込まれるのが私よ」

——ミツコさんの福耳には小ぶりな金色のピアスがはめられていることに、この時、私は初めて気が付いた。ミツコさんは、両方の耳たぶに飾られたさりげないピアスのように、このジェームスさんの身の上話も、ことさら語気を強めるわけでもなく、淡々と語り終えた。

「そうそう、子供たちがまだ小さい頃にさ、大変な事があったのよ。その日、日曜日かなんかでよ。私の友達二人が遊びに来てたのよ。普段は子供の様子をちょこちょこ見る方なんだけど、その日は友達と話が弾んで、うっかりしたんだね。なんかおかしな臭いがすると思ったのよ。おかしいな、と、ひょいと見たらさ、私のベッドルームの窓の外にパーっと炎が上がってるのよ。

ファイヤーメン（消防士）が着いた時、家の外で一人の子供がホース持って立ってたんだって。ファイヤーメンが、その子供が火をつけたんだろうって言ってた。それがうちの末っ子のマイク。幼稚園くらいだったかな。ファイヤーマンが言ってたよ。心理学的に、火を出した人は、大抵ホースを持つんだってさ。あとでマイクが言ってた。『ファイヤーエンジン（消防車）が見たかった』って」

——火元は地下室だった。近所の子供たちと遊んでいて、火遊びをしてしまったらしい。

「それからしばらくしてファイヤーメンがうちに来てね、マイクを消防署に連れてってくれたのよ。そしてマイクをファイヤーエンジンに乗せてくれたんだって。マイク、物凄くエンジョイしてたって。

それで満足して、気持ちも落ち着いたみたい」

――隣のリビングから、私の息子の歓声が上がった。ミツコさんの孫たちのオモチャを貸してもらって、ご機嫌なのだ。

「ジョセフには息子が二人いるんだけど、うちの嫁さんは、子供たちに、喧嘩にならないようにと、いつも同じオモチャを二個買って、二人に与えるのよ。だから家中おんなじオモチャが二個ずつ溢れかえっているよ」

――ミツコさんは、少しの間、私の息子が遊ぶ姿を眺めていた。

「うちのジョセフも見合い結婚みたいなもんだね。ジョセフのベストフレンドの紹介なのよ。その人は以前、うちの息子と同じ職場で働いてたことがあるの。バークレーのカーウォッシュ（洗車場）でね。そのベストフレンドがジョセフに、自分の奥さんの妹を紹介してきたわけよ。マリールーっていうの。フィリピンから来たのよ。

だけど、いろいろあったのよ。まずマリールーがジョセフよりずっと年上だったんだよ。娘のナンシーには話したみたいだけど、私は全然知らなかった。あとで知って驚いたよ。うちの息子より一回りは違うんじゃないかねえ。息子は午年《うま》でマリールーは酉年《とり》なのよ。だから五十は過ぎてると思うよ、ねえ、テルさん」

――テルさんは「うーん」と首を傾《かし》げた。

「玄関の写真見た？　見た目は若いでしょ。でも結構いってるのよ。もっと度肝抜かれたのは、マリールーに他に子供がいて、しかも孫までいたってことだよ。

ジョセフとは二度目の結婚だったんだよ。最初のハズバンドとの間に男の子がいるんだよ。それがもう今、三十代で、結婚して十歳の男の子がいるのよ。マリールーの孫よ。彼女に息子と孫がいるなんてことは、全然聞いてなかった。ジョセフも知らなかったの。ジョセフとの間に最初の子供を産んだあと、初めて聞かされたんだから。もし結婚前に知ってたら、絶対反対よ、私は。

最初のハズバンドが亡くなって、マリールーは子供をフィリピンの母親の元に残して、自分は一生懸命頑張って、アメリカの大学に行ったの。今は歯科技師っていうのかなあ、そういう仕事してんのよ。

玄関にある大きな写真ね、ジョセフとマリールーと子供二人がフィリピンに行った時に撮って来たの。マリールーのお母さんが病気だって言うんで、フィリピンまで見舞いに行ったわけよ。お母さんは今も生きてるよ。

私はマリールーのフィリピンの息子にも孫にも会ったことない。写真だけ。私さ、マリールーに時どき言うのよ。『あんたの孫は、私の孫より大きいねえ』って」

――玄関を入ってすぐに目に飛び込んできた大きな一枚の家族写真。最初に目にした時は、そのような物語が秘められているとは想像しなかった。写真には、ジョセフさん、マリールーさん、そして彼らの二人の子供たち。さらにフィリピンに残してきた息子とその妻。マリールーさんの膝には孫息子がしっかりと抱かれている。

「マリールーと私は仲良くやってるよ。嫁さんがなかなか上手モンなんだな。やっぱり要領がいいっていうのかねえ」

——マリールーさんは熱心なキリスト教信者なのだそうだ。

「彼女ね、フィリピンのチャーチ（教会）に熱心に通ってるの。毎週日曜日は決まって礼拝に行くのよ。それから月に一回、女の信者だけの集まりがあるんだけど、それをここでやるの。それがもう大変。この家にたくさんのフィリピン人の女たちが集まって来て、ワイン飲んで、料理食べて、『ハレルヤ、ハレルヤ』って、みんな大騒ぎだよ。料理はメンバーの人たちが、それぞれ一品ずつ作って持ち寄るわけ。マリールーもその日は朝からせっせと料理してるよ。フィリピンの家庭料理ね。マリールーの自慢料理は、ナインリーナイン（99：アジア食材を扱う大型スーパーマーケットチェーン）に行って、黒い鯛みたいなのを店でディープフライしてもらったのに、あんかけをかけるの。

『食べー、食べー』って、みんな私に言うでしょ。だから食べるのよ。でも食べ終わったら、すぐ一人で部屋に閉じこもっちゃう。だって言葉がわからんじゃん。みんなフィリピン語喋るんだから。向こうは、『はい、ばあちゃん』とか、覚えたての日本語で話し掛けてくるけどさ、ばあちゃんくらい言われたって、わしゃあ、おもしろくもないじゃん。だから今日は、奥さんとミスター浅井が来てくれるっていうんで、やっぱ楽しみよね。日本語でベラベラ喋れるから。普段は一人でしょ。一人でテレビの漫画見てても、なんだかつまらんなあって思うもの。テルさんに言うのよ。『出かけりゃ、金かかるよねえ。でも寂しいもんねえ』って。

フィリピンのチャーチに嫁さんに誘われて、何度か行ったよ。でもさ、結局フィリピン語ばっかり。お祈りが終わると、食事会があるのよ。いっぱい料理が並んでるよ。私、一人でもそもそ食べてる。だって言葉がわからん。まあ一人で家にいるよりは、いいけどさ。

私が行くと、教会の人たちは、みんな『ウェルカム』とか言って、歓迎してくれるよ。だって毎月この家に、パーティーで来てるんだから、みんな私の顔知ってるからね。マリールーは、また行こうって誘うけど、『金がかかるから行かないよ』って言うの。献金はいらない、って言うけどさ。やっぱり世の中、お金かもね。まあ、どの宗教でもそうよ」

——ミツコさんは、そう言うと、ほんの少し切なそうに小さく溜め息をついた。

「ジョセフは、フィリピンのチャーチに毎週出かけるのを、ものすごくエンジョイしてる。フィリピンの言葉はわからないけど、英語を喋る人がたくさんいるからね。嫁さんがやり方が上手。亭主をすっかりフィリピンのコミュニティに取り込んじゃったよね。

この家はね、二番目の孫が生まれる前に、ジョセフとマリールーが買ったんだよ。五年くらい前かね。でももうあっちこっち傷んでるけどね。私のバークレーの家は、もう百年以上経っているんじゃないかなあ。なかなかの昔造りでね。いい材木使ってるから、ものすごく丈夫よ。びくともしない。ほら昔、火事出したって言ったでしょ。修理して、今でも住んでるんだから。パシフィカの姉のハズバンドが、よく言ってたよ。『オークランドの大地震で、もしミツコの家が倒れてたとしたら、バークレーの住宅は全滅だ』って。それくらい頑丈にできてるんだって。この息子たちの家なんかは、ちょっと子供がドアを乱暴に開けたりすると、壁に穴が開いちゃうからね。

今は、家も高いよね。二人で稼いで、頑張って払ってるよ。その代わり、旅行とかも行ってるしねえ。チャーチの方のつきあいもあるでしょ。嫁は一回の献金に、五十ドルとかチェック（小切手）切るよ。あとチャーチに着ていく服とかも、いろいろ買うしね。よくやりおるよ。あの人たちは、それでハッピーなんでしょ。日頃、自分たちは食べるところ食べんでも、チャーチのためには生活を切り詰めて、一日のためだけにパーっと奮発するのよ。人間十色だからね。幸せの感じ方もいろいろだから」

――その時、キッチンのドアから二人の男の子が現れた。ミツコさんの孫たちが、スクールバスで帰って来たのだ。時計はもう午後三時を指している。兄の方は体が大きく、ポッチャリしている。反対に、弟はほっそりとしている。二人はすぐに子供部屋に引っ込んだけれど、兄の方は何度もキッチンに現れ、私たちが食べたランチの残りのハンバーガーをもらったり、冷蔵庫からコーラを出して、コップに注いだりしては、また部屋に戻って行った。ミツコさんは、大きな声で孫の名前を呼んだ。

「ああやって、いつも出しっぱなしにするのよ」

――キッチンのカウンターには、コーラのペットボトルが置き去りにされていた。

「そういう時は、こっちも絶対に向こうの言う事を聞かないの」

――ミツコさんが、もう一度、孫の名前を呼ぼうと口を開きかけた時に、口の端にほんの少しケチャップをつけた兄が顔を出した。ミツコさんは、孫がコーラのボトルを冷蔵庫に片付けるのを見届けてから、私の方に向き直った。

「息子夫婦にさ、『一緒に出かけるか』って誘われるでしょ。ところが三十分経っても、四十分経っても来ないのよ。息子たちは、子供が小さいから、その支度に時間がかかるのかも知らんけど、私なんか、ハンドバッグ持って、帽子かぶったら支度終わりだからね。もう若い人たちを待ってるだけで疲れちゃうのよ。

ジャニーが生きてた頃は、ジャニーが車でどこにでも連れて行ってくれたからね。

ジャニーは、一九九六年の五月二十九日に死んだの。アニフィールって、発音上手くできないけどさ、血管硬化症みたいなものかなあ。ハート（心臓）の前と腸の血管が爆発したのよ。

ジャニーは、その日、いつも通り食べて、電話でべらべら喋った後、『今日は水曜日で、ジョー（ジョセフ）が仕事休みだから、病院にでも連れてってもらうかなあ』って言うの。そして長男のジョセフと私とで病院に連れて行って、受付で手続きしてる時に倒れちゃったのよ。それから医者が、私とジョセフの所に来て、『ソーリー』って言うの。『亡くなりました』って。医者が嘘なんか言わんことは、わかってるんだけど、すぐには信じられんのよ。ハズバンドが亡くなったら、ワイフは泣くもんだろうけどさ。だけど子供の手前、そんなことはできなかったね。

ジャニーは亡くなる三日前、一番下の弟の一人娘の結婚式でハワイダンスを踊ったんだよ。それから間もなく倒れて、逝っちゃった。まあ、幸せな死に方だったんじゃないのかね。

うちにまだジャニーの車があるのよ。私も一緒に行って、選んだ車なの。それ見ると思い出すよ。あー、これに乗って、ジャニーとあそこに行ったなあ、とか、ジャニーとフリーマーケットもやったなあ、とかね。

ジャニーとの三十数年は、楽しかったね。どっちかって言うと、悲しいことより楽しいことが多かった。そして亡くなった後が、ほんと悲しかった」

――ミツコさんは、そう言うと、そっと目を伏せた。

「ジャニーがいなくなってから、すごく不自由なのが言葉だね。ジャニーがおったら、ジャニーに英語でなんでも喋ってもらってたから、よかったんだけど、今はジャニーがいなくなっちゃって一人でしょ。とにかく英語のハンディキャップ感じるよね。買い物行って、何か欲しい物があっても、私の言ったことが相手に通じないでしょ。私のプロナウンス（発音）が相手には通じないのよ。なんとかわかってもらいたい、と焦ると、もうダメなのよ。でもたまにね、通じないな、と思ったら、スペル言うの。一個一個言うとね、結構わかってもらえる。一生懸命わかろうと、耳を貸してくれる人もいれば、わかっても、わざとわからない振りをしてる人もいるよね。だからついつい出かけたくなくなるわけよ。あー、ジャニーがいてくれたらなあ、って思うよね。

パシフィカの姉はさ、四つ手術してるのよ。行けば、ここが悪いとか、あそこが痛いとか、そんな話ばっかりだからよ。だから、もう会いに行かないの。だって、こっちまで落ち込んじゃうよ。そんなんだから、姉の一人息子も、姉より私の方がいいみたい。私はバカ話ばっかりするでしょ。頭がゆるいからさ。一緒にいて気楽なんじゃない」

——そう少ししわがれた声で言うと、フッとひとつ小さな溜め息をついた。

「嫁がね、くじでハワイトリップのチケットを二枚当てたんだよ。足りない分は自腹切って行くって言ってるよ。レッツゴー、レッツゴーって、私も誘われてるんだけどさ。私も糖尿があるから、行ったとしてもエンジョイできるかな、って思うのよね。ハワイには二回行ったことあるの。ジャニーとジャニーの姉さんが、車でハナウマベイに連れてってくれたよ。映画の撮影にも使われた有名なビーチなんだって。だけど、別に大したことなかった。

これからの夢？　特別ないよ。だけどね、おいしいものばっかり食べたいよね。自分が食べたいものを食べたい。それがハッピーなのよ。友達なんか、みんなボーイフレンドとか作ったりしてるけど、私はそういうの興味ないの。大体もてないよ。顔が美人じゃないから。いらないねえ、余計なものは。孫の世話だけで忙しいじゃん。

家に帰ると、一緒に暮らしてる末っ子のマイクは遊びに出かけていなくて、わしひとりで、さっびしくなるの。また孫たちのことが恋しくなって、よし、また明日孫の面倒見るぞって思う。ところが来ると、『あー、うるさい、わし、もう家に帰る!』ってなるのよ。わがままなのかねえ。でも、やっぱり家でひとりになると、寂しいよ。そんな時は、テルさんに電話するの」

――ミツコさんは、リビングに腰掛けているテルさんと目を合わせて、微笑んだ。

「だけどさ、わしの人生、当初の夢からは随分とはずれたなあ、と思うよね。ほら、アメリカで美容の仕事したいと思ってたでしょ。だけど学校に通えんのだもの。人生ってのは、自分の予想とか希望を裏切るもんだね。わしの話はこんなもんだね」

＊　＊

長いインタビューを終えた後、お茶にしよう、とミツコさんが誘ってくれた。ランチと一緒に買ってきたピーチパイを私たちのために切り分けてくれた。ミツコさんは指先についたパイのクリームを、ぺろりと舐めた。

「あれ、なんかしょっぱいよ、このパイは」

そうつぶやくと、私を見て、彼女は独特の愛嬌たっぷりな表情で顔を崩した。

ミツコさんが取り分けてくれたそのパイを、一口、口に運んだ。それは私の予想に反して、アメリカのデザート特有の強い甘さとは違い、とてもさわやかな甘さが口に広がり、心地よいものだった。こういう味も悪くない。

パイをあっという間に平らげてしまったミツコさんは、茶碗にご飯をよそい、ランチの残りのチキンを一切れ載せると、本当においしそうに食べ始めた。

「もう少しの辛抱だって自分に言い聞かせてた」

日系姑と小姑からの嫁いびり、ボロでもホームスイートホーム

ヤマグチ　テル（仮名）

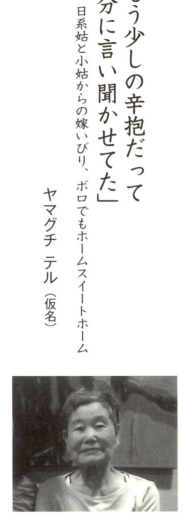

――テルさんの自宅が内装工事のため使えないとのことで、ミツコさんのお宅でミツコさんのインタビューの後にテルさんのお話を伺うことになっていた。テルさんがダイニングテーブルの私の真向かいに座ったのは、キッチンの時計がもう午後三時になろうとしている時だった。今朝、私と夫がテルさんのバークレーの自宅に車で迎えに行き、ミツコさん宅に到着したのが十時を回った頃だった。途中、みんなでランチをとったとは言え、テルさんは何時間も私を待たなければならなかった。

今朝自宅から現れたテルさんは、オフホワイトのニット姿だったけれど、今、私の目の前に腰掛けているテルさんは、そのカーディガンの上からミツコさんに借りたブルーのデニムシャツを羽織っていた。髪型はミツコさんのように両耳がすっかり覗くほどにカットされたショートで、ミツコさんとテルさんが並んでいると、まるで仲のよい姉妹のように見えた。

ヤマグチ　テルさんは、大正十五年（一九二六年）五月十六日、秋田県に生まれた。父と兄が東京・池袋で間組、清水建設といった大手の建設会社に秋田杉を卸す商売を始めることになり、彼女が十一歳の時に東京へ引っ越した。

「小さい頃は音羽におりましたよ。私は兄二人姉二人の五人きょうだいの末っ子でした。みんなにかわいがられて、のほほーん、と育っちゃいましたよね」

――テルさんはミツコさんとは好対照なのんびりとした口調で語り始めた。

「学校を卒業して、昭和十八年に松田電気という会社に就職しました。川崎にありました。今の東芝の前身で大きな会社でしたよ。庶務課と生産課で事務の仕事を十年ばかりしました。昭和十九年には母が秋田に疎開で戻りましたし、兄は招集で横須賀におりましたのでね。私は戦争中、会社のドミトリー（寮）で暮らしました」

――次にテルさんは、彼女がアメリカに渡るいきさつを、ゆっくりと語り始めた。

「昔、横浜にオデオン座という映画館がありましたの。洋画専門でした。当時、私の十五歳年上の従兄が、その劇場で夜、マネージャーをやってましたのよ。私、そこによく映画を観に行ってたのね。うちの主人もその映画館に友達としょっちゅう映画を観に来てたんです。

主人は日系二世の軍属でした。シビリアンで日本に来ましたの。日系人ですから、アメリカでも母親の作った日本食で育ってるでしょ。ある日、主人と彼の友人のハワイの日系二世の人たち数人が私の従兄に、横浜にすき焼きハウスがあったら教えて欲しい、と尋ねて来たんですって。私の従兄は外語大に二年間在学してましたから、英語が話せたんですね。横浜でおいしいすき焼き屋さんを教えてあげたんだそうです。そうしたら次に主人たちが映画館に遊びに来た時に、『この前のお礼だ』と言って、チョコレートのバックス（箱）を持って来たんです。従兄が『日本で寂しくなったら、うちに遊びにおいで』と誘ったそうです。

その頃、従兄は川崎大師に家を持ってました。ちょうど私の職場から近かったので、よく遊びに行っていました。私が従兄の家に遊びに行くと、外国のお客さんが数人遊びに来ていました。昔は応接間なんてないから、その人たちは十畳の日本間に通されていました。みんな座布団を二枚重ねて敷いて、足を横っちょに出して、慣れない様子で座っていました。顔は私たちと同じような顔をしているけれど、みんなハイスクールの指輪なんかはめてるの。そのうちの一人が私の主人になる人です。主人と初めて会った時、特に何も思いませんでしたよ。丸顔で銀縁眼鏡をかけていました。

ある時、従兄が私に『この前の日系人の人たちを東京見物に連れて行ってくれないか』って言うんです。自分は仕事があって行けないからって。私がちょっと迷っていたら、『東京にはまだ一度も行ったことがないから、行ってみたいんだそうだよ。お前は日本人なんだから、道がわからなかったら交番へ行って尋ねりゃいいんだから』と言うんです。それで主人と主人の友人でハワイの日系二世のフクシマさんを東京に連れて行ってあげたんです。

私が行きたい場所を尋ねると、友人のフクシマさんが『ズーに行きたい』って言いましたのよ。私、英語わからないでしょ。もう一度尋ねると、『畜生がいる』って言うの。私、びっくりしちゃって、『えっ?』って聞き返したら、『ライオンがいる、ゾウがいる』と言うの。フクシマさんはハワイ二世だから、うちの主人なんかより、ずっと上手に日本語を話しましたよ。でもやっぱり時々おかしな日本語が混じりましたね。ようやくズーがなんなのか分かった私は、二人を上野動物園に連れて行きました。東京って広いでしょ。とても一日じゃ回りきれないから、何回か案内しましたよ。銀座とかあちこち連れて行ってあげました。

それから半年くらいした頃だったでしょうか。私の従兄から、『ヤマグチさんが、「あんたの従妹で身元も確かだから、結婚前提に付き合いたい」と言ってたぞ』と言われてね。真っ先に頭に浮かんだのが、『だけど私、英語できないし』でしたよ。それにその人の家庭の状況も調べてないでしょ。主人とは四、五回映画なんか観に行きましたよ。『真昼の決闘』とか『OK牧場』とかね。

主人はお酒は飲まない、タバコは吸わない。うちの家系では、そういう人あまりいませんからね。冗談ひとつ言うわけでもない。ただただ真面目一方の人。

ある時、私が、『カリフォルニアって、いい所なんですってね』と言うと、『うちは百姓じゃないよ』って唐突に言うんです。二世ですからね、百姓やってる人が多いからなんでしょうけど。私が『ああ、そうですか』って答えると、いきなり『うん、ユーを連れてくよ』って言ったの。私、びっくりしちゃって、『えー、私、英語もできないし、ご飯もろくすっぽ炊けないのよ』って答えました。そしたら『今、電気のお釜があるから大丈夫』なんて主人が言いますのよ。英語と日本語を混ぜて、たどたどしく話すわけです」

――テルさんは目を細めながら、静かな声で続けた。

「横浜に叔母がおりまして、相談してみたら、主人に一度会ってみようって言ってくれたんです。叔母は『面白みのない男だけど、男のへらへらよりもかえって堅実でいいんじゃないか』って言うのね。

『長男なのが玉に傷だ』って残念がってましたけど。兄にも会ってもらいました。そしたら『テルちゃん、伸るか反るか行ってみるか』って言うの。私は姉妹の中で一番器量が良くないの。姉たちはみんなきれいでしたからね、秋田美人でしたよ。それに比べて私は、幼い頃からアグリーだって言われてたから。東北ではね、みったくなし、って言うのよ。みっともないってことでしょうね。兄もそんな私に来た縁談を断ったら、次はいつこんなご縁があるものやら、と心配したんでしょうね。うちの兄や姉たちには子供がいませんでしたから、『縁起でもないけれど、もしあんたに何かあっても、私がもらって育ててあげるよ』なんて言うんですよ。

最後に母に主人を見せたんです。大反対ってことはなかったけれど、でも賛成ではなかったですね。最後まで主人が長男だということを気にしていました。姑ばあさんに苦労させられるんじゃないかって。のほほんと育った私には無理なんじゃないかって。主人は大学で経理関係の勉強をしていましたから、母は『うちだって商売やっているから、日本に残って、日本語を勉強して商売を手伝ってくれたら助かるんだけど』と言ってましたね。でも主人は『僕は長男だから、やっぱりアメリカに帰りたい。アメリカでは舅姑とは一緒に住まないから心配いりません』と話してました。母は最後には折れたんです。

私が二十七歳の時に、日本で結婚しました。主人のアメリカの家族は私たちの結婚に大反対でした。私が英語が出来ないから、アメリカに行っても働けないでしょ。それから私の方が主人より二歳年上なのね。それでものすごく反対されたんです。実は主人のお父さんは、ミツコさんのお義父さんと友達だったんです。ミツコさんのお舅さんが「あの子のことだから、そんな変な娘は連れてこないよ。大丈夫、心配ないよ」って話してくれたんですって。それでなんとか結婚にこぎつけました。書類をそろえて、アメリカ大使館で結婚しました。私の父が『まとまったお金をあげるから、ごく親しい人だけ呼んで披露宴をしなさい』と言いました。それで当時、銀座に富士アイスというレストランがあって、そこを借りて、私の方は親きょうだいと親戚、そして主人の方は職場のボス二人を招待して、総勢二十名くらいの本当に質素な披露宴をやりました」

――そしてテルさんは、カズオ　ヤマグチさんと結婚し、新婚生活は日本でスタートしたのだ。

一九五四年に長男ブライアンを出産、翌一九五五年に長女ダイアンが誕生する。テルさんは日本で両親のバックアップを受けながら、何不自由のない幸せな生活を送った。間もなく一九五〇年代も終わろうとしていた頃、テルさん一家はカズオさんの故郷アメリカへ移り住むこととなる。

ブライアン四歳半、ダイアン二歳十ヶ月の時であった。

「家族四人、船で行きました。横浜からネイビーの大きな船でね。ハワイ経由で行くと十二日かかるけれど、ハワイに寄らず直接サンフランシスコに行けば十日で着くと言われたんです。長旅は子供たちには大変だろうと、直接サンフランシスコに行く方を選びました。ところが一日早く九日でサンフランシスコに着いたんです。それで十日分支払っていた食事代から、きちんと一日分が払い戻されたんですね。さすがアメリカだな、って感心したものですよ。船には三百人くらい乗っていましたよ。船底には兵隊が乗っていました。家族を運ぶ船だから、アメリカに無事到着するまでサポートしてくれているんです。

『あと一時間でサンフランシスコに到着するから、市民権のない人は別の列に並びなさい』とアナウンスが入りました。そして甲板に大勢の人たちが、ダーっと並んだんです。それからしばらくして、いやに船が揺れたのを覚えてます。どうしたんだろう、と思って、うちの主人に訊ねたら、『サンフランシスコ湾に船が入ったんだ』と教えてくれました。いよいよ着くんだ、と思いました。

九日間の船旅は楽しかったですよ。みんなダンスしたり、パーティーをしたり。ほんと華やかでした。アメリカ行きの船で、初めての経験をたくさんしました。ああ、憧れだなあ、と思いましたよ。

若い頃、横浜の山下公園あたりを歩くと、外国人をたくさん見かけたでしょ。素敵だなあ、なんて思いましたもの。けれどアメリカに行ったら、そういう華やかな生活が待っているとは思っていませんでした。もちろん憧れる気持ちはありましたよ。でも現実の暮らしはそういうものではないと思っていたし、自分の暮らしは平凡で普通がいいと思っていました」

——そしてテルさんは夢のような九日間を終え、彼女の家族と共にサンフランシスコの地に降り立った。そして彼女の予想通り、アメリカでの現実の暮らしが始まった。

「アメリカに渡って最初は、バークレーにある主人のお母さんのうちに私たち家族は入りました。フアーザー・インロウ（義父）は、私たちがアメリカに行く三年半前に亡くなっていました。私たちは、主人の母と姉二人と弟と一緒に暮らすことになったんです。

最初はもうびっくりしましたよ。日本で新婚生活を始めた時は、母が私のために女中さんと子守りを雇ってくれたんです。その人たちのお給料も母が払ってくれてました。私は何もできない娘だったものだから、母が心配して雇ってくれたんです。ところがアメリカに来たら、今度は逆に私が家族とインロウたち（夫の家族）のために、おさんどんでしょ。嫁だから、少しでも気に入ってもらおうと思って、日本から持って来た帯で子供たちをおぶって、ヴァキューム（掃除機）かけて、全員の食事を支度して。毎日毎日、朝から晩まで。お風呂に入ってベッドに入るのは毎晩一時でしたよ。

姑は言いませんでしたけれど、姉たちは、私の料理をまずいまずいって言うんです。でも何を言われてもね、黙ってましたよ。だって他に行くところがないからね。何言われても、『はいはい』って言ってました。逆らわないのが一番でしょ」

——テルさんは、辛かったに違いない昔の思い出話を、感情を高ぶらせることなく淡々とした調子で語り続けた。

「私の実家は商売をやっていたから、家にたくさんの人がいたんです。学校から帰るでしょ。お弁当箱を流しに置いて、あとはシャーっと水をかけておくだけなの。そうしたら誰かしら洗ってくれるの。会社勤めをしてた時は、食事は食券を買って会社の食堂で済ませちゃうでしょ。それからドミトリー

（寮）に戻ったら、お風呂に入って、あとは自由に過ごして寝るだけ。本当に気ままに、のほほんと暮らしてきたから、つくづく日本に帰りたいって思いました。飛んで帰りたかったですよ。日本の母に愚痴をこぼしたら、『それ見なさい。自分で選んだ道なんだから、自分で買い取りなさい』と言われました。

家族四人だけで暮らすのが夢でしたね。でも家を買うような元手もなかったしね。うちの息子が『グランマといつまで一緒に暮らすの？』ってよく私に訊いてましたよ。『静かにしなさい。大きな声を出したらいけません。これしたらいけません、あれしたらいけません』って、私にしょっちゅう叱られるんです。私が姑や小姑たちの顔色を伺って、子供たちにいろんなことを我慢させなきゃいけなかったから、子供もストレスが溜まるんですね。

お姑さんは、おとなしい人でしたけどね、姉たちはきつい人たちでしたね。姉は外で働いているから、疲れて帰って来るだろうからと、気をつかって、姉の分もアイロンがけをしたんです。ところが帰ってくるなり、『こんなかけ方はないわよ、下手糞！』と、たった今アイロンをかけたばかりの服を、二階の窓から投げ捨てられたことがありますよ。いつでも何を言われても、何をされても、『もう少しの辛抱だ』って自分に言い聞かせてました。主人は『お前はいつかこの家を出て行くんだから、相手にしないで聞き流しておけ。ここのボスはお母さんで、姉さんは単なる付属品なんだから』って言ってました。

朝、姉が起きてきて、『テルさん、今朝コーヒーが沸いてないわよ』って怒るのよ。そこに弟が出てきて、『テルはメイドじゃない！』って怒って、喧嘩になるわけ。今度はお義母さんが出てくるの。『テルは働いてないの。ハウスワイフ（専業主婦）でしょ。テル、あなたがやりなさい。それが当たり前だ』。

姉はしょっちゅう遊びに出かけるわけ。今日は食事だ、今日はオペラだ、ってね。それでまた弟と喧嘩。またお義母さんが出てきて、『この娘《こ》は独身なのよ。ちゃんと仕事もしてるんだから、いいじゃないの。これくらいの楽しみがなかったらかわいそうよ』。そうしてまた三人で喧嘩が始まるの。シスター・インロウ（義姉）も二世です。日本から来た私のことを、あまりよく思っていなかったわね。日本から来た女に弟をとられた、って気持ちが強かったみたい。お義母さんは、当時まだ四十過ぎだったたでしょ。一番上の姉を十五、六で産んでるんです。お姑さんと言っても、まだ若かったですからね。『私とカズオさんで出かけるから、あなたは家にいなさい。子供たちはまだ小さいんだから、家で子供たちと留守番してなさい。芝居でも映画でも、子供たちが大きくなったら、いくらでも行けます』って感じでしたよ。『私だって、そうやって来たの。女は家にいるものよ』ってねえ。だからいつも『いってらっしゃいませ』って送り出してました」

――テルさんは決して感情をあらわにすることはなかったけれど、ゆっくりと一気に話し続けた。

「でも日本人社会は狭いですからね。ヤマグチのうちはお母さんが後家、お姉さんがまだ結婚していないから、みんなでお嫁さんをいじめてる、って大騒ぎになったことがあるんですよ。ミツコさんのファーザー・インロウ（義父）はヤマグチの家とは古いつきあいで、この家の人たちのことをよく知ってるのよ。それでミツコさんのお舅さんがね、『ぼろアパートでもいいか？』って、私たちのために部屋を探してきてくれたんです。『自分が探してきたことが知れたら、角が立つから内緒にしてくれよ』と言われました。

そのアパートは、バークレーのミツコさんの家のすぐ近くにありました。嘘じゃなく本当におんぼろでした。だけど、どんな家でもいいから、一城の主になりたい、と思ったの。『雨さえしのげれば、どんな家でもいいのよ、どんな小屋でもいいのよ、おじさん』って言ってね、そこに入りました。たとえボロでもね、ああ、ここが我が家なんだ、と思うと、本当に嬉しかったわね」

——家族四人だけの生活を手にしたのは、アメリカに渡ってから十ヶ月後のことだった。

「そこに越してからは、もうインロウたち（夫の家族）の食事の世話から解放されましたよ。家族四人水入らずの生活です。それからはアメリカの生活も随分楽しくなってきてね。だけどお友達が全然いないのよ。二世の方たちは、こっちに引越してきた時に、義母と挨拶に伺ったからね、会えばハーイと挨拶くらいはしましたけどね。でも日本語で話せる友達は、だーれもいなかった。寂しかったけど、その時は子供が小さかったからね、夢中で育てました。

子供の学校のことは、うちの主人に任せていました。長男は日本からアメリカに移って十日後にはもうこちらの幼稚園に入りました。日本では、うちの子は主人とほんの片言の英語を話していました。でも周りはみな日本人でしょ。やはり日本語ばかり話していましたよね。もし幼稚園のカウンセラーに相談したら、二ヶ月様子を見てみましょう、ということになりました。幼稚園のクラスについていけないようなら、プレスクールから始めなさい、と言われました。でも二ヶ月経って、幼稚園まで訊きに行ったら、『ちゃんとみんなについていってるから大丈夫ですよ』という返事でした。幼稚園に通い始めて半年もしたら、妹ともほとんど英語でしゃべってましたね。日本語もほとんど忘れてしまいました。あとは順調でした。心配することなんて、何もなかったわね。

主人は帰国して七ヶ月目に、バークレーのポーストオフィス（郵便局）に職を得たんですけど、合わなくてね。三ヶ月で辞めました。その後は、シビリアンとしてオークランドのベース（軍の基地）で働きました。主人の仕事は経理関係で、将校さんの退職金をワシントンＤＣと相談して決める、というものでした。この職場には定年までいました」

――テルさん自身も外でハウスクリーニングの仕事をした。

「お年寄りとか足の弱い人のお宅で掃除や料理をしました。最後はドイツ系一世のおばあさんのお宅に二十年近く通いました。私の勤務は週に三日、朝八時半から一時半。朝と昼の食事の世話をします。そして二時頃にフィリピン人の人がやって来て、私と交代です。夜は黒人の人が二人来ていました。私は英語がブロークンでしょ。でも『ここはオフィスじゃないんだから、仕事ができれば言葉はできなくてもいいですよ』と言ってくれて、雇ってもらいました。

でもアメリカ人と私ら日本人とでは物の考え方が違うでしょ。夜の当番の黒人の人たちとはいろいろありましたよね。使用人同士のいざこざよね。私のやり方が気に入らないらしくて、『何やってんの、こうでしょ！』みたいなことを言ってくるんです。一回喧嘩を売られたこともありましたよ。でも私、黙ってました。当時いろいろ悩みましたね。面倒を見ているおばあさん自身は病気で、そういう事わからないんですね。だからお孫さんが、いろいろテイクケアして（対応して）くれました。

ある時、お孫さんが私のところにやって来て、『何かハプンした（起こった）んだってね』と言うんです。私は『ああ、もうクビかな』って思いました。ところがそのお孫さんは、黒人の方をクビにしようと思っている、と私に言ったんです。だから私は、『彼女にワンモアチャンスをあげて下さい』と頼んだの。『同じ働く身で、彼女も生活がかかっていると思いますから』と言いました。そして今まで通り、みんなで働きました。けれどそれから半年ほど経つと、その黒人の人は、もっといい所を見つけた、と言って、辞めていきました。この時以外は嫌なこともなく働きましたよ。私のような者を長い間雇ってくださって、本当に感謝しています。このおばあさんが亡くなったのを機に、私は仕事を辞めました。ちょうど私が七十歳の時です。もう年ですしね。それからはもう何も仕事はしていません」

――ちょうどテルさんがハウスキーパーの仕事をリタイアしたのと同じ時期に、夫カズオさんを亡くした。

「今から七年前の十二月でした。六十八歳でした。まだ若いですよね。主人は四十三歳から糖尿病を患っていたんです。最後は脳軟化症を起こして、三ヶ月くらい伏しましてね。結局そのまま亡くなりました。主人しか頼る人がいませんからね。もう涙すら出ませんでした。

亡くなってから、いろんな現実にぶつかりましたよね。『ああ、こんな時おとうさんがいてくれたらなあ』と何度も思いましたよ。ひがむわけじゃないけれど、後家になると周囲の人たちは自分のことを小ばかにするようになりますね」

――テルさんはそう言うと、聞こえるか聞こえないか、というごく短いため息を漏らした。

「私の周りのご主人が亡くなったお友達もみんな言いますよ。白人と結婚した人でも、日系人と結婚した人でも、ご主人に先立たれた途端、周りの自分に対する態度が変わる、と。私たち、英語がブロークンでしょ。だから主人がいなくなったら、あからさまに小ばかにした態度をとり始めるんです。他人だけじゃありません。それこそ自分の子供たちやお嫁さん、お婿さんまでも。悔しいけれど、こればっかりは仕方がないわね。

私の場合、自分の息子はそういう態度はしませんけどね、やっぱり娘の婿なんかは以前とは態度が違いますよね。主人は本物の英語を話しますしね。男だから、やっぱり威厳があるでしょ。主人がいた時は、婿も気をつかっていましたよね。

我々にとっては、やっぱり英語はハンデですよね。お医者さんのところに行く時なんかは特にそう感じますよ。今は日本人のお医者さんにかかっているので不自由はないのですけど、以前チャイニーズ（中国人）の先生に診てもらっていた時は困りましたよね。その人は三世で、英語しか話しませんからね。だから娘に病院に連れて行ってもらって、通訳してもらわなくちゃならないんです。私が日本語で症状を言ったり、病状や治療のことで質問したことを、英語で先生に伝えて欲しいんです。娘の方が私の日本語をわりとよく理解できるのでね、娘について来て欲しいわけです。主人がいた時は、婿はあからさまに嫌な顔をすることはありませんでしたよ。でも今は、私が娘に頼むと、『アゲイン（また）？』とか言って、不愉快そうな顔を平気でしますよ。婿は白人ですけどね。

そのくせ自分たちが困ると、いろいろ頼みに来るのよ。お金のことなんかね。こっちも来ればいろいろ相談にも乗りますし、できる限り、いろいろ用立ててあげますよ。私が断って、それが原因で娘夫婦が喧嘩になったりしたらいけないとも思うしね。その時は、サンキューって感謝するけれど、その時だけね。こっちは日本人だから、身内のこととなると一生懸命するでしょ。だから婿の私への態度を見ていると、なんだかバカにされてるようで。私は日本人だし、昔の人間だから、おとなしいでしょ」

――テルさん自身は車の運転をするのか、と訊ねてみた。

「しないの。日本でお腹に長男がいる時に、ちょこちょこ教習所に通ってたのね。それで子供を早産しちゃったの。それで主人に『もう余計なことはするな』って叱られて。それ以来、もう車は辞めました。

確かにアメリカで運転できないと不便ですけどね。でも大抵は主人が車で送ってくれましたし、あといろいろ私が所属している会の後輩や先輩の方たちが、車で連れて行ってくれましたからね。だからとっても助かりました。

晩年はうちの主人は糖尿があったから、あまり主人に頼まないようにしてました。かわいそうでしょ。だからどこに行くにもバスでした。人に頼むよりバスの方が気楽ですよ。でも、バスはやっぱり時間がかかるでしょ。だから子供たちに車で送って欲しいと頼むでしょ。そうすると『オー、ママ。タクシー呼んだらいいじゃない』なんて言われてね。こっちの子はあっさりしてるからね。もうバスの乗り方は、よーく知ってますよ」

――そう言って、テルさんは、はにかむように小さく笑った。

「普段はね、私は六時半くらいに目覚めるの。寒かったら、もう十分くらい寝てようって、ベッドの中にいて。それから自分の身支度をしてね。うちの息子は朝はオレンジジュースだけ。息子は大工のシャープ（店）をやってるでしょ。店に出かけて、ランチはレストランで済ませるの。でも時どき、私のところに来るの。そういう時は、息子に食事の支度をして食べさせたりしますよ。それだけ。まあ、のん気ですよ。今は、誰もいないしね。

時どき、こうしてミツコさんのところにお邪魔するんだけど、『私は適当にしてるから、ドンウォーリーよ』って言うの。ミツコさんも『オーケー』なんて言ってるわね。のん気って言えばのん気だけどね。でも寂しい時ありますよ。なんだか無性に寂しくってね。誰かに寄りかかりたいなあ、って。あの人に電話しようかな。でももう夜の九時だから出ないな、とか。あの人は働いているから、今は留守だな、とか。迷惑になる電話はよそう、なんて思っているうちに、寂しい気持ちがいつの間に、スーッと消えてたりするんだけど。こんなんじゃいけないんだわ、と思ったりするんですよ」

——テルさんの孤独感は、やはり夫の死が大きく影響しているのだろうか。

「そうね。主人が亡くなってから、そういう風に感じるようになったわね。そんな時、娘に電話したりするでしょ。そうしたら娘は、『ママ、今ビジー（忙しい）よ』なんて言うでしょ。娘とは世代も違うしね、私のこういう気持ちなんて、わからないんでしょうね。ああ、これは私のわがままなんだなあ、と思って、気を紛らわすために、同じ本をもう五回も読んでますよ」

——そう言い終えた時、テルさんの心中に何かが浮かんだようだった。

「私たちが姑の家を出た後も、姑は二十二年間、毎週ウェンズデー（水曜日）とサタデー（土曜日）に、我が家にディナーを食べに来てました。四人の子供のうち、結婚していたのがうちの主人だけだったんです。主人の姉は、結局行かず後家で亡くなりました。弟は後で結婚しましたけど。

その頃は、私もまだ若かったから、姑がちょこちょこ来てうるさいなあ、と内心思いましたよ。でも今となってはね、自分も年をとって、子供たちも自分の手を離れて、主人にも先立たれてね、寂しいなあと思うことがあるでしょ。主人の父が六十四歳で亡くなった時、義母はまだ四十代だったの。それは寂しかったと思いますよ。毎週私たちの所に、ご飯を食べに来るのは、お義母さんにとって慰めだったんでしょうね。二十二年間、お義母さんを大したディナーじゃなかったけれど呼んであげて、ああ、少しは親孝行できたのかな、よかったな、と今では思えます。

遊びに来るとね、お義母さんは子供たちにワン・ダラー（一ドル）ずつお小遣いをくれるんです。子供たちもそれを楽しみにしてましたよ。私は子供たちの前では、決してお義母さんの愚痴はこぼしませんでした。たとえ子供でも、そういうことを耳にすれば、おばあちゃんに対して悪いイメージを持つでしょうからね。うちの子供たちはグランパ（おじいさん）のことを知りません。すでに亡くなっていましたからね。息子と娘は、小さい時はミツコさんのお義父さんのことを自分たちのグランパと思っていたみたいよ。ミツコさんが嫁ぐ前から、しょっちゅう遊びに行って、かわいがって頂いたから。

姑はストローク（脳卒中）で十三年前に亡くなりました。八十八でした。ちょっと糖尿の気もありましたしね。姑は十五か十六の時、年の離れた舅との間に一番上のお義姉さんを産んでるんです。お義母さんと言っても、本当に若かったですからね。若くしてご主人を亡くして、女手ひとつで子供四人育てた人です。ほんと大変だったと思いますよ。

アメリカに来たことは後悔してませんよ。うちの主人はのん気だったけど、誠実な人だったしね。貧乏しても、お米が足りないなんてことはなかったしね。ちゃんとサラリーが入ってくるから。まあなんとかやりくりして来ましたよ。もしもアメリカに来なかったら、どんな人生だったのかな、なんて思うことありますよ。私らの時は、戦争でみな同世代の男の人がたくさん亡くなったでしょ。女の人が結婚相手をみつけるのが、なかなか難しかったんですよ。それを思えば、私の主人は結婚相手としては、悪くなかったと思います。上見りゃきりがないしね。主人はいい人でしたよ。

もう日本に戻りたいとも、そんなに思わないわね。子供たちも友達もみんなこっちだしね。もう向こうの人と会って話しても、話が合わないでしょうしね。浦島太郎みたいでしょ。こっちの方がいいわ。もう私の両親も亡くなってますしね。私は母が四十六、父が五十一の時の子供なんです。父と母にはかわいがられて育ちました。『テルちゃん、何にもしなくていいよ。お裁縫なんか、おばさん達がしてくれるからね』なんて言われてね。本当に何もできない子でしたよ。今はこんな格好だけど、私、昔はお洒落だったのよ」

――テルさんはそう言って、照れ臭そうに目を細めた。

「昔、母が日本の食品なんかを送ってくれたのが嬉しかったわね。梅干だとか、こっちに番茶はあるけど玉露がないから送ってもらったり。耳かきも当時なくて、送ってもらいましたね。化粧品も私はポーラを使っていたので、母に頼みました。母は当時二百ドル位かけて、船便で荷物を送ってくれましたよ。だけど主人が嫌うの。あれも送れ、これも送れっていうのは、貧乏たらしいからやめろって。だからその代わりに、日本の姪に時どきアメリカのランジェリーを送ってやりました」

――突然、廊下の方から聞き慣れた声が耳に飛び込んできた。ドタドタと走る音に続いて、来月五歳になる私の上の息子が現れた。何をしているんだろう、と私とテルさんが向き合っているテーブルに近づいて来た。インタビューの間に、夫がプレスクールまで長男を迎えに行っていたのだ。もうそんな時間か、と慌てて腕時計に目をやった。夕方の四時を回っている。

「私の息子は手先の器用な子でね、技工士になる勉強をしていたんです。でも途中でチェンジマインド（心変わり）しましてね。車に興味が移ってしまって、アラメダの学校にトランスファー（編入）して自動車の勉強を始めたんです。主人の姉はそれが気に入らなくてね。『ブライアンが道をはずれたのは、お前のせいだ』と言われましたよ。主人は『お前の人生だ。お前で選べ』と話していましたよ。私も息子は自分の好きなように生きればいいと思ってます。

ただディヴォース（離婚）はショックでしたね。日系四世の女性と結婚したんですが、離婚しました。ご縁がなかったんでしょう。幸い二人には子供がいませんでしたから、よかったですよ。子供がいたら不憫ですものね。

息子がまだ結婚していた頃、嫁さんとは滅多に会いませんでしたね。わりと近所に住んでいたんですけれど、年に一度か二度くらいしか会いませんでした。あまり懐かない人だったしね。私は、『カミーン（来て）』って言われなければ、絶対に息子たちの所には行かないの。だって悪いでしょ。離婚してから、彼女とは三回くらい偶然デパートで会いましたね。『ハーイ』って言ってましたよ。

息子も再婚を望んでいるみたいですよ。でも、なかなか見つからないみたい。お母さんを大切にしてくれる人がいい、と言ってます。いい人だったらね、子供を連れた人でもいい、と私は思ってるんです。もし息子がまた結婚したらね、お嫁さんとは上手くやっていきたいと思ってます。若い人は若い人で好きなものをクックして、夫婦で食べて、私は私で食べたいものを食べてね。それでたまに息子たちが、すき焼きとか天ぷらを食べたいと言ったら、一週間に一回くらい私が料理して、若夫婦と一緒に食べるんです。望むのはそれくらい。あんまり大きな望みを持ったら、余計に落胆するでしょ。

娘には一人娘がいるんです。『ハイ、グランマ！』って、時どき遊びに来ますよ。あの子は私にとても懐いてくれるから、かわいいわよね。孫がね、大学の課題で自分の生い立ちについて書いたことがあったんです。その中で、グランマ（おばあちゃん）はこうやって生きて、グランパ（おじいちゃん）はどこで生まれて、みたいな事を書いたんです。『グランマ、先生に褒められたよ』って私に見せに来たことがありましたよ。大事にとっておいて、将来、自分の子供に見せてあげなさい、と孫に言いました。あの子は一人っ子でしょ。きょうだいが欲しかった、と、よく言ってましたね。母親が流産して、それっきりできなかったんですよ。だから孫は子供が好きみたいですね。それで今、小児科で働いていますよ」

――目の中に入れても痛くない。お孫さんの話をする時のテルさんは、本当に嬉しそうだった。両目をギュッと細めて、いとおしそうに話してくれた。

「やはりとても大切なのは、同じ日本から来た友人ですよね。本当に皆さんよくして下さって、有難く思っています。ただお互いの家が、ちょっと遠いのでね、泊りがけで遊びに行ったりするんですよ。みんな一人で暮らしてますからね。気兼ねがないんです。一緒にただおしゃべりしたり、音楽を聴いたり、ビデオを持って行って観たりね。いろんなビデオを観ますよ。日本の嫁姑モノのドラマとかね。それ観ながら、お互い、嫁さんや婿さんの愚痴こぼしたりするの。そんなことで、また気持ちがさっぱりするでしょ。うるさいババアだわね」

――このインタビューを始めて、テルさんは初めて声を上げて笑った。

「私は食べることとワインが大好きなの。うちの主人はお酒をまったく飲まない人だったでしょ。だからどちらかと言うと美食家だったわね。フランス料理をフェアモント辺りによく食べに行きましたよ。うちで食べられないようなものを外で食べるのが好き。最近はあまり行かなくなったけれどね。うちの主人は食事に出かけても、セブンアップ（サイダー）を舐《な》めてるような人だった。でも私はワインが大好き。ワインだったら一本三〇ドルでも五〇ドルでもかけますよ。家にはずら－っと二十本位あります。今でも一年に何度かナパに行きますよ。またそこで記念にワインを買ってくるんです。私の兄が洒落た人で、ワインとコーヒーが大好きだったんです。きっとその影響だわね。

まあ、私の人生はこんなもんです。単純で平坦でしたよ。だけど、これでいいと思ってます。平凡が一番。子供たちにも、そうあって欲しいですね」

——テルさんはそう言葉を結んだ。まるで自分の生きて来た道を確認しているかのように、ゆっくりと噛み締めながら、そう言った。

＊　＊

テルさんのインタビューを終えたあとも、ミツコさんの入れてくれた飲み物とデザートを頂きながら、すっかりおしゃべりを楽しんでくつろいでしまった。

ミツコさんは家の外まで見送りに出てくれた。テルさんは夫の隣の助手席に身を埋め、私と子供たちはバックシートに乗り込んだ。

車が動き出した。窓からこちらに手を振るミツコさんの姿が見える。サマータイムの午後七時だった。ミツコさんが小さくなるまでハッキリと見えていた。私の膝の上に載っているミツコさんからのお土産のお菓子のずっしりとした重みが、なんだか嬉しかった。

テルさんは、バークレーの自宅に向かう車の中で、いろいろな話をしてくれた。自宅の内装工事があと半年ほどかかりそうだということ。今日のインタビューをエンジョイしておいで、と息子さんが送り出してくれたこと。そして私が、この夏に日本に帰国して、夫の姑と暮らすことを、自分のことのように気にかけて下さり、そして励ましてくれた。

私たちの車がバークレーの町へと入っていくと、テルさんはこんなことを言った。

「今日もミツコさん、お嫁さんのことをいろいろ言ってたけどね、ミツコさんのお嫁さん、本当にいい人なのよ。あんな風に言ってるけど、ミツコさんも本当はそのこと分かってるのよ」

そう言うと、テルさんは二度三度、うんうんと頷いていた。

テルさんの家が見えてきた。もう三十年以上も暮らす彼女の故郷だ。

「平屋だったのを、今回二階を増築したの。大工さんはコンピューターの仕事を本業にしている人だから、週末にしか作業ができないの。安いんだけど時間がものすごくかかるのよ。うちの息子って、ほんとのんびりした子なの。鳴くまで待とう、みたいな子。だからこんなのんびり工事でも全然平気なのよ」

車はテルさんの家の前に停まった。車から降りる前にテルさんは、バックシートに腰掛けている私に向かって言った。

「ご縁があって、またこちらにいらっしゃることがあったら、是非遊びにいらして下さいね。その頃は、家もきれいになっているでしょうから」

テルさんは、車を降りて、私たちに小さく手を振った。そして玄関の階段を三段上りきると、もう一度こちらに手を振った。テルさんが玄関の扉の向こうに消えるのを確認すると、夫はゆっくりと車を出した。

またこの町を訪ねる日が来るのだろうか。

「本当にいつかまた来たいね」

私がそう言うと、「そうだね」と夫は答えた。

子供の頃、休暇を終え、大好きな親戚のうちから自分の家に帰る時のような一抹の寂しさを、私は感じていた。

「沖縄から逃げ出したかった」

孤独な少女時代、母との和解、プレスクールでの保育の日々

ジアニーニ　ケイコ（仮名）

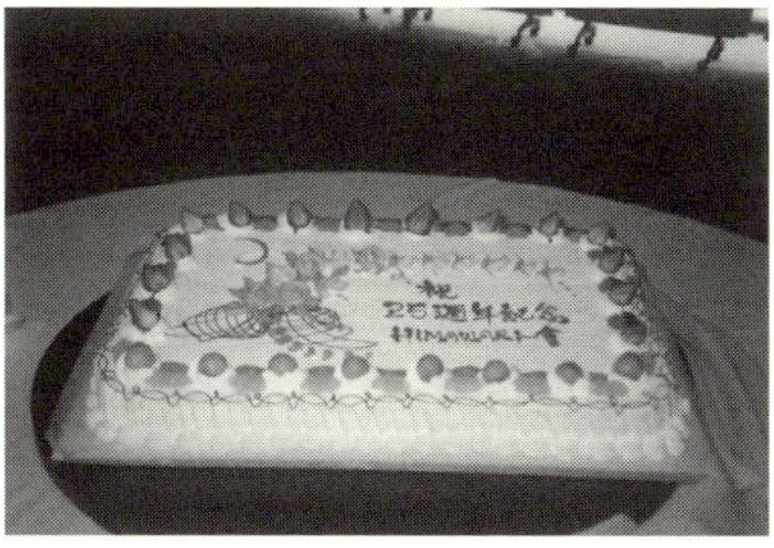

——ジアニーニ　ケイコさんの自宅を訪ねたのは、偶然にもケイコさんの誕生日の前日だった。

「一九四六年六月一日生まれです。明日が誕生日なの」

——私は、一日早いお祝いの言葉を贈った。ケイコさんは、あっはっは、と高らかに笑った。

私たちは、ダイニングテーブルに向き合って座った。部屋の壁には、掛け軸が飾られ、その隣の小さな棚には、仏像の写真を入れた額が置かれている。窓際に据えられた腰くらいの高さのキャビネットには、日本人形のケースと共に、棚からこぼれんばかりの家族の写真が飾られている。その窓からは、ブラインド越しに、午後二時の光が射していた。

サンフランシスコからやって来た私にとっては、この日は少し汗ばむような陽気だった。空は青く、家の前の歩道には、ケイコさんの玄関の三角屋根の濃い影がくっきりと映っていた。

「生まれは沖縄です。中学を卒業するまでコザという基地の町で育ちました。中学を卒業して、就職で愛知県の一宮というところに行きました。そこで定時制の高校を卒業したんです。繊維会社の工場で四年間働きました。その後一回沖縄に戻って、またそれから東京に出て行って、結局、沖縄を離れて、愛知県と東京に二十三歳くらいまでいたのかな。

東京では、真珠の販売会社に入りました。派遣のお仕事で、あちこちのデパートを回って真珠の販売をしてました。そこにいたのが二年くらい。その後に池袋の画廊喫茶で働きました。東京で絵画を学んだりしてるアマチュアのアーティストの人たちのグループがあって、そういう人たちの作品の展示会場になるわけですよ。そこにお客さんがお茶を飲みに来るんですね。そういうお店でキャッシャーの仕事を二年間やりました。

私の働いていた店は、立教大学のすぐ近くにありました。立教の学生がたくさん来てましたよ。昼間は立教の学生さん、夜はアーティストたちがたくさん集まっていました。溜まり場でしたね。そこでみんなでおしゃべりしてるんです。芸術家の卵みたいな人たちがね。

そういう雰囲気、ちょっと憧れはありましたよね。

真珠の販売をやってた時に、その画廊喫茶に客として通ってたの。どうもお客さんに物を売るっていうのが自分には向いてなくて、真珠が全然売れなかったのよ。だからお給料も良くなくて。真珠の販売は東京だけじゃなくて、仙台だとかあちらこちら回らなくちゃならなかったのね。出張が多くて、体も大変だったしね。もちろん楽しかったこともありましたよ。行く先々の食べ物とかもおいしかったしね。

喫茶店のキャッシャーなんて、販売の仕事に比べて楽でしょ。お金にもなるし。それで真珠の会社を辞めて、画廊喫茶で働き始めたの。

絵は好きで、自分で描いてみたりしましたよ。だからといって先生についたり、特別に勉強したりとかはしたことないですけどね。でもそういう西洋の絵画とかは好きだったし憧れてましたよね。中学の時は、美術の時間とか好きでしたよ。だけど沖縄ではきょうだいもたくさんいて、中学出たら働くって感じでしょ。勉強したかったら自分で稼ぐしかないんだものね。

全部で七人きょうだいでした。私は三番目。

父はすごく体が弱かったんです。お酒を飲んでたせいでしょうね。私たちが小さい頃は、よく入院してました。それで母は病気の父に付きっ切りでしたから、私たち子供は、力を合わせるっていったらおかしいけど、自分たちで稼いで生活を支えていました。上の兄や姉がね、新聞配達をしていました。私は中学卒業するまで、そんな働いたりしなかったけれどね。

父はとにかく病気がちで、あまり定職を持つという感じではなかったですね。十二指腸潰瘍をやったんです。二回ほど胃を手術しました。私が東京から沖縄に帰った頃は、父も市役所に勤めるようになって、兄も一緒に市役所に勤めてましたけど。兄はそれから沖縄に駐留している軍に英文の新聞を配達する仕事をしながら、短大に通ったんです。短大しか行けなかったんですよ。

母は専業主婦でした。あの頃の女の人は働くっていっても、仕事なかったじゃないですか。母も健康には恵まれなくてね、リウマチに冒されちゃったの。死ぬまでずっとリウマチに苦しみました。母は七年前に亡くなりました。病院でC型肝炎に感染しちゃってね。父はまだ生きてます。うちの弟や妹は関西に住んでいます。姉たちも埼玉、東京に移りましたし。一番上の姉が、沖縄で父と一緒に住んでいます」

――病弱な両親の元で育った沖縄でのケイコさんの子供時代はどんなものだったのだろうか。どんな思いで暮らしていたのだろう。

「そうねえ、あの頃は、うちだけでなくみんな貧しかったと思うわよ。でも私が生まれ育ったコザというのは米軍の基地の町なんです。だからアメリカ人兵士相手に商売をして裕福な人たちがいたんですね。アメリカ兵に日用品やお土産品を売る商売をする家の子供はものすごく裕福なの。

同じ小学校でも、農業をやってる地域から通ってくる子供は貧しいのよ。自分たちが食べて生きるくらいのものしか作ってないわけだから。うちも父が働けないから生活苦しかったですよね。ところが商売してる家の女の子なんか、ピアノやバレエなんか習ったりしてるの。それに頭パーマ巻いてね、こーんなスカートはいてね、学校に来るの」

――ケイコさんは、腰の辺りで両手をふわりと広げてみせた。

「アメリカのライフスタイルを間近に見るでしょ。そういうのを真っ先に真似するのね。それから当時の少女雑誌に出てくる小鳩くるみとか松島トモ子とかが、女の子の間で流行してたのね。ああいうのを裕福な家庭の子は真似してましたよ。

やっぱりあの頃の私は、すごく自分のことを卑下してましたよね。きょうだいの中で、貧しさに対する劣等感みたいなものが人一倍強かったんだと思う。だって家に帰って、学校であったことを他のきょうだいたちにするでしょ。金持ちの家の子供が、今日こんなに着飾って来た、とか。でもみんな、『へえ、あっそう』くらいの反応しか返ってこないのよ。自分たちがどんなに貧しいか、なんて、私ほど気にしてないの。やっぱりきょうだいの中で、私ひとり少し違っていたんだと思う。ブラックシープ（厄介者）っていうの？

子供の頃は、沖縄に愛着はなかったし、とにかく親元から逃げ出したい、という気持ちが強かったですね。友達が本土に就職するって言うから、『あっ、そう。じゃあ私も行く！』と、ついて行っちゃって。結局彼女が行かないで、私の方が行くことになったんだけど。あの頃の私は、とにかく沖縄から出たかったのよ」

――ケイコさんは中学を卒業すると同時に、親きょうだいのいる沖縄を飛び出し、愛知県で新しい暮らしをスタートさせた。

「あの頃の会社はね、集団就職する若者たちを集める時の最大の売りに、働きながら学校に行けますよー、勉強できますよー、うちに就職すれば高校卒業できますよーっていうのがあったのね。私たち就職する側も、それが最大の魅力だったんです。工場と同じ敷地内に学校があるんです。東海高等家政学校という高校でした。この学校はこの繊維会社で働いている人たちのためだけの学校なんです。

私が就職した年は、沖縄から全部で七十名も行ったけど、最後まで残ったのは四名だけ。沖縄全島から集められて、たくさん行ったんだけどね。神戸港から七十名でフェリーに乗って行きましたよ。最初の一年位で半分くらいになっちゃって。パンフレットの写真と実物が違った、とか、思い描いていたイメージと違う、とか、そんな理由でみんな辞めて、沖縄に帰って行きましたね。

私は、そういう幻滅は感じなかった。むしろ私はおもしろいと思った。こんなに羽を伸ばせるんだ、ってすごく居心地がよかった。それに、あそこではすべての人が同じスタートラインに立てるの。同じユニフォームを着て、同じ時間に同じ仕事をして、同じ学校に通う。そこでは身分の上下もないし。それがとても心地よかった」

――その繊維会社には、北海道から沖縄まで各地から若者たちが集まっていた。

当時、ケイコさんのような沖縄から来た少女たちは、本土の同世代の若者たちの眼にはどのように映ったのだろうか。

「あのねえ、おもしろいんだけど、沖縄の人たちって、日本の人たちと顔立ちが違うでしょ。体のサイズとかは一緒なんだけれど、沖縄の人って目鼻立ちがはっきりしてかわいい子たちがいっぱいいたのよ。だからすごく人気があったわよ。職場のアイドルさんも沖縄の子たちの中に二人はいたしね。そういう面では別に劣等感とか持つこともないし、他の県の人たちとも上手く付き合えてたと思う」

――その時、ケイコさんはふと何かを思い出したかのように肩をすくめ、口元から白い歯が覗いた。

「職場の男性たちが、興味津々で、私たち沖縄の子が働いているところを覗きに来ることがあったわね。なんか違う子たちが来たよって感じだったんじゃないかな。

メーデーの集会では、先頭に立ってバトン持って行進したりする役目は沖縄の子たちだったわね。沖縄出身の人は結構個性的な子があの頃多かったのよ。目立ってたわね。

おかしいけど、私たちを見て、ああ、自分たちと同じだなって思ったんじゃないのかしら。沖縄の子は英語をしゃべるんじゃない?とか昔はみんな思ったわけよ。沖縄の子っていうと、ほとんど外国から来た子みたいな目で見てるわけよ。私たちにしてみたら、そういう風に思われてることが不思議でねえ。おかしくってねえ。

だけど本当に楽しい経験だった。自分が小さかった時には味わえなかったものが、そこで味わえたっていうのかな。沖縄では感じたことのない自由な感じがあったわね。自分を出そうと思ったら自分を出せる。自分をいつもいつも引っ込めて、辛い思いをしていた沖縄での過去と違って、自由があった。仕事を一生懸命頑張れば、自分のお給料が入って、そのお金で自分の好きなものを買って、好きなことができる。自分ひとりでちゃんとやっていけるんだ、って気持ちがどんどん膨らんできたの。

私の中にはいつも、満足な教育が受けられなかった、という思いがものすごくあるの。だって私なんか中学卒業して、就職したわけよ。本なんかほとんど持ってないような環境だったしね。きょうだいが多いでしょ。学校で使う教科書なんて買ってもらったことなかったもの。古い教科書を買おうっていっても、それすら買ってもらえない。結局、上級生に頼んで分けてもらうっていうか。そういうことしながら自分の本を手に入れたわけじゃない。でも学校で新しい教科書に変わってしまって、自分が持っている古い本と内容が違うなんてことはよくあったわけ。そういう状況で勉強したわけ。教科書ですら買えないんですもの。自分の好きな物や欲しい物なんてまず買えない、行きたいところへは行けない。うちは他の人たちより結構貧しかったから、服装なんかでも嫌な思いをたくさんしたしね。

そんな生活だったけれど、引っ込み思案とかではなかった。結構スポーツとかできたから、そういう面では結構目立ってたの。でもそれ以外のことでは、自分のことがすごくイヤでしょうがなかった。ここから逃げ出したい、そんなことばかり考えてました」

――自分の両親を恨んだり、自分の生い立ちを呪ったりということがあったのだろうか。

「しましたよ。もちろん、したした。親を恨み、自分自身を卑下してた。家庭が貧しくても、みんなで力を合わせて頑張りましょうよ、という気持ちが私の中にあったのなら、また違ったんでしょうけど。父が病気だし、母も病気だし、そしてお金がないし。子供だった私には、もうすべてが八方塞がりでしょ。どうして自分はこんな生活しなきゃならないの？って思ってた。小学校の五、六年になると、親に反抗するようになったわね。きょうだいの中で私が一番反抗したと思う。

両親は仲良くなかったんじゃないかな。母は父のお母さん、お姑さんと気が合わなくてね。父は士族の出、母は農村の出ということで、父の母は私の母を差別したのね。母はそれですごく辛い思いをして、そして自分の夫である父が、おばあさんの味方について、自分をかばってくれなかった、と母は父を恨んでもいたんですね」

――けれどケイコさんは、アメリカ人男性との結婚を機にアメリカへ渡り、自分自身が大きく変わった、と話した。

「私、二十三歳の時、八年ぶりくらいに沖縄に戻ったの。実は東京の池袋で働いていた画廊喫茶のマネージャーとお付き合いをしてたんです。だけど失恋しちゃったのね。

あんなに嫌いで飛び出した沖縄だったのに、もう帰る場所は沖縄しかないって思ったの。もう心のより所は沖縄しかなかったのよ。沖縄を離れて、もう八年も経っていたから、自分の中で沖縄が美化され始めていたんでしょうね。

沖縄にも画廊喫茶があったの。私、そこで働き始めたの。お店の名前は『セーヌ』っていったかな。だけど私、沖縄に戻ってからも一年くらい、沖縄と東京を行ったり来たりしてました。東京で失恋して沖縄に戻ったけれど、やっぱり沖縄は自分の居場所じゃないような居心地の悪さを感じたのね。それに別れた東京の恋人のことが吹っ切れなくて東京に戻って、でも彼とは上手くいかなくて、また沖縄に戻ったり。そんな時に沖縄である男性と出会って、その人からプロポーズされて、婚約したんです。だけど当時の私はものすごくいい加減なのよ。失恋で傷ついていた私は、もうどうにでもなれって感じだった。彼への気持ちは真実ではないでしょ。そんないい加減な気持ちで交わした婚約だったから、結局破棄になりました。

そんなことがあった後、私の友人の紹介で、私の前の旦那フレッドと出会うんです。私が働いていた『セーヌ』で落ち合いました。彼はアメリカから兵隊で来ていて、沖縄に五年くらい住んでいました。日本人の友人がたくさんいて、日本語はもうペラペラでした。私は英語なんか全然できなかったけれど、彼とは日本語で話ができたんです。

私が彼と知りあった時は、自分はもうすぐ除隊するんだ、と言っていました。もう日本に来て五年になるから、そろそろアメリカに戻る、と。彼とはそれから少しお付き合いして、私が二十四歳の時に結婚しました。

東京から沖縄に戻って、やっぱりここも私のいる場所じゃない、という思いが募ってたの。だから大して好きでもないアメリカ人と結婚したのは、そのせいよ。沖縄から出たい、という気持ちがフレッドとの結婚を選ばせたのね。

フレッドとの間には、子供が三人もいるわけだから、もちろん縁があって結婚したんでしょうけど。でもほんと、彼がいなかったら、昔とは違う今の自分はなかった、と思うわ。

白人男性って、日本人男性とは女性の扱い方が全然違うでしょ。やはりフレッドと出会って、ものすごく新鮮だったわね。なんだかすべてを、自分の過去もみんな忘れさせてくれるって感じ。誕生日には贈り物をくれたり、女性を喜ばせてくれるのが上手でしょ。フレッドといると何もかもが新鮮に見えたわね。

フレッドは私よりひとつ年上。ハンサムじゃないけれど、インテリって感じの人だった。鼻がものすごく高くてね。彼はイタリア系なんだけれど、イタリア人って、こう鼻が高いじゃない」

――ケイコさんは、右手で自分の鼻の辺りを撫でてみせた。

「私、ああいう鼻の形、あまり好きじゃないのよ」

――ケイコさんは、ちょっと申し訳なさそうに、クスッと笑った。

「沖縄で結婚して、石垣島に新婚旅行にも行きました。そして一九七一年、私が二十五歳の時、沖縄で子供を産んだの。名前はアンドリュー。アンドリューが生まれて十八日目にフレッドと私とアンドリューで、アメリカに渡ったのよ。

ここからちょっと離れたオークランドのアパートで新生活を始めました。彼の父や姉がすぐ近くに住んでいました。フレッドは除隊して、すぐに仕事を見つけて、働きながら通信教育みたいな感じでコンピューターの勉強をしてたんです。

私はずっと専業主婦。もう大変でしたよね。英語がわかんないでしょ。どこ見ても英語だらけでね。テレビ見ても頭が痛い。友達はいない。あの頃は日本語番組もなかったのよ。何からなにまでわからない。もう大変なところに来てしまった、と思いました。それからみんなどこに行くにも車でしょ。歩いてる人なんていないじゃない。日本だったらどこに行くにも歩くのにね。私は運転できないし、だけどタクシーは高いから、そんなにしょっちゅう乗れないしね。私ひとりでは、どこにも行けないの。ノイローゼになってたわね」

――フレッドさんとの結婚生活はどうだったのだろうか。

「『自分は愛されてる、と思ったことがない』ってフレッドに言われたの。『私からの愛情が伝わらない』って言うの。キスとかハグとかが当たり前の社会で、私は彼にまったくそういうことをしなかったの。だって私、アメリカのことは全然わからないし、それにアメリカを好きでもない。私たち日本人はそういう習慣をもってないでしょ。今の若い人たちは違うけど、私たちの時っていうのは、そういうことしないでしょ。人前でキスするとかね。たとえ夫婦の間でもね、グッナイって言って、キスするとかね、そういう生活がないわけだから。それに対して、彼は不満を持っていたらしいのね。そういうことを後で聞いたの。

自分が悪かった、って今ならわかるわよ。でも離婚した当時は、絶対に自分は悪くないって思ってた。別にお酒を飲むわけでもないし、ギャンブルするわけでもない。普通に我慢してやっていれば、それで一生終えたのにね。何で？って思った。ただ私は、普通の日本人の夫婦のように振舞っていただけなのに、と。」

――そう言い終ると、ケイコさんは小さく息を吐いた。

「でも私は彼を利用したのよね、きっと。沖縄から逃げ出すためにね。別にアメリカじゃなくても、どこでも良かったのかもしれないわね。

考えて見れば、自分の父親と母親がね、そんなに素晴らしく楽しく明るい生活をしていなかったでしょ。結局、親のやっていたことを、自分もやっていたわけよね、ごく当たり前のことと思って。今まで自分がやってきたことが、すべて間違っていた、と後でわかった時に、ものすごくショックを受けたのね。子育てもそうだし、子供の叱り方にしても、親としての認識がまったくない。ひとりの女性として、自分が幸せじゃないから、母親としても幸せじゃないわけよ。だから、すべてにおいて中途半端。子供を叱るのも、やっぱり叩いて叱ってた。母は長い間リウマチを患ってましたから、結局口でしか叱れないわけ。でも私は親の言うことをきかない子だったから、ひどく叱られてたわね。

沖縄を出る時に、私は心に誓ったことがあるの。絶対に自分は、自分の親のようにはならない、って。だけど結婚して子供ができた時に、自分の親とまったく同じことをしてた。その事に気づいたの。私が離婚したって聞いて、初めて沖縄からきょうだいが、私の様子を見にアメリカに来たことがあるの。そして私があんまり子供を怒るのが多すぎてね、びっくりしちゃったらしいの」

——長男のアンドリューの他に、一九七四年に次男ケビン、そして一九八〇年に長女キャサリンが生まれた。

「フレッドはね、私が外で働かないことを、すごく不満に思っていたの。実は私たち夫婦は、この家を買う時から、子供が中学に入る時には絶対によそに移ろうねって約束してたんです。子供をここの中学に入れたくないから。子供の教育環境のいい場所に引越そうねって。でもそういう地域に引越しするにはお金が必要でしょ。それで彼は私にも仕事をして欲しいと言ったわけなの。でも私は働きたくないから、絶対に仕事を探そうとしなかった。外に出るのが怖いんですもの。

英語もできないし。書けないし、読めないし。そんな私に一体何ができるっていうの？って感じ。子供が小さいのに、どうやって働くの？っていうのが私の言い分。

でも本当に私たちが別れることになった一番の理由は子供ができたことよ。私、彼がそういう考えを持っていたなんて知らなかったんだけれど、彼は一人も子供が欲しくなかったの。夫婦二人だけで生活をエンジョイしたかったの。でもパッとすぐできちゃったでしょ。彼は、私に子供を生んじゃいけないって言ったの。そして私は最初の子を堕したんです。アンドリューの前にできた子供よ。

だけど、こんなに人工中絶が恐ろしいものだとは思わなかった。こんなに自分の精神を、魂をズタズタに斬りつけるものだとは思わなかった。それは私が泣いているんじゃなくて、赤ちゃんが泣いているんだ、と思った。あの気持ちは一生忘れない。だから『またこんなことをしろと言ったら、私は別れる』って彼に言ってたの。そしたらまたできちゃったわけよ。それがアンドリューなの。

フレッドはアンドリューの出産が最後だ、と言って、ピルを飲むように言ったの。妊娠しないようにクスリ飲んでたの、毎日毎日ね。そしてそのうちに疲れちゃったの。それで飲むのをうっかり忘れちゃったり、シミができちゃったりね。もうやめちゃったのね。そして次男坊ができちゃったのよ。うちを引っ越そうと思ってたら、また子供ができちゃったわけじゃない。で、引越しを諦めたの。子供を育てるために、お金がかかるでしょ。そしたらまた三人目ができちゃったの。そんなもんだから、とうとう彼が離婚したいって言ったの。

彼、子供は一人も欲しくなかったの。でも一人できたら可愛いじゃない。可愛くて可愛くてしょうがない。でも、もう一人で十分なのよ。もう二人目は欲しくないの。私がクスリをやめたこともすごく嫌がってたしね。だけど私はものすごく女の子が欲しかったの。きょうだいっていいなあって思ってたから、せめて子供は三人くらい欲しいなあって思ってたのよ。私は結婚したら、自然に当然のように子供を産みたかったわけよ。でも子供三人の家庭は彼には重荷だったのね。私は子供が多い方が幸せなんじゃないかなって思うんだけど。子供一人ひとりが幸せを持って来てくれるように思うんだけど。

キャサリンを身ごもって五ヶ月の時、彼から離婚しようって切り出されたの。その日丸一日、二人で話し合ったの。彼が何を望んでいるのか、私のどういうところに不満を感じているのか。そしてもう一度、じゃあやり直してみよう、ということになって、やり直したの、二年間」

——ケイコさんは、ほんの少しだけ私に笑ってみせた。

「結局キャサリンが二歳半の時に離婚したの。一度離婚話が出て、やり直すというのは難しいなって思うわね。生活を根本から変えるってことは私にはできなかった。彼の方に女性関係もできたし、とにかくこっちから『出て行け』って感じよ。

彼が出て行ったのはお正月だった。一月一日よ。何ひとつ持たずに、この家から出て行ったわね。あれからもう二十一年ね」

——幼い子供を三人も抱えて、仕事も持たないケイコさんは、故郷の沖縄に帰ろうとは思わなかったのだろうか。

「そう、だからみんな、なんで沖縄に帰らないの?って聞いてきたわよね。こっちのアメリカ人の人は『ユー・シュッド・ゴー・ホーム（故郷に帰るべきだ）』って、みんな言うわけよ。何か身につけた職業があるわけじゃなかったしね。でも私は、絶対に帰れないって思ったのね。色んな思いをして沖縄出てきてね、離婚したからって、はい、そうですかって、そう簡単に沖縄に帰れないって思ったのね。どの面下げて、沖縄を歩けるんだって思いましたよ。そりゃ、恥ずかしいわよ。

それでお友達から、『私の仕事あげるわよ』って言われて、初めてやった仕事がハウスクリーニングの仕事。その時から十六年やったわね。

お仕事はねえ、お金はもらえるし、簡単だし。子供三人いるから送り迎えしなきゃならないでしょ。三人ともみんな違う時間なのよ。朝、上二人を学校に連れて行って。一番下は保育園に連れて行って。学校で参観日があれば、行かなきゃならない。ハロウィーンがあれば、またそこに行かなきゃならない。それがすべてできる仕事といえば、ハウスクリーニングしかなかったのね。それに英語もできないし、できる仕事は限られてるでしょ。

月曜日から土曜日まで、同じ家に通って、クリーニングするの。仕事場はピードモントのものすごく裕福な家庭でした。ピードモントってものすごい家があるところなのよ。オークランドの谷間にある高級住宅地。私を雇ってくれたのは、フーバーって有名な会社があるじゃない、そこの息子さんだったの。小さなお子さんがいるご夫婦でした。奥さんは私よりふたつくらい若かったかなあ。

そこのお宅は子供たちの学校から近くて便利でした。ピードモントから、ほんの二、三分のところにワーキンミラッジってところがあって、そこにオークランドで一番いい学校があったのね。子供たちはそこに通わせていました。

私の仕事は主に掃除でした。部屋は十以上あったわね。私以外にも何人も雇っていて、食事の世話をする人や買い物やクリーニング店に洗濯物を受け渡しするとかの外回りをする人とかね。

その家のご主人は人柄もすごくいいのよ。やっぱりアメリカ人だなあって思った。やっぱり紳士よね。ものすごくジェントルマン。すごく気前がいいというか、すごくお金払いがきれいでしたね。私が働いていた十六年間、いつも『ありがとう、サンキュー』でしょ。本当にそういう態度が徹底しているおうちだったわね。でもビジネスなのよね、ありがとう、サンキューも。一応気持ちから言ってくれるけれども。

それからすごく社交家。ベイエリアの上流階級の社交界に入っているわけだから、そういうお付き合いがいっぱいあるの。だから常にジェントルマン。言葉づかいや社交辞令が徹底してる。そういうことが本当に身に付いているのよね。働いていて、不愉快な思いをしたことは一度もないわね。その代わり、はっきりと物を言うわね。何かなくなったら、ないよ、とかね。指輪をここに置いてあったんだけど、ないよ、って。だけど最初は私、びっくりしちゃった。えー、こんなこと言うの？って。普通、日本人だったら言わないじゃない、そういうこと。『どこどこにあった指輪がないんだけど』って、それで私が『あーそう？』って言って、そのうち見つけちゃうって感じ。そういう事は何回かあったのね。そういうところは、やっぱりアメリカ人だなあって。はっきりと言うところがね。自分たちの私生活の方も私たちに丸見せしちゃうしね。長年いるわけだから。

それから夫婦の間で、『愛してるよ』ってね、いつも証言し合っているって感じ。たとえ明日別れるとしても、その前日までは、愛してるよって言うみたいなところが、アメリカ人ってすごいなあって思っちゃう。旦那さんは三度目、奥さんは二度目の結婚でした。その旦那さんも、この間亡くなっちゃったんですけどね。

一番下の娘が十八歳になって、ドライバーライセンスを取った時にハウスキーパーの仕事を辞めたの。もうこれからは自分の好きなことをやろう、と思って。

現在はね、私、本当に幸せだなあ、人生っていいなあ、自分もなかなか捨てたもんじゃない、という風に思えるようになったんです」

——離婚して数年が経った頃、友人の誘いで、ある宗教法人が主催する母親教室へ参加したことが、子育てや自分の生き方を考え直すターニングポイントとなった。

「今までの自分の子供たちにしてきた教育がなにひとつ理にかなっていない、すべて間違っていたということに気付かされたんですね。とにかくスパンキング（お尻を叩くこと）しない。子供は褒めて讃えて育てる。そういうことを教わったの。そしてポジティヴに物事を見ること。私自身、父に叩かれて育っているから、父親のやり方しか知らないわけでしょ。知らないことはできないし。それまでの私は、自分のすべてを否定して生きてきたでしょ」

――ケイコさんは、沖縄に帰省した際、貧しい家庭に生まれたことを恨み続けてきたことを、母に面と向かって謝罪したという。

「母は無言だったんだけれども、お互いに分かり合えたって感じた」

――ケイコさんはそう言うと眩しく微笑んだ。

「ハウスキーピングの仕事を辞めた後、デューティーフリー（免税店）で仕事をして、今はプレスクールでアシスタントティーチャーをしているんですよ。そして来年にはアソシエイトティーチャーになるつもりで勉強してます。メリットカレッジでECE、Early Child Education（幼児教育）を勉強してるの。そこで十二ユニッツ（単位）取らなきゃならないのね。この秋で修了するの。

十六年間のハウスキーパーの仕事が終わった時に、残りの人生は自分の好きなことをしたい、と思った。でもずっとひとつの仕事だけしてきたわけだから、せめて三つくらい新しい仕事を経験してから、私にとっての最後の仕事に就きたいと思ったわけ。オリンダの方で、老人向けの施設のケアの仕事もしましたよ。

そして私の最後の仕事に選んだのがプレスクールの先生。アラメダのパブリックスクールのプレスクールです。ここの学校はいろんな人種の子供たちが通ってくるの。だから私は好きなのよ。あそこでやっと自分に合う仕事をみつけたなって今は思ってる。

いろいろな違う国の人たちがいるでしょ。中国人だとか白人だとかね。他にはメキシコ人もいっぱいいるわけだし。そういう人たちが持っているそれぞれの文化がわからなかったら、私たちのお仕事はやっていけないんですね。そして各家庭に生活苦だとか夫婦問題だとか、いっぱい千差万別の問題があるわけでしょ。でもそれらの問題を、教師である私たちが解決できるわけではないんです。だから私たち先生がすべきことは、子供が朝来た時からおうちに帰るまでの間、どうしたら家庭の様ざまな問題を忘れて楽しく遊んで過ごさせてあげられるか、ということだと思っているの。そしてその日一日楽しく、笑いが少しでも多くなるように、昨日よりも今日がもっと笑顔が多くなるようにって、考えているのよ。全然笑わない子もいるし、すぐカッとなって、バーンとやる子もいるしね。今、私のクラスの中にもそういう子がいます。でもそんな子供たちでも、私たちの接し方で目の輝きが違ってくる。子供たちの目がティンクルティンクルティンクル（キラキラ）してくるの。暗ーい顔してる子がいるでしょ。『さあ、ティンクルティンクル・アイ（キラキラおめめ）よ』って子供たちに言うとね、子供たちもにこにこ笑うように一生懸命努力するわけ」

――ケイコさんの勧めるプレスクールのエリアというのは、貧困家庭が多いのだそうだ。ケイコさん自身、裕福な家庭の子供たちより、貧困家庭に育ち、多くの家庭の問題を抱えた子供たちと接することの方が有意義と感じているのだろうか、尋ねてみた。

「私が小さい時、私自身があぁいう子供だったんじゃないかなって思うことがあるのね。誰にも自分の本当の気持ちを打ち明けられない、そんな子供。私自身、幼稚園の頃から笑ったことがないんじゃないかと思うの。そういう気持ちが自分にいっぱいあったから、そういう子供たちを見るとどうしても、黙ってその子の前を通り過ぎることができないの。

どういう子供でも、例え赤ちゃんだって、わかるのよ、大人の気持ちって。大人がどうやって自分に接しているかということがね」

——ケイコさんは、私と話している間も、何度も自身の子供たちには申し訳ないことをしてきた、と繰り返した。そして自分は素晴らしい子供たちに恵まれて幸せだと。その三人の子供たちについて語ってもらった。

「三人の中で一番ひどかったのは、長男のアンドリューが中学高校の時。いろいろ反抗する年頃でしょ。うーん、それはそれは大変だった。

彼が中学校の時から、仲良くしていた白人の男の子がいたの。自家用ヘリコプターを持ってるっていうような、ものすごいお金持ちの家庭の子。その子、すごくいい子だったのよ。お母さんもすごくいい人で。でもやっぱり何か問題があったんでしょ、うちの中で。それでドラッグをやってたようなのね。うちの息子がその友達の車を借りたわけ。そして息子が警察官に職務質問をされた時に、ダッシュボードを開けたら、ドラッグが出てきて、うちの息子そのままぶち込まれちゃったの。その日の晩に、すぐ前の旦那に二千ドル持って警察に引き取りに行ってもらったわ。私もその日の晩にすぐそのお友達のうちに行って、事情を話したんだけれど、奥さんはもう全然信じないの。でも旦那さんの方は、息子の非行に気づいていたみたいね。こういう日が来ることを覚悟していた様子だった」

——長男アンドリューさんの嫌疑は晴れ、警察の記録に残ることもなかった。

「アンドリューは高校なんて卒業できないくらいのひどい成績だった。小学校の時はずっといい成績でね、クラス委員長や学校の代表でスピーチしたりするような子だったのよ。ところが中学に行ったら、まるっきり付き合う友達が変わっちゃって」

——アンドリューさんにはご両親の離婚が影響を与えていると思いますか、と私は尋ねた。

「ものすごく影響あると思う。アンドリューは私たちの離婚に、とても怒ってた。離婚した時、彼は小学校五年生くらいだったわね。その時、家の外に向かって、大きな声で叫ぶのよ。『ぼくのお母さんは離婚したんだよー』って。

友達がニューイヤー・パーティーをするから、おいでよって誘ってくれたのね。それで私、旦那にね、『これから出かけるから、私たちが出かけている間に出て行ってちょうだい』と言ったの。パーティーから戻ったら、彼はもう出て行ってしまった後だった。ほとんど何も持たずに出て行ったわね。

何もかも残していってくれたわよ。子供の養育費全部も、末っ子のキャサリンが十八歳になるまで。毎月二回ずつ欠かさずに払ってくれた、十何年もの間ずっと。

元旦那はコンコードに住んでます。再婚して、子供もいるの。子供たちは時どき父親と会うけれど、私はもう彼と会うチャンスないわね。子供の卒業式で会ったくらい。やっぱり自分の中に彼に対してわだかまりがあるのね。でもこれじゃいけないな、とは最近思うんだけど。

アンドリューは高校を卒業できないんじゃないか、ってところまでいったけれど、なんとか卒業して、大学は、ちゃんとUCバークレー出たのよ。彼が大学で勉強したのは、なんて言ったかな」

——ケイコさんは椅子から立ち上がると、部屋の隅に歩き出した。

「アンドリューはエスニック・スタディ（民族学）ね」

——部屋に飾られた卒業証書を見に行ったのだろう。

「今はねえ、オークランドの会社で経理関係の仕事をしているの。アンドリューは結婚して三年経つわね。子供はまだなの。奥さんはハワイ生まれのフィリピンの人。美人で、とっても優秀な人なのよ。彼女はね、UCLAを卒業して、学校の先生をしていたんです。そして今は、パブリックスクールの先生たちにコンピューターを教えているの。

息子夫婦の夢はね、将来二人でリアルエステイト（不動産）の仕事をすることなんですって。アンドリューは今、シティカレッジでリアルエステイトのクラスを取っているのよ」

――ケイコさんは、とても穏やかに、そしてとても誇らしそうに、そう語った。

「次男のケビンはね、チコ・ユニヴァーシティを卒業して、今はコンピューター会社に勤めています。きょうだいの中で、彼が一番の高給取りね。ケビンはまったく問題のない子でしたね。お兄さんがものすごく大変だったでしょ。いろんな問題を起こして。ああいう風になりたくない、と思ったのかもしれないね。ケビンは、物事を客観的に見られる子。

次男坊だから、アンドリューや私のことを観察できる場所にいたんじゃないかな。だから得しているわよね。彼はまだ独身。この近くに住んでます。

それから末娘のキャサリン。今、彼女はピッツコーヒーで働いています。日本にピッツコーヒーがオープンしたでしょ。日本にお店をオープンするにあたって、日本からたくさん研修に来るんです。その人たちをトレーニングしてあげるのが彼女の仕事なの。

キャサリンは大学に行かなかったの。一番行って欲しい子だったんだけど。頭のいい子でね、一番いろいろ教えてきた子なのよ。ハイスクールを出て、シティカレッジにも何度か行ったけど長く続かなくて。それからサンフランシスコの料理学校にも通ったことがあるの。結局七ヶ月でパー。やっぱり料理は自分の仕事じゃないって、辞めちゃって。借金だけ残っちゃったって感じよね。まあこれもいい勉強だったわね。

キャサリンは、でき過ぎるくらいの子だったのよ。勉強もできるし、人付き合いもいいし、親に面倒もかけないし、本当にパーフェクトな子供だと私は思ったの。親に心配かけちゃいけない、親は自分がいい子だと思ってるから、いい子のフリをしなくちゃいけない、と思っていたのかもしれないけど。それが高校卒業しちゃったら、全然違っちゃったわね」

――ケイコさんは声をあげて笑った。

「月に一度はみんなでお食事に行くのよ。子供三人とアンドリューのお嫁さんと五人でね。ベジタリアンだから、お肉のないレストランを探して行くの。毎回違う国のお料理を試してみたりね。先週はエチオピアのお料理を食べに行ったのよ。そういうおもしろい所に連れて行ってくれるから、とっても楽しみなの。

子供たちは、日本語をまったくしゃべらない。それが子供たちとコミュニケーションを取る時の悩みの種ね。長男は大学で日本語のクラスを取ってるから、少しは書いたり読んだりできるけど。長女は聞けるね、少し。次男は全然だめ。あの子はヨーロピアンタイプね。

うちの長男はすごくアジア的。彼はね、『お母さんの国が知りたい』と言って、奥さんと二人で、七ヶ月も沖縄に行ってたの。お母さんが歩いた道を、自分も歩きたい、って。

みんないい子よ。ほんとにいい子、信じられないくらい。こういう親からね、ああいう子供たちが生まれたのかって思うくらい」

――けれど祖国を離れた異国の地で、たったひとりで子供三人を育てながら生きていかなければならなくなった時、不安ではなかったのだろうか。

「離婚を突きつけられた時には、もう友達もいたし、どんなことがあっても私が面倒見てあげるから大丈夫よって言ってくれる人もいたしね。隣のおばちゃんや、そしてその三軒隣の日系三世の人たち。そういう方たちが、本当にいろいろ面倒見てくれたんです。私はご近所や知り合いの人たちに、ものすごく恵まれていたと思います」

——アメリカで自分は本当に頑張ったな、自分を褒めてあげたいな、とは思いませんか、と私がケイコさんに尋ねると、ケイコさんはこんな風に答えてくれた。

「頑張ってるな、とか、そういう風には思わなかったね。だって子供が非行すればね、頑張ってるうちに入らないじゃない。子供たちが本当に自分の持っている力を出してね、自分が本当に楽しく自分の生活を高校生らしく中学生らしくエンジョイしているのならば、私も自分自身をプラウド（誇り）に思っただろうけれど、そうじゃない。

父親がそばにいなくて、そばにいるのは英語のできない母親。学校の行事にも思うように参加できなかったし、子供たちには惨めな思いをいっぱいさせたと思う。子供たちが通った学校は、パブリック（公立）なんだけれどもエリアが裕福な場所だったからね、ものすごい金持ち学校なのよ。わざわざそこに無理して行かせたわけ。それがよくなかったのかな、って思うくらい、子供たちは、いろいろ傷ついたみたい。白人社会って言ったって、ピンからキリまであるわけだけど、よりによって、その中でもものすごく上流の人たちがいっぱい集まる白人社会に子供たちを放り込んでしまったのよ。そういう中で自分の子供たちが、どれだけ苦労したかっていうのは、簡単に想像できるでしょ。じゃあ良かったか良くなかったかっていうのは、自分もわかんないんだけど、今でも。

私の三人の子供たちは、やっぱり学校生活はつらかった、って言うのね。私はいいと思って入れたんだけれども。だからと言って、そこら辺にある学校に入れたら、また別の問題が起こったかもしれない。そんなことで劣等感をもっているのは大間違いだって、いつも言うのね。人間は違うことは何もないし、みんな同じなんだって。だから絶対に自分を卑下するなって。

私は沖縄での子供時代、自分の境遇を随分恨んだでしょ。また人の境遇を羨んだり。でも今は、こう思うのよ。みんな一人ひとり違う人生。これから私の子供たちが、どういう人生を歩んでいくのか、わからないけれど、三人にはこう言ってるのよ。『どんな人生でも、それがやって来たら、ありがとう、って受け取りなさい』って。Experience is everything（経験がすべて）よね。人生なんて、与えられたものを、経験としてこなしていく。それしかないわよ。だから、どうせなら楽しく、ポジティヴに立ち向かっていく。私はそう思ってる」

――ケイコさんは、とても凛とした態度と表情で、そう言った。

そんなケイコさんに、私はひとつの質問を投げかけてみた。生まれ変わったら、また同じ人生を選びますか、と。

「生まれ変わったら、私はまた同じ人と結婚して、今度こそ最後まで、彼と幸せに暮らしたいわよ」

——私は意外な答えに戸惑って、思わず聞き返した。あの別れた人と?と。

「そうよ。本当にそう思うわよ。もし生まれ変わって、いつの世かわからないけど、来世かもしれないし、また次かもしれないけど。でも必ずまた彼とどこかで出会う、と私は思うのね。その時は必ずまた彼と結婚して、最後まで添い遂げようと思うもの。

私ね、昔の自分から一八〇度変わったと思うの。だから生まれ変わった時に、こんな風に自分が変わったことを、ちゃんと来世で覚えていられたら、絶対に彼と上手くいくと思う。

私はね、もし自分が本当に七十五くらいまで生きるんだったら、結婚するんじゃなくて、誰かいい人を友達にみつけてね、男性よ、もちろん。本当に長くお付き合いして、どれだけ自分が相手の人を大事にできるか、それを私は自分で見てみたいな、って思うの。自分自身を観察したいわけ。やっぱり夫婦で大事にし合って生きていけた人は、死ぬ時違うもの、いい顔しているもの、みんな。老夫婦がね、本当にすべてを委ねあって、許しあって、分かり合って生きている姿を見るとね、結婚っていうのは、素晴らしいものなんだなって思うわね。

勧められて、三回くらい見合いしたことはあるのよ。でも子供たちが小さ過ぎたでしょ。そんな時間も余裕もないし、それに自分自身に全然自信がなかったのね。

私、七十五歳くらいに死にたいと思うのよね。そのくらいで逝くのがいいなって思ってるのよ。それまでは病気もしないで元気で、歩いていてパッと倒れて、そのままあっさり逝っちゃうのがいいかなあ、って」

――ケイコさんは、そう言うと、ころころと大笑いをした。

「苦しまずにね。そんな風に死にたいわよね。神様、それまでは人のためになんでもするし、頑張るから、その願いだけ聞いてちょうだいって、お祈りしてるの。

将来プレスクールの仕事も辞めたらね、やりたいことがあるの。読みたい本があるから、一日中本を読んで暮らしたいわね。それから体の元気なうちに、アンデス山脈とかインドに行ってみたい。憧れなのよ。やっぱり私は、いつもスピリチュアルなものを求めているんだと思うわ」

――ケイコさんはどこかずっと遠くを見るような眼でそう言った。

「私は父や母のことを嫌ったり恨んだりしてきてしまったけれど、今は親って有難いな、産んでくれてありがとう、って思えるようになったの。だから子供たちにも言うのよ。お父さんを大事にしなさいねって。

別れた旦那は、人間として決して悪い人ではないと思うのよ。子供たちはそう思っていないけど。私と別れた後、彼、病気しちゃったの。お酒を滅茶苦茶飲んで、糖尿病になったの。もう注射を見るのも、血を見るのも嫌な人だったのに、自分で注射を打たなければ生きていけないようになってしまったの。なんだか彼、あまり幸せそうじゃないのよ。仕事は二つリタイアしているから、金銭的には全然困っていないんだけれどね。

彼は生まれてすぐにお母さんを亡くしているから、母親との交流がまったくなかったのね。彼が子供たちに対して愛情の表現が下手糞な原因なのかしら、と思ったりね。私ね、小さい頃から、『おかあさーん』って母親に抱きついた思い出がないのよ。子供の頃の記憶って、四歳くらいから残っているんだけれど、その頃から自分が笑った記憶がないのね。下の妹は甘えるのが上手なの。だけど自分は、そういうことができなかった。そういう面では、私たち似た者同士なのよ。こんな夫婦から生まれた子供たちって、かわいそうだ、って思ったこともあったわ。

彼の最初の印象は、感じのいい人。物事を押し付けないしね。日本にいる時なんか、楽しかったわよね。俳句なんか作ったりして。おかしな俳句なんか作ってね。

どんな俳句だったか、私ももう覚えてないけどね、掛け軸なんかに、ひらがなで書いちゃってね。楽しそうだったわね。その頃が彼にとって一番幸せな時期だったんじゃないかなあ。

私、子供たちに言うのよ。自分は嫌な人生を送ってきたけど、今はとても幸せで恵まれた人生を送っているって。子供たちにそう話すようにしてるの。お母さんが幸せになったってことは、彼らは私から生まれてきたわけだから、自分たちも幸せになれる、って思えるんじゃないかと思って。私だって私の母に、『私は幸せだった』って言って欲しかったわよね。そういう母ではなかったわけじゃない。『他の人と結婚できるものだったらしたかった』なんてことを言う感じの人だったわけだから。

『お父さんと結婚なんかしてなかったら……』っていう風にね。長男は私がまさかプレスクールで子供たちの世話をする仕事なんてできると思ってなかったわけ。だけど『私、変わったでしょ?』って訊くと、『お母さんが幸せそうにしているのがわかる』って言うの。You've changed a lot（お母さん、すごく変わった）って。本当に私は変わったの。子供たちの目から見てもわかるくらい。だから子供たちも、『自分たちも幸せになれる』って自信を持っていると思うわ」

——三時間半に及んだインタビューをケイコさんはそう結んだ。

＊　＊

ケイコさんをインタビューした部屋の壁には、いくつもの家族の写真が飾られていた。席を立った私たちは、自然とその写真を眺めながら話を始めた。その中の一枚は、長男アンドリューさんの結婚式の写真だ。花婿は黒い紋付袴、花嫁は真っ赤な艶やかな内掛け姿だ。

「彼女が自分で買ってきたのよ」

とケイコさんが言った。

もう一枚の写真は打って変わって、ハワイアンスタイルの結婚衣装のものだった。アンドリューさんは黒のタキシードの上から長いグリーンのレイを首にかけていて、黒髪を撫で付け、あごにはひげをたくわえている。そしてその左隣には真っ白なウエディングガウン姿の花嫁が寄り添っている。

「ハワイアンスタイルの方は、すごく厳かでよかったわね。そしてこれはアンドリューがハイスクールの時のもの」

赤いジャージ姿の写真があった。

「フットボールの選手だったのよ」

そして次男のケビンさんは、Tシャツ短パン姿で、ワラビー数匹と戯れている。

「彼は、一時期オーストラリアで働いていたことがあるのよ」

そして長い黒髪の若い美しい少女が、ケイコさんとソファに並んで腰掛けている写真。

「これがキャサリンよ」

私が、目元がケイコさんに、よく似ていますねと言うと、ケイコさんは、「彼女は父親そっくりなのよ」と言って笑った。その隣に銀色の小さなフレームに飾られた写真が置かれていた。それは少し色褪《あ》せていた。その写真の中には、白人男性が小さな赤ん坊を抱いて、ソファに腰掛けている。その人は痩せていて、少し癖のある金色の髪を伸ばしていた。

「これがフレッドよ。キャサリンを抱いているの。離婚するちょっと前のものよ」

インタビューの間、ケイコさんの視線は私の肩越しに向けられることが多かった。ケイコさんは、ずっとこれらの写真に向かって語りかけていたのだ、と今ようやく気が付いた。

最後に私は、テレビの後ろの壁に飾られた一枚の大きな白黒の写真に気付いた。首から上のアップの写真で、首をそらせ、右手は美しくポーズをとっている。まるでアイドルのポスター写真のようだ。

「沖縄の画廊喫茶で働いていた時のものよ」

沖縄タイムズの社会部記者がケイコさんをモデルに撮影したものだそうだ。

「ものすごくきれいですね。お子さんたちは、何かおっしゃっていますか」と私が尋ねると、「なーんにも」とケイコさんは言った。

その下にもうひとつ額が飾られている。それはもっと小さな写真だった。

「これもケイコさんですか」

「そうよ、上の写真と全然違う？　ちょっと暗い感じでしょ」

そこには十代のケイコさんの姿があった。豊かな長い黒髪、大きな瞳。まるでハーフのようだ。愛知県の工場で、同僚の男性たちが、沖縄から来た少女たちを見に集まって来たという話が思い出された。

部屋を出る時、私はもう一度後ろを振り返った。新聞記者が撮ったというポートレート。東京で大失恋をして、一度捨てた沖縄に戻った時の写真なのだろう。沖縄と東京を行ったり来たりしていた頃だろうか。フレッドさんとはもう出会っていたのだろうか。もうじき沖縄から海を越えて、アメリカへ渡って行く直前の彼女の姿なのだ。これから起こる様々な試練を、この写真の中の彼女は知らない。けれど未来の彼女は、強い意志でそれを乗り越えていくのだ。それはこの写真の中の彼女の瞳から発せられている輝きが、すでに証明している。ただ当時の彼女はそれに気づいていないだけだ。

私たちの車がケイコさんの自宅前から滑り出した。メキシカンのスーパーやレストラン、そしてタコスを売るワゴンがひしめくインターナショナルブルバードを駆け抜けた。通りを行きかう人々は、みな半袖Tシャツの薄着だ。車の温度計に目をやった。夕方の六時近くだというのに、三〇度もあった。私は助手席の窓を開けてみた。少し生ぬるい外気が私の頬をそっと撫でた。

「私の人生って、なんだかフワーッと過ぎちゃった」

キッチンは子供たちのたまり場、ベトナム戦争、義母から教わった「おふくろの味」

クークラ　京子

――この日、私はコンコードのクークラ京子さんのお宅を訪ねていた。京子さんと私は、ダイニングテーブルに向かい合って腰掛けた。インタビュー用のノートとレコーダーを準備する私に向かって、京子さんは「今日はどんなお話をすればいいんですか」と質問した。私は、日本でのこと、渡米することになったいきさつ、アメリカに来てからの思い出を伺いたいと答えた。アメリカで生きて来て、楽しかったこと、大変だったことを是非お聞きしたいのだと。

レコーダーのスイッチを入れた時、時計は十時四十分を指していた。今日のコンコードはかなり暖かく、涼しいサンフランシスコから来た私は、今日のここの天気に似つかわしくない長袖のシャツを腕まくりしていた。それとは対照的に、京子さんは半袖のブルーのTシャツにベージュの膝丈のパンツという涼しげで軽快なスタイルだ。

「私の人生って、なんだかフワーッと過ぎてきてしまったんですよね。特に大きな苦労とかもなく。私の頭の中が、ポーっとしてるっていうのもあるんでしょうけどね」

――そう言うと、京子さんは眼鏡の向こう側で、ほんの少し目を細めた。前髪をふんわりと額に垂らしたショートカットが、とてもよく似合っている。

クークラ京子さんは、昭和七年(一九三二年)一月二十日に、東京の杉並区に生まれた。

「クークラって珍しい名前でしょ。ポーランド系の名前なんです。うちの主人は、ポーランド人以外の血が全然混じってないんですよ。アメリカ人としては、ちょっとめずらしいんですけどね。アメリカ人っていうのは、みんないろいろ混じってますでしょ。

うちの主人のおばあさんの代で、アメリカに移住してきたんです。そして主人はアメリカ移民として三代目ですね。おばあちゃんが子供の時にアメリカに移民してきたそうです。そしてポーランド系の人たちで、村を築くわけですよ。そしてその中で結婚する。だから他の人種が入ってこなかったんでしょうね」

――京子さんが、クークラ家に入った初めての異人種の花嫁だったわけだ。

「杉並に生まれましたが、七歳の時に母が亡くなって、その時、町田市に移りました。それ以来ずっと町田で育ちました。小田急線の新宿駅と小田原駅のちょうど真ん中辺りですね。私は五人きょうだいの三番目でした。でも四番目の妹が、ちょうど六つの時に亡くなって、だからほとんど四人きょうだいって感じですね。

うちの父はね、建具職人です。父は秋田県の出身なんですよね。うちの父の家は本当にいい家だったんですけどね、十五の時に東京に出てきたんです。

建具っていうのは、障子とか襖《ふすま》をつくるんです。やっぱり襖が一番多かったみたいですけどね。注文が入ると、自分のところで、ひとりで作ります。兄たちは、それぞれまったく違う職業に就きました。建具の商売は父一代だけでした。その父ももう亡くなりました。

母は私が七歳の時に亡くなって、父はその一年後に再婚しました。私が八歳の時です。二番目のお母さんは子供のいない人でした。だからか自分の実の母親同然でしたよ。

新しいお母さんが来ることに対して、私は全然抵抗がなかったですね。うちの二番目のお母さんも秋田の人なんですよ。あの辺でリンゴとかブドウとかいっぱい穫れるんですよね。そういう物をいっぱい持って来てくれたんです。そうしたらうちの父がね、まだ八つの私に向かって、『お母さんって呼んだら、リンゴあげるよ』なんて言うんですよ。その時、私はすんなり『お母さん』って言葉が出たんですね。私って案外、細かいことにこだわらない性格なのね」

――新しい母を迎えた京子さん一家は、とても円満だったという。

「私は昭和七年生まれですから、私たちの代が旧制中学の最後でした。私たちのすぐひとつ下から、新制中学になりました。

私は一番数学が得意でしたね。英語は一番嫌いだった。そんな私が、アメリカに来るなんてね。私が女学校に行って、ちょうど二年で終戦になったんです。終戦後少しずつ、戦争中禁じられていた英語の授業が始まりました。だからほとんど学校では英語の勉強はできませんでしたよね。英語なんてあの頃は興味なかったですね。それで兄にはよく叱られましたけど。

学校を卒業して、日本電気に就職しました。だけど町田から、毎日職場まで電車で通うのが、ほんと大変だったんですよ。横浜線っていってね、八王子から横浜を走る電車があるんです。私は東神奈川で降りて、東横線の工業都市という駅まで通っていました。田園調布からふたつくらい手前の駅でした。もう今はない駅です。満員電車なんか乗るともう大変でした。私は背が小さいから、もう押されると苦しくってね。母がものすごく心配したんです。日本電気では事務の仕事をしました。結局通勤が大変で、一年で辞めました。それでしばらく、うちにいたんです。

うちに出入りしていた植木屋さんがいたんですけど、その植木屋さんのお隣にアメリカのベース（基地）でレイバーオフィサーという役職に就いていた日本人の人が住んでいたんです。うちの父とその方が、植木屋さんを通して知り合いになって、うちでよく将棋をする仲でした。その人がある日私に、『遊んでいるんだったら、ベースで働いてみないか』って言うんです。『英語もわかんないから、だめよ』って言ったんですけどね、『大丈夫だから』って。その人の紹介で、相模原の米軍基地の中にあるアーミーホスピタルの歯科で働き始めたんです。ベースの病院の歯科には、当時、日本人の歯科医や技工士もたくさん働いていました。もちろんアメリカ人もいましたよ。そこでデンタルハイジーニストの仕事をしたらどうだ、と言われました。デンタルハイジーニストになるには、日本では学校に行かなくちゃいけなかったんだけれど、米軍の中だけだから大丈夫、と言われて、それでその職場の歯医者さんたちに教えて頂いて覚えました。歯のクリーニングとかXレイ（レントゲン）とかやりましたよ。あとお医者さんに一人ひとり必ずアシスタントがつくんですよね。そのアシスタントの仕事とかね。日本で言う歯科衛生士の仕事だと思います。

最初は何もわかんなかったですよね。でも仕事するからには覚えなくちゃならないわけですよね。

機械の名前でもなんでも、一つひとつ覚えなくちゃならないわけでしょ。しかも英語でしょ。だからそういうのを、一日にひとつずつくらい覚えていってね。それから私のように基地内で技能的な職に就いているスペシャルテクニシャン向けの筆記試験があって、それを受けなくてはならなかったんです。もちろん英語のテストです。そのテストにパスすると、お給料が上がるんですよね。そのための勉強もやりました。

相模原のベースは五年働いたのかなあ。五年働いて、そこの病院がクローズ（閉鎖）するので、今度は厚木のベースの病院に移ることになったんです。相模原のベースが現在はなくなって、今は桜美林大学になっていると思いますよ。厚木ベースの病院でも同じ仕事をしました。それで今の主人と知り合ったんです」

——京子さんは、そこで一端言葉を切った。

「うちの主人も厚木のミリタリーホスピタルの歯科に勤めていたんです。

主人はネイビー（海軍）だったんですけどね、病院の歯科で事務の仕事をしていました。うちの主人はサプライ、つまり病院で使う薬だとか色んな備品がありますよね、そういうものを管理していました。

私が厚木に配属になった時は、まだ主人は日本に来ていませんでした。主人は一九五六年にアメリカから日本に来て、その時、厚木基地の病院の歯科勤務になりました。そこで私たちは知り合うことになるんです。

私はアメリカ人と結婚するなんてことは、全然考えてなかったんですよね。だけど出会ってから一年くらいしてから主人に何度かデートに誘われるようになるんです。最初は嫌で断ったりしてたんですけどね。

私は割とみんなに好かれたんですよね。一緒に働いているアメリカ人の歯科医の方たちとかが横浜だとか厚木に住んでいたんですけれど、よくお宅に招待されたんです。『キョウコ、今日一緒にうちに来ないか。ワイフが待ってるよ』とか、『うちで一緒にご飯食べようやあ』とかね。そういう時に、うちの主人なんかもね、『キョウコが来るから、お前も来るかー?』って、上の人から誘われて来たりしていましたよ」

——私は京子さんに、ご主人に初めて会った時の印象を尋ねた。

「素朴な人、田舎の人って感じでしたよね」

——そう言って、クスリと笑った。

「主人は結構お酒の好きな人で、飲んでばっかりいる人よ。なんか朗らかな人なんですよね。うちの主人はみんなにマイク、マイクって呼ばれています。だけど本当の名前はバーナード（Bernard）って言うんです。うちの主人、バーナードって名前が大嫌いなんですよ。

親からもらった名前なんですけどね、どうしても嫌なんですって。マイクはミドルネームなんです。

主人は普段はそっちを使っています。主人から、どうして嫌いなのか、特に理由を聞いたことはありませんね。なんとなく嫌いなんじゃないですか」

――マイクさんに何度もデートに誘われながら、断っていた京子さんだったが、ついに彼の誘いに応じて、初めてのデートに出かけることになる。

「映画に行こう、って誘われました。上司のお宅に招かれて、彼もそこで一緒になるってことは何度かありましたけれど、二人だけで出かけたのはそれが初めてでしたね。横浜の映画館でした。何を観たのか、あんまり覚えてないです。アメリカ映画でした。

厚木のベースから横浜まで行くのにね、タクシーで行ったんです。大きなタクシーしか拾えなくて、それで行ったんですけど。主人はあっち、私はこっちの端っこって、すごーく距離を置いて座ったんですよ。今でも主人、その事を言って笑いますよ。

タクシーの中で話くらいはしましたけどね。そばに寄られるのが、ちょっとねえ。『あなた、もう少しあっち行って!』。そんなデートだったんですよ。それからも二人で何度かデートしたんですけど、デートの帰り、横浜辺りからタクシーに乗る時、必ず小さいルノーのタクシーになったんですよね。『どうしてあなた、こんな小さなタクシーに乗るの？　あなた、けちんぼだからでしょ』なんて冗談言ったりしてたんですけど。そしたらね、後で主人がこう白状したんですよ。『小さかったら、二人くっついて座れるからいいんだ』って。そんな理由で、わざわざ小さなタクシーを呼んでたらしいの。うちの主人ってそんな人なんですよね。面白い人なんです」

——京子さんは、そんな素敵なエピソードを私に披露してくれた後、眼鏡のレンズの向こうで両目を細めた。

「主人との初めてのデートと言っても、特に『行きたい』っていう風なのでもなかったんですよね。『あっち座って』とかやるくらいだからね。それで一年くらい付き合ったのかしらね。その頃、私は女友達とアパートに下宿してたんです、厚木の方にね。当時マイクは、何か食べたくなると、材料持って、自分の友達まで連れて、私の下宿まで来るんですよ。『作ってくれないか』とか言って。『スパゲッティが食べたいんだけど、作れるか?』って調子で。その頃は、アメリカ人の同僚のうちに遊びに行ったりして、そこの奥さんにいろんなお料理の作り方を教えてもらったりしてたから、結構いろいろ作ってあげましたよ。今思うと、私って案外アメリカの料理とかを覚えて作ったりすることに興味があったのかもね。小エビのソースだとかパイの作り方だとかいろいろ教わりましたよ。

みんな若いから、食欲旺盛でしょ。マイクもその友達も、みんなまだペイペイで、お金がない人たちだから、なんでもおいしいおいしいって食べてくれましたよ」

——学生時代、英語が一番苦手だった、と話してくれた京子さんだが、マイクさんとコミュニケーションする上で苦労はなかったのだろうか。

「主人は日本語が全然できませんでしたからね。今でも、日本語はわかりませんから。本当に簡単な言葉をいくつか覚えてるくらいでね。だから私たち夫婦は、日本で出会った時から、今までずっと会話は英語だけです。自然と子供たちも全部英語でしょ。だから『しまった、日本語教えなかった』って、後で思いましたよ」

――一九五八年、マイクさんは、日本の厚木基地から本国アメリカに戻ることとなる。

「軍の人たちって、同じところに二、三年勤めるとね、またアメリカへ帰されるんです。主人もアメリカに戻る日が近づいて来ました。主人に『結婚してくれ』って言われたんですけどね。その時、私はこう答えたんです。『私はわからないから、アメリカに帰って。私と離れてみて、それでもあなたが本当に私と結婚したい、と思ったなら、私のところに帰って来て』と、主人に言いました。そしたらすぐに送って来たんです。アメリカに帰国した主人から、すぐに小包が私の元に届きました。中にはエンゲージリングが入っていました。これが、その時の指輪よ」

――京子さんは、そう言うと、左手を私の方にそっと向けた。

「もう四十五年が過ぎました。一度も外したことがないんですよ。これが届いた時は、やっぱり嬉しかったです。

主人のポーランド系の両親は、日本人の私との結婚にとっても反対したんですよね。そして私の両親も外国人との結婚を、とても心配して、反対でした」

――実はマイクさんは、日本での任期を終え、アメリカに戻る前、結婚の申し込みに京子さんの両親に会いに行っているのだ。

「その日、主人は、アメリカ人の友人をひとり連れて、私のうちを訪ねて来ました。彼は結構日本語ができたんです。私に通訳させるよりも、その友人を介して、自分の気持ちを私の両親に伝える方がいい、と思ったそうです。プロポーズされている相手が、アメリカ人だということは、私から事前に話してありましたから、もう前日から、父も母もかなり緊張していたと思いますよ」

――するとそこへ京子さんの夫マイクさんが、外出先から戻って来た。京子さんは、話を中断して、私をマイクさんに紹介した。がっちりとした体格とはやや不釣合いな優しい目元が印象的なマイクさんと私は握手を交わした。日本語がまったくできないというマイクさんは、彼の人生の中でも最上級に緊迫したシーンを、今まさに京子さんが語っているなどとは露とも知らず、「ごゆっくり」と私に微笑むと、奥の部屋に行ってしまった。

「私の両親は、私がマイクとお付き合いしていることは知っていましたから、いつかこういう日がくるんじゃないかと、覚悟はしていたんだと思います。

実は、主人が家に来る前に、私の家族みんなで集まって、事前に主人と私との結婚話について話し合ったんです。もちろん両親には大反対されました。結婚したら、私がアメリカに行かなければならないでしょ。それがやっぱり心配で辛かったんでしょうね。うちの姉なんか、『たった一人の妹なのに、どうして遠いところに行っちゃうの？』って泣いていました。

相手がアメリカ人だとか、外国人だとか、そういうことに関しては、特に何も言いませんでした。とにかく、遠くへ私を嫁がせることが寂しくてならないんです。

でもね、うちの兄が案外さばけた人で、『京子が日本人と結婚したからって、幸せになるか不幸せになるかなんて、わかんないでしょ』って言ったんです。私のすぐ上の兄です。

『そんな事は誰にもわからないんだから、京子の好きなようにさせたら?』と両親や他のきょうだいに言ったんですよ。二番目の兄がそう言ってくれたお陰で、他のきょうだい達も、『まあ、しょうがないか』と思ったみたいです。両親も『京子が幸せになるんだったら、いいだろう』と思ったんでしょうね。だからマイクが訪ねてきた時は、もう家族の話し合いは終わった後だったんです」

——けれど京子さんは、マイクさんからのプロポーズに決断できず、「本当に私と結婚したかったら、その時日本に戻って来て」と答え、マイクさんはアメリカへ戻って行った。そのマイクさんからエンゲージリングが届き、京子さんはマイクさんとの結婚を決意する。

「うちの両親はね、領事館で結婚するだけじゃダメだって言ったんです。結婚式はけじめだから、式はちゃんと挙げなさいって。アメリカ人が外国人と結婚する時は、いろいろ書類を提出させられて、CIAなんかに、いろいろ調べられるんですよね。バックグラウンドなんかを全部調べられるんです。

その時は、私もカトリックの教会に行って、公教要理を習っていました。公教要理というのは、カトリックの教えのベーシックについての勉強なんです。結婚するからには、やっぱりカトリックに帰依して欲しいと、主人に言われたんですね。その教会の神父さんがオランダ人でね、とてもいい方でしたし、私自身、カトリックの教えに納得できたし、カトリックの信者になることは抵抗ありませんでした。

私の両親から、結婚式を必ず挙げるように言われていたので、一九五九年五月十六日にこのカトリックの教会で式を挙げました。南林間のセントマイケル教会です。その後は、ホテルで披露宴をしました。ホテルの名前は覚えてないんですよね。神奈川の南林間のホテルでした。私の方は、両親、きょうだい、親戚、友人を招待しました。主人の方は、両親はアメリカから来られませんでしたから、働いている歯科のお医者さん連中みんなが来てくれました。

にぎやかな披露宴でしたよ。私の両親が、『アメリカまで花嫁道具をいろいろ持たせてやれないんだから』と言って、ウェディングドレスを作ってくれました。昔、横浜の伊勢崎町にヴォーグのブティックがあったんです。結構高かったみたいですよ。私は払ってないから、詳しくは知らないんですけど。

教会の結婚式ですから、父親と腕組んでね、ヴァージンロードを歩きました。私って、そういう場面でも、あまりナーヴァスにならない（緊張しない）んですかね。宣誓も英語でやりましたけど、神父さんが短く区切ってくれましたしね。割とリラックスしてました。

実は結婚式の前に、その教会で私は洗礼を受けたんです。午前中に洗礼を受けて、その直後に結婚式を挙げました。

両親が泣いたかどうか？　どうだったのかしら。両親の顔は式の間は見えなかったから。披露宴の時は、もうみんなニコニコしていましたよ」

――京子さんの口元から、白い歯が覗いた。

「主人は、結婚式の四日後には、もう船でアメリカに発ってしまったんです。私は日本で八月まで仕事をしました。アメリカに行くまでまだ時間があるんだから、もうちょっと勤めて欲しい、って職場のお医者さんたちには言われたんですけどね。でも、いろいろ支度があるからって言って、八月には病院の仕事を辞めて、そして十月に私もアメリカへ渡りました」

――一九五九年十月、京子さんは五ヶ月遅れで、マイクさんの待つアメリカへ単身渡るのだ。

マイクさんと厚木基地の病院で出会ってから、三年の歳月が経っていた。

「横浜から船でアメリカに渡りました。横浜には私の両親、きょうだい達が送りに来てくれたんです。でも船ってあんまりよくないですね。だってずっとみんなの姿が見えるんですもの。みんな手を振っててね」

――私の眼に、昔見た白黒写真が突然浮かんだ。船上の乗客と港の岸壁で船を見送る人々が握りしめた無数の紙テープ。

「そうそう、私の時もちょうどそんな感じだったわよ。みんな泣いてるんですよ。送る側も送られる側も。だけど私は全然泣かなかった。その時の私は、主人に会える、っていう嬉しい気持ちの方が強かったんですよね。船の上から、母が大泣きしているのが見えるんです。みんな泣いてました、兄も姉も。

　私の乗った船は、アメリカ軍の船です。その船に乗っているのは、私みたいに軍の人と結婚した人ばっかり。そういう人しか乗れないんです。私と同様、アメリカ人と結婚した日本人の女性が、結構乗っていました。あの頃、多かったんですよ、日本人女性と米兵の結婚は。一人旅とは言え、同じ境遇の日本人女性と仲良くなったので、船の中では寂しいとかなかったですよね。

　十日間の船旅で、横浜からまっすぐサンフランシスコまで来たんです。プレシディオに入港しました。船が港に着いて下を見たら、もうそこに主人の姿が見えました。以前一緒に働いていた友達が、みんな一緒に迎えに来てくれていたんです。

　一番最初に主人と生活を始めたのが、バレイホでした。
ハイウェイ80に行くと、バレイホっていうところがありますよね。そこにやっぱりミリタリー関係の病院があって、そこの歯科に主人は職を得たんです。仕事の内容は日本の時と同じです。

　まずはアパートを借りました。もう本当に何にもなかったんです。ベッドがひとつポツンとあって、あと椅子が一つか二つあったのかしら。アパートに入ったら、ガラーンとしててね。2《ツー》ベッドルームでした。

お祝いで頂いたものは日本から持っていきましたけどね、家具とかは日本からは持っていかないでしょ。だからアメリカに来て初めて家具なんか用意して。お鍋から何から、ひとつずつアメリカで揃えていきました。楽しかったですね。何もないところから始めてるわけでしょ。

私の主人はミリタリーの仕事だけだと、やっていけないからって、仕事を掛け持ちして生活したんです。ミリタリーの病院の仕事は四時に終わるから、今度は民間の病院の仕事に四時半から行ってね。そこでは看護師をずっとやっていたんですよ。主人は案外努力家なんですよ。私みたいに、なんでも首をつっこんでいたい、っていう性分なんですかね。病院の事務の仕事では飽き足らなくなって、看護師の資格を取ってしまったんです」

――私は、「マイクさんは京子さんのどういうところを見初めて、結婚を考えたと思いますか」と質問してみた。

「そうねえ。のん気とか、案外物事にこだわらないところとか、一緒にいて朗らかっていう感じが合ったんじゃないかしらね。案外、私たち性格似てるのかもね。のん気屋さんで。だからこんなに太るんです」

――多くのアメリカに渡ってきた日本人女性のように、京子さんも渡米直後は、アメリカ生活に馴染めず、寂しい思いをしたのだろうか。

「あの頃、若いうちは、二人で遊ぶのが忙しくてね。お友達がいたから、お友達と誘い合わせて釣りに行ったりすることが多かったわね。だからウィークエンドなんて、うちにいたことがないですよね。友達がいないから寂しいとか、そういうのは全然なかったんですよ。というのは、私は以前厚木ベースで働いていたでしょ。その時一緒に働いていた人たちが、サクラメントだとか、サンタクララだとかにいたんです。だから最初から寂しいとかそういうことを経験せずにすみました。そういう人たちが、『キョウコ、うちにご飯食べに来る?』なんて誘ってくれたんです。そして招かれたお宅で、また料理の作り方をいろいろ教えて頂いたりしましたね。

日本の食事が恋しい時は、当時バッカヴィルに日本のお店がありました。日本のグロッサリーが一軒。それにサンフランシスコにも魚喜《うおき》さんとか日本の食材を扱うお店が、あの頃からありましたからね。だから日本の物が食べたくなっても、アメリカにいながらなんとかなりました。それに私は、日本の米軍キャンプで仕事をしていた時代から、アメリカ人家庭に食事に招かれても、馴染みのない料理はいやだ、とかそういうことは全然なかったですからね。ただ唯一嫌いだったのはオリーブです。あの黒い実の。あれだけはダメでした。

でも今は好きですよ。今はこっちの物で嫌いなものなんて全然ないです。かえって日本の物の方が苦手な物があるくらいです。納豆とか臭いがあって好きじゃないですね。『東京の人で納豆嫌いな人、初めて聞いた』なんて言われるんですけどね。

主人は、日本食はあんまり食べない。せいぜい日本のテリヤキとかね。私は、こちらの料理は好きなんですけど、ただ年とってきたせいか、やっぱり日本の物の方がいいですよね。若い頃は、ただご飯さえあればよかったんですけど。

私、ご飯がなくちゃダメなんです。あと日本語の本。本がないとホームシックになるんです。読むのは、ほとんど小説ですね。本はサクラメントの日本書店から取り寄せたりしていましたね。『オール読物』とか定期購読していました。日本にいる頃から愛読していたのでね。船便で来るので、一ヶ月遅れでした。

当時バッカヴィルという町には、日系人の方が結構いましたね。大きなバーみたいな店があって、そこで日本の映画を上映してくれるんです。うちの主人が、私をよく連れていってくれました。私はその頃、運転しませんでしたから、主人の運転でいろいろ出かけました。

私は、一〇〇パーセント主婦です。うちの主人が歯科で働いていたから、主人の勤務先の歯科医の方がリタイアして、ご自宅で開業した時なんかね、『ちょっと手伝いに来てくれない?』なんて言われて、行ったりしたことはありましたけど。こちらでデンタルハイジーニストの資格を取るための学校に通えばよかったのですけどね。でも主人に『いずれは子供を産んで、お母さんになるのだから必要ないよ。その分、自分が働くから、うちにいて欲しい』と言われたんです」

――「外で働きたい、とは思いませんでしたか」と尋ねると、「そういうことはなかったですよね。家にいることは苦になりませんでした」と、京子さんは答えた。

京子さんはその後、マイクさんとの間に三人の子供を儲けた。

「三人とも娘です。最初の子は一九六〇年、テレサ。二人目は一九六二年、ジョーン。この子はジョニーって呼んでいます。そして三番目が一九七一年、ダイアナ。

初めての出産は逆子だったの。ちょっと大変でした。立会い出産？　いやいや、あの頃はまだ立ち会うとか、全然なかったです。三番目はグアムで生まれました。ちょうど主人がグアムに赴任して、家族で行っていたんです。

上の子はまだ結婚していません。リバモアに住んでいます。ハイスクールの先生をしてます。二番目はワシントン州にいます。ハイスクールで事務の仕事をやってます。この子は結婚していて、子供が二人います。男の子は今年から大学二年になります。二番目の女の子がハイスクール卒業なんですよ。それで今月の十日にね、この子の卒業式に出るため、主人とワシントンに行くんです。

それで一番下の娘が、結婚五年目で初めて男の子を出産したんです。今年の二月二十五日に。彼女はヘイワードの大学でマーケティングを勉強して、今はアラモでマーケティングの仕事をしています。去年、ウォールナットクリークに家を買って住んでいます。おととし、この娘《こ》の夫がＵＣＬＡでＭＢＡを取ったんですよ。お婿さんが卒業したのを機に、ロサンゼルスから引越してきたんです。彼は今、サンフランシスコで働いています。

ダイアナは出産後、仕事を二ヶ月間休みましたけれど、もう今は仕事に復帰しています。

だから毎週木曜日は、私が娘の子供をベビーシットするんですよ。私も忙しくしてるから、孫を預かってやれるのは木曜日だけなんです。

ひと月に一回なんですけど、ホームレスの人たちへ無料でスープのランチを配るボランティアを、この町の教会でずっとやっています。二百人とか来るんですよ。朝の九時に集まって、みんなでスープを作って、集まったホームレスの人たちにサーブする（配る）んです。セントマイケルの教会でやっています。そして片付けて帰るのは一時半とか二時。

スープランチのボランティアは三年位やっているので、顔なじみのホームレスの人たちも結構います。来たら、『はい、はい』って、サーブしてあげて、彼らも食べ終わると、『おいしかった、サンキュー』って言って帰るわよ。

彼らの年齢や人種は様ざまですね。東洋人の人も二、三人見かけたことがあるけど。一人の人は、日本人なのかコリアンなのかわからないんですけど、私がやっぱり東洋人でしょ。私の存在に気づくと、スーッと向こうの方に行ってしまうんですよね。なんか恥ずかしいって思うんですかね。だから私はなるべくその人のことを見ないようにしているんですけどね。そんなことがありますよ。ボランティアのメンバーは私以外みんな白人です。ちょうど私と同世代のお年寄りばかりです。若い人はあまり参加しないですね」

――その時突然、キンコーン、キンコーンと掛け時計のオルゴールの音色が賑やかに部屋中に響き渡った。

「末の娘がね、赤ちゃんに日本語で話しかけてくれ、って言うので、日本語であやしてます。私の子供たちは日本語は全然ダメなんです。あの頃はねえ、子育てする時はもう夢中で、日本語なんてことは思いもしなかったの。三番目になってやっと、自分に余裕が出てきたんですね。上の子二人はもう大きいでしょ。結構下の子を見てくれるしね。だから『この子に日本語教えたいなあ』って思ったんですね。そしたら上の二人が、It's not fair!（不公平だ！）と言ったんですよね。一番下の子に日本語で話しかけると、上の二人が、『自分たちには何を言ってるかわからない』って文句を言うんですね。だから結局日本語は覚えさせられませんでした。日本のおばあちゃんとコミュニケーションが取れなくて、かわいそうだったんですよね。かえって孫の方がわかります。二番目の娘の長男は、お父さんの仕事で日本に一年くらい行っていたんです。日本ではアメリカンスクールに通ったんですけど、でもひらがなが書けます。カタカナはわからないみたいですけど。孫は今、大学でインターナショナルビジネスを専攻しています。だからいずれは、日本にインターンとして行きたいみたいです。私の故郷、日本にとても興味を持っています。

次女の主人は子供の時、父親の仕事でハワイに住んでいたからかしらね。婿は白人ですけれど、彼は日本食をなんでも食べます。納豆だけはダメですけど。あそこのうちの子はポテトかご飯か、って訊いたら、ご飯をとりますよ」

――アメリカで子育てを夢中でやった、と話していた京子さんだが、日本とは教育の環境がまったく違うアメリカでの子育てはどうだったのだろうか。

「私が教えたのは数学くらいでしたね。英語なんかはやっぱり私はハンデがあるから、教えられないでしょ。でも娘たち三人はみな、学校ではいつもいい成績を取ってきてたんです。だから学校のことで、苦労したことは全然ありませんでした。子供のことで苦労ってないんです。上の子も、フワーっと育ってしまって。二番目の子はやっぱり自己主張の強い子でしたね。二番目っていうのは、みんなそうみたいですよね」

――日本とポーランドの二つの血を引く三人のお子さんは、例えば自分のアイデンティティーについて考えたり悩んだりした、なんてことはなかったのだろうか。

「全然ないみたいですよね。大学に行って寮に入った時に、『あなた何系?』って訊かれたそうです。メキシコ系とかヒスパニック系に見られることが多かったらしいですよ。

日本人と白人のあいのこでしょ。髪の毛は案外黒かったんですね。何系かって訊かれて、お父さんはポーランド系でお母さんは日本人だと言うと、友達が『あー、ジャポーだ』って、あだ名を付けられたんですって。だけど、それでうちの娘は気にしたりしないですから。

あっけらかん、っていうのは血筋なんですよね。二番目の子なんかに子供の頃、私よく言ってたんですよ。『日本人だからって卑下することはないのよ。日本人っていうのは、すごく頭がいいんだから、You should be proud of yourself（自分に誇りを持ちなさい）』ってね。よくそう子供に言ってたんですよね。その頃、軍の中のハウジングに住んでいて、新しい子供が引越してきたんです。その子がうちの次女に『あんたは誰だ？』って訊いたんですって。そしたら娘は『I'm fifty fifty』って答えたそうなんです。引越してきた子が、フィフティ・フィフティってなんだろうな、って思ってね。後で私にどういう意味だって訊いてきたんです。それで私が「ポーランドと日本の血が半分ずつ入ってる、って意味だと思うわよ」って答えたら、あーそうかって納得してましたけどね。『自分は日本の血が流れているから、自分はすごく頭がいいんだ』って娘は言ったらしいんです。

あの子たちはね、やっぱり両親に似たんでしょうね。のほほーんとしているから、差別とかそういうの、もしもあったとしても、あまり気にしなかったんじゃないでしょうかね。うちの兄がよく私にね、『あんたは大陸性の気性だから』って言ってましたよね。その場その場で、誰にでも合わせていける、細かいことを気にしない性格だそうです。多分それがアメリカで暮らしていくには、よかったのかもしれないわね。この性格は父譲りじゃないかなあと思うんですけど」

——今度は、夫マイクさんのことを、もう少し訊いてみた。

「主人はもう完全にリタイアして、仕事はしていません。これからは二人で好きなことをやっていこう、と話しています。

主人は、一九三四年四月十七日生まれです。私より二つ下です。生まれはネブラスカ州で、アイダホ育ち。カリフォルニアに来たのは、軍に入ってから。それでそのままこの土地を選んだんです。まだ軍にいる間に、このうちを買いました。

主人も割と物事をあまり気にしない方ですね。結構、開けっ広げっていうのかしら。それと怒るってことが、あんまりないですね。

激しい夫婦喧嘩なんていうのもないです。怒るっていったら、私がひとりで怒ってるって感じで。私はワーッと言っちゃうと、もう気が済んじゃうんです。うちの主人なんかは、その間、黙って聞いてるんです。そしてその後で、『That's all?（終わった？）』って言うんですよ。そんなもんだから、この人とあんまり喧嘩にならないですね。それで上手くいってるのかしらねえ。

私たちの家庭は、何か大きな問題が起きたなんてことも全然ないです。ただ軍にいるから、主人と一年間離れ離れになったことが、二回ほどありました。そのうち一回はベトナム戦争。うちの主人は医療関係でしたから、前線の方に行かなければならないんですよね。主人は歯科で、医薬品の調達を担当していました。

主人は、一九六二年に単身沖縄に一年間赴任しました。これが最初の家族離れ離れです。そして一九六三年から二年間、今度は家族でハワイに行きました。そしてハワイからまた家族みんなでネバダ州のファーロンに五年間行きます。それから主人の軍勤務最後の一年間に単身でベトナム戦争に行ったんです。十四ヶ月行っていましたね。その一年は、もう毎日心配でした。一緒に働いていたお医者さんたちの家族とか、家族ぐるみのお付き合いをしていた人たちがたくさんいましたから、その人たちが心配してくれて、『どうしてるかー？』って、毎日電話をしてきてくれました。本当に皆さん親切で温かくて、とっても励まされました。私って、そんな感じでアメリカの皆さんの輪の中に自然と入っていった、というか、受け入れてもらえましたね。だからいつも一人でいるってことがないんですよね。

ベトナムの主人と連絡する時には、通信機っていうのを使うんです。ベトナムの戦地にいる主人から通信機を使って、自宅の電話に連絡が入るんです。なんか話した後には、必ず『オーバー』って言うんです。そうすると向こうがまた話し始めて、終わるとまた向こうも『オーバー』って言ってね。そうやって話すんですよ。私の方からはかけられないですからね。必ず向こうから連絡が入るんですね。

音声はクリアでしたよ。一回かかると、大体五分くらい話したでしょうかね。滅多にかかって来ません。一年行っている間に、二回くらいだったでしょうかね。手紙は毎日書きました。あとクッキーを焼いて、一週間に一回くらい小包を送ってました。その中に子供たちの声を録音したテープや写真を一緒に入れてね。軍の飛行機が届けてくれるんです。向こうからも手紙がしょっちゅう来ました。あの子たちの誕生日っていうとね、一ダースのローズを送ってきてくれたり。戦地にいながら、そういうことができたんですよね。とってもいいお父さんなんです。

私は子供たちに厳しかったから、彼は子供にはとても甘かったんですよね。娘三人は、お父さんっ子でしたよね。娘たちが小さかった時、夜中におしっこで目を覚ますと、私じゃなく必ずマイクを起こしてたのよ。

日本では年上の人を敬うという考えがあるでしょ。そしてアメリカのいい所は、何かしてあげると、気軽にサンキューって言うでしょ。アメリカに来たばかりの時、あれは本当に素晴らしいなと思いました。子供たちには、そういう二つの国のいい面を身につけて欲しいと思って育てました。

私がアメリカのいいなと思うところは、アメリカ人って案外物事にこだわらないっていう人が多いところですよね。日本人って何か頂いたら、なんでも『はい、お返し』ってやるでしょ。だから日本に帰る時は、必ずお土産が必要ですよね。だけど日本からアメリカに帰ってくる時は、別にお土産なんて必要ないでしょ。私は日本式にして、本当にささやかな小さなものを買ってきて、まわりの皆さんに差し上げるんですけどね。そうすると、みんな『サンキュー、サンキュー』って喜んでくれますよね。そういう風なところは、日本のお土産という習慣も悪くないと思いますけど。でも頂いたからすぐにお返しっていうのは、もう私はしないです。日本式よりアメリカ式の方が、なんかさっぱりしてていいです。私なんか、自分が何か作ったりして、それを誰かに差し上げたりするんですけど、別にお返しを頂こうと思ってやるわけじゃないですからね。サンキューって言葉を聞けば、それでいいわけ。そういうアメリカ的な方が、さっぱりして私は好きですね」

――二人の結婚は、当初マイクさんの両親の反対にもあった。どのようにして両親が京子さんとの結婚を認め、そして京子さんはどのような関係をマイクさんの両親と築いていったのか、ということに話が及んだ。

「初めてアメリカに来た年のクリスマスに、アイダホの主人の親のところに行って、クリスマスとお正月を一緒に過ごしました。そこに十日間くらい滞在しました。とってもいい人たちでした。

主人の両親は、日本人の私との結婚にとても反対していました。ところが最後には私たちの結婚を認めてくれたんです。ちょうど私たちの結婚話が持ち上がっていた時に、両親の通うカトリックの教会にドイツから来た神父さんがいらしたんです。両親はその神父さんに、『うちの息子が日本人と結婚したいと言っているんだけど、自分は心配でしょうがない』と相談したらしいんです。そしたらその神父さんが『ああ、それはいいことだ』と言って、日本人のいいところをいろいろ言ってくれたそうなの。『あなたの三番目の息子さんは、きょうだいの中で一番幸せになるよ』って。日本人の奥さんは本当にいい人だから、幸せになるよ、って言ってくださったそうなんです。神父さんの話を聞いて、主人の両親は、すっかり安心したらしく、それで私たちの結婚を許してくれたんです。

夫の両親に初めて会った時も、ですからとてもいい感じでした。私のことをしっかりハグしてくれました。それから『自分の家だと思って、好きなようにしてちょうだい』と言われました。

アイダホの両親の家に行った時、その教会に行って、神父さんにも会いました。『夫婦の間では、隠し事とかしないで、なんでも分け合って、やっていきなさい』と言われました。

今でも私たち夫婦は、なんでもオープンにやってます。私たちはなんでもフィフティ・フィフティなんですよ。うちの主人は、なんでも手伝ってくれるし。子供たちが小さかった頃はね、よく子育てにも協力してくれたしね。だから夫婦間の悩み事っていうのは本当になかったんですよね。私たちがそのアイダホの教会のミサに行くと、その神父さんは、『いつもあんたの方を先にみつける』と私に言ってくれます。本当に私は恵まれている、と思います。

私は、遠く離れて何もしてあげられない日本の両親の代わりに、アメリカのマイクの両親を自分の本当の親と思って接しました。だからなのかしらね、お義母さんとは、まるで本当の母と娘みたいに、すごくよく、なんでも話し合いました。アイダホに行ったら夜中の二時頃まで、お義母さんと話してました。

普通のねえ、なんでもない話なんです。子供の育て方とかね。うちの主人が『頭洗ってくれないか』とか『コーヒー入れてくれないか』とか私に言うでしょ。そうするとお義母さんがね、『あんたなんで自分でやらないの』って、いつも私の味方してくれるの。

私はお義父さんよりお義母さんの方が好きでした。お義父さんは、どちらかと言うと寡黙な人でした。お義母さんの方が、なんでも話せるって感じ。

お義母さんには、お料理をたくさん習いました。ターキー（七面鳥）の焼き方を教えてくれたのも、お義母さん。一から手をとるように、何から何まで教えてくれたのがお義母さん。だから私の料理はお義母さんの味になってるから、うちの主人も喜んでくれているみたい。やっぱりいくつになっても母親の味っていうのは、忘れられないですものね。

うちの子供たちも言いますよ。ターキーのスタッフィング（詰め物）なんかは『やっぱりママのが一番おいしい』って。おばあちゃんから受け継いだ味なんです。

マーサ・スチュアートってご存知？ あの人がポーランド系なんです。テレビであの人のお料理しているところを見るとね、ターキーの焼き方もスタッフィングの作り方も、義母とおんなじやり方してるんですよ。ポーランド系だからだわ。へー、なんて思いながら見るんですよ。うちの子たちがお嫁に行って、向こうの両親の料理を食べるでしょ。『あんまりおいしくないよ。やっぱりママの方がおいしいよ』って言いますよ。だからママの味っていうのは、しっかり頭に刻まれているんですね」

――京子さんは笑顔でそう言うと、一旦言葉を止めた。

「主人の母は、もう亡くなりました。十一年経ちます。ほんと寂しかったですね。お義母さんは自分の娘よりも、私をかわいがってくれたのでね。病院で、お義母さんが最期にほとんど何にもわからなくなった時でも、私がご飯を食べさせるでしょ。お義母さんは、ちゃんと口を開けて食べてくれるんです。うちの主人の妹に、『あなたも食べさせてあげたら』と言ったけれど、『私がやると、絶対に食べてくれないからイヤだ』と言うんです。本当に最期が近づいて来ると、お義母さんの意識は朦朧としていたのですけれど、それでもお義母さんは、私のことはわかったみたいなんです。

義母は九十一歳になるちょっと前で亡くなりました。老衰です。私と主人は、義母の最期を看取ることができませんでした。主人は仕事があるし、私も子供たちのこともありましたからね。お義母さんは大丈夫そうだ、と言うことで、一度家に帰ることにしたんです。それから三、四日後に亡くなってしまいました。

私たちの結婚記念日は五月十六日。主人の母が亡くなったのも、同じ五月十六日だったんです。そして次の年の五月に、日本の私の母が亡くなったんです。だから五月はいろんなことがあって、なんか思い出深いですよね。それからこの間の五月には、主人の一番上のお兄さんのお嫁さんが亡くなってね。それでうちの主人が『僕らには、五月はあんまりいい月じゃないねえ』なんて言っていました。

お義母さんは、本当にいい人でした。外見はふくよかで、話す時は、すごく小さい声でしゃべるんです。とっても話をよく聞いてくれる人でした。お義母さんは、お義父さんに言えないことなんかあると、『お腹にしまっておくのが大変だから、キョウコ聞いてくれる?』なんて言って、いろいろ私に話をしていましたね。

お義母さんの両親の代でアメリカに渡って来たそうです。何かお百姓みたいなことをアメリカに来てからやったんだと思います。そして私の主人の父は、鉄道関係の仕事に就いていたそうです」

――京子さんは、話を続けながら、空になった私のカップにお茶を注いでくれた。

「お義母さんとの関係は、本当に良かったと思います。いろんなことを教えてもらいましたから。こんなことがありました。お料理の本を見ながら、お義母さんと料理を作っていて、『この本いいね』って私が言ったんです。そうすると必ず次に両親の家に遊びに行くと、義母はその本を私のために買っておいてくれるんです。『買っておいたよ。あんたこれ好きって言ってたでしょ』って。そんな風に気の付く人でした。年取ってからはね、お義母さんにここへ来てもらって、ひと月以上一緒に過ごすということを、ずっと続けていました。

私も楽しみでしたね。義母はなんでも作ったものをおいしい、おいしいと言って食べてくれましたしね。あの人はご飯が好きでしたよ。ポテトしか食べなかった人がね、主人と私が結婚して、ご飯食べるようになったんです。お義母さんは『ご飯の方が好きだから』と、付け合わせに必ずご飯を食べるんです。アメリカではお肉とポテトっていうのが必ずあるんですけど。義母はお肉とご飯の取り合わせを気に入っていました。

うちの家族はみんなご飯が好きですね。この間も娘がひょっこり現れて、帰る時に『サンドイッチ作って持たせてあげようか』と訊いたら、『ママ、おにぎりの方がいい』って言うんです。我が家はそんな風です」

――京子さんが一呼吸ついた時、私は「理想的なご家族ですね」と言った。

「理想的ってわけじゃないです。ただ、ずーっと平凡に来ただけなんです。だからあんまり波風っていうのがなかったですね」

——そう自身の人生を振り返る京子さんだが、女学校に通っていた夢多き年頃には、どんな未来を思い描いていたのだろうか。

「戦争中でそんなこと何も思っていませんでした。もう日々生きていくことだけで大変でしたから。夢なんて全然。今日死ぬか、明日死ぬか、みたいな状況でしたからね」

——そんな青春時代を過ごした京子さんにとって、今のこの穏やかな暮らしは、かけがえのない宝物なのだろう。

「子供たちは、しょっちゅう友達をたくさんうちに連れて来てました。ここにたくさん座ってたのよ。ランチなんかに来るとね、1《ワン》ローフのブレッド（パン一斤）が、もうみんななくなっちゃうんです。ミルクなんか大きいのを買っておいても、あっという間に空になっちゃう。それでも私、一切文句言いませんでした。娘の友達がどんな風な子かっていうのが、よくわかるわけでしょ。『ぼくのうちはね、食べるものが何もない。このうちに来ると、いつも冷蔵庫いっぱいだねえ』なんて言っちゃってね。

いつも、この部屋が子供でいっぱいなの。溜まり場でした。いまだに二番目の子の友達とか来るんです。『ママー、げんきー?』なんて言ってね。一番上の子は、そんなに大勢は連れて来ませんでしたけど、いいお友達が来てました。次女と三女は、もういっぱい連れて来てました。私はおしゃべりには入んないです。ただ私もキッチンにいるから、みんなの声が聞こえるでしょ。子供たちはこのテーブルに座って、食べたり、おしゃべりしたり。食べ物は、私が出してあげるんじゃなくて、もう子供たちが勝手にね。だから冷蔵庫にある物、なんでもなくなっちゃうの。お友達はしょっちゅう泊まりにも来ました。高校の時、ある子がひと月以上うちにいたことがありましたよ。うちの子が『ママ、親と上手くいってなくて悩んでいる子がいるんだけど、自分の家にいさせていいか』って言うんでね。『はい、どうぞ。うちにあるものなら、なんでも食べていいわよ』って言って、しばらく泊めてあげました。

卒業してからも、何度もここに集まったりしていましたよ」

——京子さんの周りには、たくさんの人が集まってくるんですね、と私は言った。京子さんは、笑って頷いた。その時、掛け時計のオルゴールが、また鳴り出した。それは賑やかで温かな音色だった。

「主人とまた日本に行きたいね、と話しているんですよ。娘たちは、そんなに日本には連れていっていません。うちの兄が連れてこい、連れてこい、って言うんですよね。自分が飛行機賃出すから、おいでよって。子供たちは、日本のおじいちゃんにもおばあちゃんにも会っています。うちのおじいちゃんは、やっぱりおんぶしたり、手を引いて散歩に連れていったり、いろいろしてましたよ。末娘は、最後に日本に行ったのが十歳の時なので、あんまり覚えてないんですね。ただ弟の奥さんが一番好きだったみたいですよね。そんなことをよく言ってましたよ。またみんなで行きたいですね。ところでお時間は大丈夫ですか。一時過ぎよ。お昼ご飯を作ってあるんですよ。別にねえ、大したものは作ってないんですけど」

——京子さんはそう言って、奥のキッチンに立った。十時四十分にインタビューを始めてから、時計のオルゴールが鳴るのを三度聞いたことを思い出した。

「小さなお子さんもいらっしゃるから、ご飯も用意しますね」

——京子さんの声を追いかけるように、電子レンジのスイッチを入れる音が軽快に響いていた。

＊　＊

二時間半のインタビューを終えた後、京子さんは、私と夫と息子をランチに招待してくれた。京子さんは慣れた手つきで、次々とテーブルに料理を運び出した。

京子さんはとても勧め上手だ。

「これ子供のおやつにいいのよ。市販の物は甘過ぎるから」と息子に手作りのブルーベリーマフィンを渡してくれ、「娘は、さっぱりして好きって言うわよ。太らないから、いっぱい食べて」と、こんにゃくの酢味噌和えが置かれ、「私は普段漬物はあまり食べないんだけど、食べてみて」と、きゅうりの浅漬けが現れ、「これ日本から送ってきたの。インスタントだけど悪くないわよ」とお椀にお湯を注いでくれた。シジミとわかめのお吸い物だ。他にもひじきの煮物、炊き込みご飯。次から次へとテーブルに現れる。どれもおいしく、どれも温かい。京子さんのお嬢さんたちが、たくさんの友達を呼び、そしてその友人たちは、京子さんのいるこのキッチンの虜となり、何度も足を運んだ。ここがいつもたくさんの子供たちでいっぱいだったわけが本当によくわかる。

「こういう和食は、マイクは全然食べないの。だから日本人のお友達が遊びに来た時くらいしか作らないのよ」と京子さんは言った。

キッチンに現れたマイクさんに、京子さんが「コーヒーは?」と訊く。マイクさんは、いらないよ、と答えた。

「主人はディナーだけ、しっかり食べて、あとはほとんど食べないの。同世代の友人がよく亡くなるのよ。それですごく食生活を気をつけ始めたの。あとリタイヤして、ずっと家にいるでしょ。毎回毎回、私に食事の支度をさせるのは悪いって思うみたいなの。時々ランチを食べたい時は、自分で勝手に何か作って食べてるわね。あの人は、そういうところがあるのよね」

京子さんはマイクさんの大きくて広い背中を目で追いながら、そう言った。

それから間もなく、マイクさんが現れ、私たちがゆっくり食事ができるようにと、息子を抱っこして、自分の部屋に連れていってくれた。

「あの人って、そういうところがあるの」

京子さんのさっきの言葉が、私の頭の中に、もう一度浮かんだ。

ランチの後、私と夫もマイクさんの部屋を見せてもらった。京子さんが「私、あの部屋嫌いなの。いつもドア閉めておくの」と言ったその部屋は、ガレージを改良したマイクさんご自慢の場所だ。天井から日本の観光地のキーホルダーがいくつも吊り下げてあり、その下に置かれたCD棚には、日本酒の大関のラベルが入れられた額が立てかけられていて、テレビ棚の両脇にブッダと水牛の木彫りが置かれている。そのすぐ脇に据えられたアジア風の木製カウンターの上には、ジュースのボトルやチョコレートがある。そしてキッチンに通じるドアのある壁には、家族が写ったお気に入りの写真がたくさん飾られていた。部屋のちょうど真ん中辺りに、一人がけのカウチが置かれ、大好きなものに囲まれて、ここでリラックスするひと時が、きっとマイクさんの至福の時間なのだろう、と想像した。京子さんは、「へんてこな部屋」と言ったけれど、この部屋は、マイクさんが作り出した日本なのだと思った。京子さんの国を知りたい、理解したい、感じたい。そんな思いが、この部屋を創造したのではないかと、私には思えてならなかった。

マイクさんは太い腕で私の息子を抱き上げ、お気に入りなのだというミッキーマウスの人形を見せてくれたり、自分のお腹をポンポンと叩きながら、「ブッダ！」と、おどけて見せたりしてくれた。

「おかしな部屋でしょ」

京子さんは苦笑いを浮かべた。

最後に私は、お二人の写真を一枚撮らせて欲しいと頼んだ。私がカメラを構えると、マイクさんは、本当に自然に京子さんの腰に手を回し、優しくレンズ越しに微笑んだ。京子さんの笑顔も今日一番輝いていた。その時ふと、京子さんがランチを食べながらしてくれた話が思い出された。京子さんの姪御さんが日本から新婚旅行でサンフランシスコに来た時のことだ。

「ここに遊びに来た時、姪の旦那さまが、ちょっとブスっとした顔をしたの。私が、『どうしたの？』って訊いたら、姪は『いいの、いいの。もうわかったから』って言うのよ。私、言ったのよ。『夫婦四十年やってたって、わからない事があるのよ。昨日今日一緒になったあなた達に何がわかるの。相手の気持ちがわかるまで、ちゃんと話をしなさい』って」

京子さんとマイクさんを結びつけたアイダホの神父さんの、若かりし頃の二人へのアドバイスを思い出した。その言葉を守って共に生きてきた二人ならではの素敵な笑顔が、レンズを見つめていた。

「うちの主人おとなしいから、こんなにたくましくなっちゃった」

難病の息子、アルツハイマーの母の呼び寄せ介護

ビアード 百合子 エイミー

――私と夫と次男坊は、エルソブランテで九人目のインタビューをするために、身支度を整え、朝九時前に家を出た。私たちは、サンフランシスコ州立大学に隣接したパークマセッドという住宅地に暮らしていた。この地域は本当にいつもどんよりと分厚い霧が、頭の上に重く立ちこめている。ところがこの日の朝は、霧はすっかり晴れ、雲ひとつない澄み切った青空がどこまでも続いていたのだ。ただそれだけのことなのに、家の前から駐車場までの足取りが軽かった。空が青いというだけで、何かいいことがありそう、という根拠のない幸福感が胸にこみ上げて来る。

夫は、息子をバックシートのチャイルドシートに手際よく座らせ、私は、その隣にダイパーバッグと取材道具を詰め込んだ自分のバッグを放り込んだ。車もきびきびと通りへと滑り出た。私の腕時計は八時五十分を指していた。

エルソブランテのエイミーさんの自宅に到着したのは、約束の十時ちょうどだった。夫がエイミーさん宅のドライヴウェイに車を停めていると、玄関のドアが開き、中から一組のカップルが現れた。エイミーさんとその夫ロンさんだ。エイミーさんは白いポロシャツに足首の覗くデニムパンツという姿、ロンさんはブルーの半袖シャツにジーンズ、頭にはキャップを被っている。

二人は私たち三人を家の中に招き入れた。中に入ると、ロンさんはすぐに私の二歳の息子に小さなフットボールとＪＡＬの飛行機のオモチャをプレゼントしてくれた。息子はちょっと恥ずかしそうに、けれど大喜びで、それを受け取った。そして私がエイミーさんをインタビューする間、夫と息子はロンさんに近くのハーバーに連れて行ってもらうことになった。そこにはロンさんのボートがあるのだという。

エイミーさんに勧められ、私はリビングのテーブルに腰掛けた。すぐ隣にはガラス戸の戸棚が置かれていて、そこには日本人形や扇、家族の写真、そして何か家族の願いを叶えてくれたに違いない両目の開いた赤いダルマなどが、コーヒーカップや洋酒のボトルと一緒に三段ある棚いっぱいに飾ってある。

私がバッグからノートやレコーダーを出して準備をしていると、玄関の方から声がして、エイミーさんとともにもう一人女性が部屋に入って来た。突然の来客よ、とエイミーさんが笑いながら言った。エイミーさんの日本人の女友達が、今日私がエイミーさんをインタビューすることを知らずに、ふらりと立ち寄ったのだ。彼女も交えて、エイミーさんのインタビューが始まった。

「どんな質問をするの？　年齢は言わなくていいのよね」

——エイミーさんは私の真向かいに腰掛けるなり、そう尋ねた。私が、「年齢は伺いませんけど、生年月日は皆さんに答えて頂いてるんですよ」と言うと、「それじゃあ、同じことじゃない」と大きな声で笑った。

「私の名前は、百合子　エイミー　ビアードです。Beard、あごひげよ。アメリカに来た時、私、このラストネームで、ものすごくトラブル続きだったのよ。「Oh, you own a great company!（まあ、あなたすごい会社を経営してるのね）」とか言われちゃって、ほらAmy's Breadって有名なパンの会社があるじゃない。あとは鳥。Birdと聞き間違う人がいるのよ。私がビアードと言ってるのに、ブレッドとかバードだとか言われて。本当にややこしいラストネームの人と結婚しちゃったなあって、悩んじゃったわよ。発音が難しいのよ。

前からエイミーって使っているんだけど、これは私の本当の名前じゃないの。私ね、百合子って名前が嫌いなのよ。小学校の時、私がうんと仲のいい同級生に恵美子って子がいたの。この恵美っていう名前が大好きで、百合子っていう名前を使わずに、エイミーを使ってたのよ。でもやっぱり書類なんかになったら、百合子って名前が必要でしょ。だから市民権を取った時に、エイミーを入れれば良かったなあって後で後悔しちゃった。正式名は百合子　ビアードなのよ。市民権を取った時は、うんと若かったでしょ。今だったら、エイミーを入れようという知恵が働いたんだろうけど、若い時は市民権を取るための勉強に無我夢中で、もう名前をどう届けるかなんて、すっかり頭から抜け落ちちゃったわね。名前を変更するには、うんとお金がかかるんですって」

——エイミーさんは、残念そうにそう言った。そんなエイミーさんに、私はもう一度、生年月日を尋ねた。エイミーさんは少しだけ恨めしそうに私を見てから、

「ナインティーンサーティファイブ、一九三五年三月十一日、仙台に生まれたのよ」と答えた。

——すると今度は、エイミーさんが「お宅は？」と私の出身地を尋ねてきた。広島だ、と答えると、

そこからどんどん新しい質問が、私に投げかけられてくる。インタビューする側とされる側が完全に入れ替わってしまった。エイミーさんからの質問が一段落したところで、私はエイミーさんの日本の家族について訊いてみた。すると、

「私の家族は複雑だったから、抜きにしちゃって。もう面倒くさいから。話したら、もう一年もかかるようなストーリーなのよ」

——私は、簡単で構わないので、差し支えない程度話してもらえませんか、と頼んでみたが、

「ノーノー。簡単も何も、あんまりしゃべりたくもないし。異母きょうだいは、いっぱいいたわよ。私は学校を卒業するまでずっと仙台で育ったの。私は高校へは行かないで、中学を卒業したら、家庭の事情で遠い親戚を頼って神奈川の逗子に行ったのよ。それから私は東逗子にある小さな洋品店で働き始めたの」

——「お店に立たれていたんですか」と私が尋ねると、エイミーさんは、「『立たれて』って、座ったこともあるわよ。立ってばかりじゃないわよ」と、また大きな声で笑った。

「洋品店で働いていた時、うちの主人と知り合ったの。主人が、その店にお客として、ちょっと入って来たのよ。逗子は横須賀が近いから、アメリカ兵がぞろぞろ来てたわね。

その洋品店は紳士物を扱う店でね、スーツにハンカチから下着まで、男性の身に付けるものを置いていたの。そこで知り合って、そしてデートして。彼はアメリカの軍人さんよ」

——エイミーさんが出会ったのは、テキサス州出身でエイミーさんより二歳年下のロナルド・ビアードさん（一九三七年五月二十三日生まれ）だ。

「レーガンと同じ名前よ。初めて会った時の印象は、まあ、普通の人よねえ。偉くなりそうもないし、まああまあって感じ。ロン（ロナルド）から誘われて、映画なんか行ったわよ。ところが彼は今度、本国に帰されることになってね。じゃあ元気でね、って別れて、それでなんにもなかったのよ。別にドラマチックなことなんて何もなかったわよ。ところがロンがアメリカに戻ってから一年経った時、ひょっこり私の前に現れて、『一緒になろう』って言ってきたのよ。私にプロポーズするために、わざわざアメリカから日本に来たの。私は、『じゃあ、なりましょう』って答えた。簡単なものよ」

——私はロンさんにプロポーズされた時のことを、もっと詳しく聞こうと、エイミーさんにいろいろ質問してみたのだが、「うーん、覚えてないねえ。やっぱり映画かなんか観に行った時じゃないの。あなたはどうやってプロポーズされたの？　やっぱり映画館で？」と逆に質問されてしまった。私の話はまた別の機会に、ということで、話をまたエイミーさんの結婚話に戻した。

「私たちは、一九六一年十二月二十日に東京のアメリカ大使館で結婚したの。大使館で手続きと結婚の宣誓を済ませた後、友達みんなに祝福してもらったのよ。書類を提出して、パスするまで六ヶ月くらい待たされたわね。私自身そして私の身内のバックグラウンドについて、ものすごく厳しく審査されるのよ。当時は身内に共産党員がいないか、ということをすごくうるさく調べていたわね。花嫁がスパイで、アメリカ人と結婚して、アメリカに潜入してこないように、すごくアメリカは警戒していたのよ。

書類審査にパスすると、『何月何日の何時に、結婚の手続きのため大使館まで来てください』って知らせが来るのよ。朝の八時か九時に来るように言われたわね。電車を何本も乗り継ぎして、大使館に行ったわよ。その時、証人が必要だから、うちの主人の上役の人に来てもらったの。そして何にもないところで宣誓して、それで終わり。その時は、彼はまだ軍にいたの。もう四十五年くらい前の話だから、忘れちゃうわよね。これが私たちの結婚式。私の家族や親戚を呼んで披露宴をするなんてことはしなかった。と言うのは、うちはちょっと複雑だって言ったでしょ」

――そしてその翌年の一九六二年、エイミーさんはアメリカに渡るのだ。

「何月だったのか、春だったのか、秋だったのか、いつアメリカに行ったのか覚えてないのよね。とにかく結婚した後、主人が一度、ひとりでアメリカに戻ったの。そして私は、何ヶ月かひとりで逗子で暮らしてたのよ。そしてうちの主人がまた私を迎えに来て、一緒にアメリカに来たのよ。軍のではなく、民間の飛行機でサンフランシスコの空港に着いたの。そしてアラメダの小さなアパートで二人の生活を始めたわけよ。彼は海軍だったの。アラメダに海軍の基地があって、そこに勤務してたからね」

――アメリカに来ることに、エイミーさんは当時、不安はなかったのだろうか。

「若さだよね。今だったら、心配だけどね。なんかボーっとしてたんじゃないの。ハッハッハッ。イヤなら帰ろうかなって感じで」

——新天地に、どんな夢を描いていたのだろうか。

「夢？　あったのかしら。あんた夢あった？」

——エイミーさんは、すぐ近くに腰掛けている女友達に声をかけた。するとその友人は、話してもいいのかしら、と遠慮がちに私に訊いた。私が是非、とお願いすると、ゆっくりとした口調で話してくれた。エイミーさんとは対照的な、おっとりとした感じの女性だった。

「何にも考えなかったわね。勢いでね。その時その時のことしか、頭になくって。その先どうなるのかなんて、考えなかったわね」

——するとエイミーさんも、

「なかったね。もしイヤだったら、日本に帰ってくればいいかって、何か簡単な考えで来ちゃったのよ」

「私なんかは結構反対されて来たから、帰ることは考えてなかったわね」と友人が口を開いた。「こっちに来たからには、ここで生きていくんだって思ってたわね。でもなんとか上手くやってこられたわね。運がよかったのかしらね。中にはものすごく苦労している人がいますから」

「そう、いっぱい苦労している人がいるよ」とエイミーさんも言葉を続けた。「私も、アメリカに来た時は、なんかもう無我夢中だったたね」

「子供ができたらね、もう何も考えずに、子供を育てるのよね。それでいっぱいで。考えてる時間なんて、私はなかったですね」とエイミーさんの友人も言った。

「私は、四年くらい生まれなかった」とエイミーさんは自身の出産について語り始めた。

「最初の子は一九六六年九月に生まれて、その子が死産だったの。女の子だったのよ。生まれた時は、エヴリシング　ファイン（すべて順調）だったのよ。ところが二時間後に亡くなったの。原因は不明。

私はすごい難産だったのよ。お医者さんが側に来て、私のことを起こしてね、『実はあなたの娘さんは今、亡くなりました』って言われたの。そして何か書類をいっぱい持ってるのよね。それからお医者さんと看護婦さんが、『原因を調べるため、今すぐ解剖をしたいので、同意書にサインをしてください』って。こっちはもうねえ、なんか夢でも見ているんじゃないかって思ったのよ。誰かがバカみたいなストーリーを話し始めたよって感じで。私は『サインはしない』って言ったの。解剖を断ったの。そしたらそのお医者さんが、『あなたは、もう一回トライして、子供を産みたいの？　次回のために、解剖して原因を調べなくちゃならない』って言うの。だからどうしてもサインをしてくれってお医者さんがすごく強引なのよ。

産後、朦朧としていた意識がはっきりしてきて、いろいろな事情が飲み込めてきて、私は子供を解剖するにあたって、お医者さんに交換条件を出したの。その条件というのは、私はその赤ちゃんを今は見たくないから、解剖する前にその赤ちゃんを、私の代わりに私の友達に見せてやってください、ということだったの。そして何年か後に、私が赤ちゃんのことを知りたいという気持ちが起きた時に、彼女からどういう赤ちゃんだったかを教えてもらう。だから彼女に赤ちゃんに会う許可を出してください、と頼んだの。そうしたらお医者さんが私の顔をじっと見て、『あなた本当に見たくないんですか』って尋ねたの。私は頑として、『見ない』と言って、朝方の六時頃、先生が私の友人に電話をかけたの」

——そして電話を聞いたエイミーさんの日本人の女友達が、エイミーさんの希望通り、エイミーさんに代わってその亡くなった赤ちゃんと対面したのだ。

「友達がすぐ来て、もうすぐ解剖をするっていう前に、彼女が赤ちゃんを見てくれたわけ。そして『今見てきたからね』って彼女が言って帰った途端に、私は意識を失ってしまったの。ずーっと気を失ってしまって、なんにもわからなかった。

随分長い時間が経って、ふと気付いたら、バイブル（聖書）を持った神父さんが、ベッドの脇に立ってるのよ。なんだろうって思ったら、その神父さんが『目が覚めましたね。あなたにはヘルプが必要です。あなたの旦那さんを呼んで、あなたを支えてもらわなければなりません』って言うの。

うちの主人はあの頃、ベトナム戦争に行っていたのよ。航空母艦に、『あなたの奥さんは、すごく危ない状態で、あなたの助けが必要だから、すぐ帰って来てください』と連絡を入れたのだけれど、戦争が激しくて、主人は戻ってこられないのよ。そしたらその神父さんが、今度はレッドクロスに助けを求めたわけ。赤十字の偉い人が、航空母艦の神父さんを呼んだわけ。大きな母艦てね、神父さんも乗ってるのよ。その神父さんを通して、主人をすぐに本国に返すように頼んでくれたわけ。うちの人は、乗り継ぎ、乗り継ぎ、乗り継ぎして、一週間もかけて、ようやくアメリカに帰って来たのよ。その間、私はただポーっとしてたのよ。なんだか頭が変になっちゃって。私は身寄りがないでしょ。うちの主人の身内も近くにいない。だから赤十字と神父さんが、私のお世話をしてくれたの。

赤ちゃんは解剖してね、うちの主人が帰って来て、すぐにお葬式のアレンジメントをしてくれた。まだ産後ヨタヨタしてるのに、すぐにお葬式をしたわけね。

私がちょうどバスルームにいた時、うちの主人が、お葬式の打ち合わせから家に戻って来て、こう言うのよ。『明日のお葬式で、あなたは赤ちゃんのお棺の中に、何か入れてあげたいものがあるかい』って。赤ちゃんが亡くなると、親は棺にオモチャだとかぬいぐるみなんかを入れてやるんだって。ところが我が家には、その時、赤ちゃんのものは何ひとつなかったの。もちろん入院する時は、元気な赤ちゃんを産んで連れて帰ってくると思っていたから、クリブ（ベビーベッド）とか赤ちゃんの飾り物とかオモチャとか、家中に揃っていたの。ところが赤ちゃんが亡くなったでしょ。『エミちゃんがかわいそうだ』って、友達が赤ちゃんのものをみんな片付けちゃったのよ。赤ちゃんの肌着もオモチャも何ひとつ残っていなかったわけ。何を入れてあげようって困ってしまって。その時、私はちょうど髪をとかしている最中だったの。それで私は咄嗟に思いついて、『いいよ、ちょっと待ってて』って、はさみをとって、いきなり自分の髪切り落としたの。その時、私、髪をものすごく伸ばしていたのよ。お尻くらいまである髪をばっさりね。それをラバーバンド（輪ゴム）で束ねて、袋に入れて、『これ入れてあげて』ってバスルームの外で待っていた主人に手渡したの。主人は私が髪の毛を切っているところを見ていないし、彼はお葬式の準備でものすごく慌てていたから、その袋をつかむと、中も見ないで、葬儀屋さんにそれを届けるために、すぐまた出かけてしまったの。

そしてうちの主人、帰って来た時、私の姿を見てギョっとしてるのよ。髪の毛がなくなってるから。『どうしたんだ？』って訊くから、『さっき、あんたが持っていった袋に入ってたの私の毛よ』って言ったの。もうビックリしてたわよ。お葬式に出たときも、もうそのギザギザ頭のままよ。子供が死んでね、頭はボーっとして、もうなんにもわかんないのよ。何も考えられないの。さて、今日はご飯食べたのかしらって、食べたか食べなかったかもわかんない。

庭にボーっと座ってるでしょ。今までだったら虫が来たら、足でパーンと踏むのよね。ところが、それができなかった。たとえ虫のようなちっぽけな命でも、本当に大切に思えてくるのよ。今なんかもう、虫をパーンってやってるけど。虫にも命があるって、あの頃よく思ったことを、今でもよく思い出すわね。

お友達に、私の赤ちゃんってどういう子だった？　と訊いたのは、十年過ぎてから。なかなか訊けなかったわね。十年の間、ずっと訊きたいという思いがあったけれど、訊けなかった。真実にフェイス（直面）できなかったのね。ナイトメア（悪夢）に近づくことができなかった。でもその日は、今日こそは訊くぞ、と身構えていたわけでも計画していたわけでもなかったのよ。みんなでワイワイワイワイお茶を飲んでて、そしたらなんとなく衝動的っていうのかしらね。本当にサラッとした気分で訊けたのよ。

友達は、『あんたの赤ちゃんね、あんたのご主人にそっくりで鼻の高い子だったよ。すごく鼻が印象に残ってるよ。それから色がすごく白かったよ』って教えてくれた。女の赤ちゃんは、やっぱり男親に似るんだな、って思った。

その友達がね、『エミちゃん、毎年、今年は訊くか、今年は訊くかって思ってたのよ。十年過ぎたね。私待ってたのよ』って。随分長い間、その友達を待たせちゃったね」

――待望の初めての子供を亡くしたエイミーさんだったが、その翌年の一九六七年、新しい命を再び授かった。

「はじめの妊娠の時かかったのは、軍のお医者さんだったの。今度は主人が軍を出ていたから、民間のお医者さんにかかったのよ。先生に『前の赤ちゃんはどうして亡くなったんですか』と訊かれて、原因がわからず解剖したことを話したの。すると先生は私に、すぐに前の病院に行って、解剖結果を記した書類をもらってくるように言ったのよ。私は軍の病院に行って、カーキ色の大きな封筒を受け取って、今度かかることになった民間のお医者さんに渡したの。民間のお医者さんが茶封筒を開けて中をあらためて、そして中から出した書類を私の目の前に突き出したのよ。『見なさい』って。何にも書いてないのよ。書類には何も書かれていないのよ。空欄なの。白紙の書類が立派な封筒に入っていただけなのよ。民間のお医者さんが、軍の病院に問い合わせてくれたんだけど、私の担当医はすでにどこかに転勤した後で何もわからなかったの。解剖はしたらしいんだけど。何か不手際があったんでしょうね」

——そして一九六七年十一月、男の子が誕生する。

「今度の子は元気で元気で。前の女の子が生まれる時は、妊娠中に紙と鉛筆を持って、どういう名前にしようかって、もう名前探しよね。ところが二番目を妊娠した時は、クリブも用意しない、オモチャも下着もなんにも買わなかった。それはやっぱり前の経験があるから。そして名前も考えなかった。一度あったら二度目もあるかもしれないって思って、赤ちゃんのものを何も用意しなかったの。そうしたら、ものすごく健康な子が生まれちゃって。看護婦さんが『名前はなんてつけるの?』って訊くから、その場でつけなきゃいけないでしょ。うちの主人も、『わかんない、わかんない』って、あたふたしているのよ。

主人が、『ロバート・リーにする』って言ったの。そうしたら看護婦さんたちが、みんな笑うのよ。『随分とすごい名前をつけたね』って、大笑いするの。だけど私、どうしてみんながそんなに笑うのか全然わからないわけよ。

後で知ったんだけど、ロバート・リーっていうのは、アメリカでは、南北戦争の時、ものすごく活躍した英雄として有名な名前だったらしいのよ。だけど私はそんな歴史のことは知らないし、主人の咄嗟の思いつきで、その名前をつけちゃったのよ」

——エイミーさんは、お腹を抱えて笑った。エイミーさんの友人と私も、つられて大笑いした。

「退院して、家に赤ちゃんを連れて帰ってからが大変だったわよ。慌てて赤ちゃんの下着やクリブを買いに行ったり」

——私は恐る恐る訊いてみた。「その名前を付けたことを後悔しているのですか」と。

「ううん、全然。私、いい名前だと思うよ」

——エイミーさんの友人も大きく頷きながら言った。

「ええ、いい名前だと思ったわ」

——そしてその四年後、一九七一年の九月、次男が誕生する。

「この子が生まれた時も、最初の女の子の時のように、ものすごい難産だったの。このままでは私も危ない、子供も危ない、という状態になって。それでお医者さんたちが、ものすごくディスカス（議論）したらしいの。うちの主人って、ものすごくおとなしい人なのよ。それが一生に一度、立ち上がったんじゃないのかしらね。『前の子供のように死なせたくないから、帝王切開をお願いします』って、自分から先生たちに言ったのよ。自分の思いをはっきりと言ったというのは、この人にしたら、めずらしいことなのよ」

――出産中、意識が朦朧としていたエイミーさんは、帝王切開で無事に男の子を出産した。

「どうしても上の子に妹でも弟でもきょうだいをあげたい、っていう気持ちが強かったから、この子は計画的に産んだの。兄弟助け合って生きていって欲しい、とすごく思ったわよ。二番目に産んだ子が、とっても健康だったから私も自信がついたのね。この子も大丈夫なんじゃないかなって、それで名前も生まれる前に、ちゃんと付けたのよ。主人が『ぼくが最初の子の名前をつけたから、今度はあなたの好きな名前をつけなさい』って言ってくれたの。この子の名前はトーマス・ウェインです。

私はね、本当はティムってつけてたのね。ところがどういうわけだか、どこかで間違いがあったみたいで、トーマスになっちゃったのよ。ミドルネームのウェインは、主人がジョン・ウェインが好きだったから。あんまり深い意味がないわね。うちはこの息子たちが二人よ。あなたのところと一緒ね」

――そう言って、エイミーさんは微笑んだ。

「上の子は順調に育ったんだけど、末っ子のトミー（トーマス）は大きな病気をしたのよ。幼稚園から中学に入る頃までね。紫斑病って、聞いたことある？　血液の病気でね、出血すると止まらなくなるという病気なの。

トミーが幼稚園に行ってた時ね、体中黒いアザだらけだったわけ。学校の先生が、私たちがチャイルド・アビューズ（児童虐待）しているのではと疑ったの。そして幼稚園の先生が、校長先生にうちに家庭訪問をしたいと申し出ていたらしいのね。私は私で、校長先生に会いに行こうと思っていたの。体中アザだらけで、幼稚園でうちの子供がいじめられているんじゃないかって思ってたのよ。その矢先に、先生が私に会いに来たわけ。『私は子供をアビューズしたりしません』と話して、先生も『幼稚園では、いじめる人は誰もいません』と言うの。これはおかしい、ということになって、校長先生に病院に行きなさいと言われて、それでトミーをオークランドのチルドレンズ・ホスピタルに連れて行ったのよ。

お医者さんがトミーの体中のアザを見るなり、『白血球の検査をしましょう』って言ったの。そして紫斑病だと診断されたのよ。私が連れて行った時は、すでに重症だったの。始まったばっかりじゃなかったのね。

紫斑病の人が、例えば歯を磨いて歯茎から血が出るでしょ。そしたらもうだらだら血が出っぱなし。また目が痒いからってこすると、目が赤くなるでしょ。健康な人は、その赤いのは自然に消えるでしょ。ところが紫斑病患者は消えないの。どんどんどんどん赤くなるの。ちょっとでも触って、皮膚に青いアザのようなものができると、それがどんどん体中に広がってしまうの。

お医者さんが言うにはね、うっかり手を切って出血しても、輸血をして出血を止めることはできるらしいの。ところが頭やお腹を強く打って内出血をした場合は、出血を止めることはできないから、くれぐれも注意するように、と言われたのよ。つまりそれは死を意味するということよね。

お医者さんに頭を打ったら助からないって言われたでしょ。だから私はトミーを幼稚園に行かせるのをやめさせたの。うちでおとなしくしている分には大丈夫だから。でも学校中の問題になったの、ミセス　ビアードは子供を学校に寄こさないって。うちへ幼稚園の先生が何回も来るのよ。でも私は絶対に先生に会わなかったの。そしたらその先生ね、頭を使ったのね。トミーと同じクラスの子供たちに、先生はうちのトミーに手紙を書かせたの。『Hello, Tommy. Please come back school. We miss you（こんにちは、トミー、学校に戻っておいでよ。みんな君に会いたがっているよ）』って。ちょっと絵なんか描いて。それを先生が集めて封筒に入れて、持ってきたわけ。誰かが玄関のドアをノックするでしょ。すると私はキッチンの窓から誰が来たか確かめるようにしてたの。そして先生だとわかると、戸を開けないで居留守つかうようにしていたの。その日は、先生がその封筒をキッチンの窓の外から私に見せるわけ。そして『これはトミーのクラスメート全員で、今日書いたんです。どうしてもトミーにあげたいから、戸を開けてください』って言うのよ。

その人、若い女の先生なの。トミーにそのノート見せてやりたいなと思って、『その封筒だけください』って言って、初めてその先生のために、ドアをほんの少しだけ開けたのよ。彼女も計算済みで、私がドアを開けた途端、自分の膝をそのドアの隙間にパッと押し込んだの。しまった、と思って、私も一生懸命ドアを閉めようとするのよ。でも先生の膝が挟まってて閉められないの。『痛い痛い痛い』って叫びながら、『ちょっとでいいから、中に入れてください』って言うのよ。でも私は『ノー、封筒はもらいましたから』って、ドアを閉めようとするんだけど、その先生はますます膝を押し込んでくるの。段々先生がかわいそうになってきて、とうとう根負けしてドアから手を離したら、その先生、家の中にすごい勢いで駆け込んで来たわよ。そして『私の話を聞いてもらうまでは帰りませんから』って椅子に座り込んでしまったの。

『何の話ですか』と訊いたら、その女の先生は、『今日、校長先生とミーティングをしました。ミセス ピアード、あなたのお子さんが病気だということは承知しています。でもアメリカでは義務教育なんです。ですから、あなたは子供を学校に連れて来なければなりません。トミーを学校に戻してください』と必死で言うのよ。

『あなた、もしうちの子供に何かあった場合、あなた、そっくりのトミーを私に返してくれますか』って私は先生に言ったの。『責任持てますか？』って訊いたの。そうしたら先生がね、黙り込んで、困った顔しているのよ。『あなたが責任持つんだったら、トミーを学校に連れて行きます。でも責任が持てないのなら、もう二度とうちには来ないで下さい』って言ったの。その日は、先生は帰って行ったわね。

その先生、また出直して来たの。『今日、校長先生といろいろお話ししました。あなたが一緒にトミーと学校に来ませんか。そしてずっとトミーにつきっきりでいたら、どうでしょう』って言うのよ。『よく考えてみます』と言って、先生には帰ってもらったの。その晩、子供にそのことを話してみたの。そしたらトミーは『ぼく、学校に行きたい』って言うのよね。『ママも一緒に行かなきゃならないのよ。教室にママがずっと一緒で、恥ずかしくないの？』って訊いたら、案外、子供はケロッとしてるのよね。

それから私、トミーと一緒に学校に行き始めたの。毎朝学校に連れていって、一緒の教室に入って、終わりまでずっと一緒に過ごすの。学校にいる間は、トミーにヘルメットを被らせて、頭を打たせないように、お腹を守るようにって気をつけたのよ。子供って自分が気をつけていても、誰かに押されたとか転ぶとかあるでしょ。

クラスに入ると、私のデスクが一番前に置いてあったの。先生に『ここに座っていて下さい』って言われて。私、退屈だから毛糸と編み棒を持っていって、子供たちが勉強しているのを眺めながら、編み物をして時間を潰してたの。幼稚園の授業でね、先生が、『A, Apple, B, Boy』とか子供たちに読ませてるわけね。そしたら私も編み物をしながらも、『アポー、アポー』とか『ボーイ、ボーイ、キャット、キャット』なんてやってんのよ。そしたら先生が、例のうちに通い詰めた白人の女の先生が、『ミセス　ビアード』って呼ぶのよ。『シッ！　ミセス　ビアード、プリーズ　インサイド　ヴォイス（静かに）』って言うのよ。『アイムソーリー』って言うんだけど、ついまたつられてやってしまうのよ。

それが何週間も続いたのよ。

そしたらある朝、私が学校に行ったら、私のデスクがないの。私は先生に年中注意されていたから、先生が嫌になって、デスクを片付けちゃったんだ。もう私に教室に入って来ないでくれ、ということなんだ、と思ったの。そしたら先生が、『グッモーニン。今日から、あなたのデスクはあそこですよ』って言うわけ。どこかと思ったら、子供たちと一緒に私の机が並べられているの。それも一番後ろに。机には他の子供たちと同じように、ちゃんと私の名前が書いてあったの」

——エイミーさんは、天井を突き抜けるくらいの大きな声で笑った。その時、若い男性が部屋に入って来た。「この子がトミーよ」とエイミーさんは私に紹介した。トミーは「コンニチハ」と片言の日本語で、人懐っこく挨拶した。

「あの子とあの子のクラスメートみんなと席を並べて、一緒に英語を習ったのよ。最初アメリカに来たばかりの頃、アラメダのアダルトスクールに通ったの。夜、高校の教室を使って、メキシコ人とかフィリピン人とか、いろいろな外国人の人たちと英語を習うのよ。三十二人位のクラスだったんだけど、日本人があの頃ね、二十人位いたわよ。アダルトスクールでは、発音っていうのは、キンダーガーテン（幼稚園）のようには教えてくれないのよ。だからトミーの英語のクラスはすごく興味があったのよね。だから楽しかったわよ。

私ってね、子供が好きなのよ。トミーに付き添って小学校に通ううちに、今度は段々先生のヘルプを始めるようになったのよ。先生が『ミセス　ビアード、私がこちら側半分の子供を教えている間、あなたはあちらの半分を、あなたが出来る範囲でいいですから子供たちの面倒をみてくれませんか。そうしてもらうと、スモールグループの教育がやりやすくなるわ』って言うのよ。私ができることといったら、算数と絵くらいしかないのよ。先生と私とで、半分ずつ交代でやるようになったの。

他にも、トミーのクラスの子供が具合が悪いとか頭が痛いとか言うと、その子をすぐに学校の保健室に連れて行くようなこともするようになったの。そこで氷を当ててあげたり、親に電話をかけて、『あなたのお子さんが頭が痛いって言っているけど、どうしますか。アスピリンは飲めるんですか』とか、いろいろ訊いたりするの。このクラスの子たちはみんなテイクケア（お世話）したわよ。いろんな雑用もしたわね。

校長先生がある日、『あなたは朝から一日中、毎日休まず、あなたの子供と学校に来ていますね。そして子供たちのために本当によく尽くしてくれています。どうです？　あなたは給料をもらいたくありませんか』と私に言ったの。『何をするんですか』と訊いたら、『授業の合間の休憩時間に、子供たちが外へ出て遊ぶでしょ。校庭で子供たちの監視をしてくれませんか。そうしたらあなたに時給をお払いします』って。しばらく考えさせてもらうことにしたのよ。四日考えてから、次の日校長先生に会いに行って、『私が学校に毎日来ているのは、うちの子供を守るためです。もし怪我をしたら、すぐに私が病院に連れて行けるようにするためです。もしお金をもらってしまったら、私はすごく責任感が強い人間なので、よその子供が転んだり怪我をしたりした場合、私はその子供に付きっきりにならなくてはなりません。そうすると自分の子供をほったらかしにすることになります。それでは学校に毎日来ている意味がなくなってしまいます』。そう言って、私はその仕事を断ったの。お給料はもらわなかったけれど、休み時間は校庭でたくさんの子供たちと過ごしたのよ。

休憩時間になると、トミーはいつも外に出るの。校庭では、子供たちが百人位遊んでるのよ。私はうちの子の後ろを必ずついて歩くわけ。誰かがパーッと走ってきたら、私がその子を止める、とか。誰かが押そうとしたら、『押さないで』って言ってね。もうトミーにつきっきり。でも子供たちは無邪気だから、みんな私のところに寄って来るわけ。今日は何をした、だとか、うちのママがこうだ、とか話しかけてくるのよ。段々私の周りに子供たちが寄ってくるわけ。だから私もその子たちと一緒に過ごしたり、縄跳びする時は、縄を回してあげたりね。喉が渇いた、と言えば、水を飲ませてあげたり。そうやって溶け込んでいったのよ。そうしたら先生たちが、『彼女は子供に接するタレント（才能）がある』って言ってたんですって。

校長先生がまた私に学校の仕事をしないか、と言ってくれたの。

『実はこの学校の給食係の女の人が辞めるんだ。次を探しているところです。あなた、給食係になりませんか』

今度は引き受けることにしたのよ。実はうちの息子も少しずつだけど、病気が良くなってきていたの。私の仕事は、二五〇人の子供たちにランチを準備して配る仕事。

このリッチモンドにある学校の全部の給食を作っているウェアハウスがあるの。朝、そこからトラックで配達されたランチが学校の大きな冷蔵庫に収められるのね。そこに私が朝行って、出して、それを特別なオーブンに入れて、それをランチタイムに間に合うように、大きな大きなカウンターに並べるわけね。そしてチケットを持って並んだ子供が入ってくるでしょ。チケットをもらって、そのランチとミルクを渡すの。

ところがビックリしたのが、私専用のオフィスが用意されてたの。素晴らしいデスクの上には電話があって、真新しいタイプも置かれてるの。隣の部屋にはセクレタリー（秘書）もいるのよ。給食係に、どうしてこんな部屋がいるんだろうと思ったら、大変な仕事が待っていたのよ。

一週間に一回、学校はランチ代を集金するのね。先生がクラス毎に集めたお金を袋に入れて、代表の生徒にそのお金を私のオフィスに届けさせるのよ。それはガヴァメント（行政）の仕事だから、一銭も間違いのないように全部帳簿に書き込んで、ランチのチケットを作らなければならないの。この人は十日分のチケット、この人は百日分のチケットってね。だけど、もういつまでもお金が合わないのよ。本当は三時で終わりなんだけど、五時頃までかかって、やっとお金が合ったのよ。そしたら校長先生が『エイミー、今度来る時は、スリーピングバッグ（寝袋）を持って、泊りがけで来たら』ってからかうのよ。

二五〇人子供がいる中には、ローインカム、ミドルクラス、アッパークラス（低所得・中流・上流）といろいろな家庭があるでしょ。二五〇人の子供にランチ代補助の調査票を配るの。そしてそれに両親が、自分の家庭の必要事項を書き込むわけね。何人家族で収入がいくらで、って。私がそれらを照らし合わせて、この人はランチはタダ、この人は半額負担、この人は全額負担とか割り振るわけよ。中には、ランチ代をタダにしたいからって、嘘ばっかり書き込む人もいるのよ。怪しいな、と思ったら、その人に電話をしなきゃならないわけ。『これは本当ですか』って。そういう人に限って、ものすごく悪い人なのよね」

――エイミーさんは、また豪快に笑った。

「私なんか英語がハンデで、とんちんかんでチンプンカンプンだけど、必死で説明するのよ。私が一生懸命エクスプレイン（説明）してもね、相手の人が、『あんたの英語ひとつもわからない』って言うの。そうすると私もね、『私もあんたの英語わからない』って言い返すのよ。

『あんたも私もお互いわからないんだから、あんた時間がある時、私に会いに来てくれますか』って言うのよ。本人同士だったら、電話よりいいと思って。そうするとね、そういう親に限って、「I'll be there!（今からそっちに行く）」なんて怒って、怒鳴り込んで来るわけよ。やっぱりそういう人はアメリカ人じゃないのよ。ドイツ人とか、ちょっと英語にアクセントのある人よ。その人たちも、私を見てびっくりするわけ。なんだ、何言ってるのかわかんなかったのは、オリエンタル（東洋人）だからじゃないか、ってなるわけね。そして私の方も、あっ、この人はジャーマン（ドイツ人）じゃないかって思って、そして、『これじゃわかんなくて当然だね。私も外国人だし、あんたもよその国から来てんだから。じゃあ座んなさい』と言って、話をすると、結構通じるのよね。そしてその人も、最後には握手なんかしちゃって、にこにこして、納得して帰って行くのよ。そんなことたくさんあったわよ。二五〇のファミリー相手でしょ。

他には子供が七人くらいいるうちなんだけど、みんなラストネームが違うのよ。だから親に電話してみたの。『あんたの書類を見ると、子供たちみんなラストネームが違うけど、あれ、どうなってるんですか』って。こっちはなんにも知らないから訊くでしょ。そうすると『あんたはバカか』なんて言われるのよ。『一回子供を産んで離婚して、また次結婚して子供を産んで、また離婚して、七人と結婚したら七人の子供がラストネームが違うのがわからないのか』って言うのよ。それで『アイムソーリー』って言って、電話切るでしょ。そしてセクレタリーのところへ行ったのよ。『七回結婚して、七人ともラストネームが違う人がいるんだけど』って言ったら、『この国はそういう人が多いのよ』って。もういろんなことがあったわよ。親がものすごい剣幕で怒鳴り込んできて、セクレタリーを呼んでも来ないから、どうしたのかと思ったら、彼女、自分のデスクの下に潜り込んで隠れてるのよ」

——エイミーさんの話に、私たちはお腹を抱えて笑った。

「トミーは学校が終わると、私のオフィスに来るようにしてたの。だから行動はいつでも一緒なのよ。

そしてお金をコレクト（集金）しない日は、お昼のランチアワーだけ三時間働けばいいの。そしてその三時間は、トミーもキッチンにいるわけ。私は遊び時間は外に一人で出さないから、トミーには外で遊ぶのを我慢してもらったの。

私がランチ係をすることになって、ディストリクト（地区）で問題になったの。本当は、学校で職を得るには、名前をウエイティングリストに載せて、順番を待たなければいけないのだけれど、校長先生は、それを無視して、私を給食の仕事に就かせたものだから、ディストリクトから文句がついたわけ。そうしたら私の学校の先生たちが、立ち上がってくれたの。『エイミーが働くのを認めてくれ。エイミーは何年も、この学校にボランティアとして貢献してくれていて、とても信用できる人だ』と言って、私のために署名まで集めて、それをディストリクトに送ってくれたの。そのお陰で働くことができるようになったの」

——エイミーさんは、穏やかに微笑んだ。

「学校で働いている人は、その仕事の種類にかかわらず、最初の三年間は通信簿をもらうのよ。私、そんな決まりがあることを全然知らなかったの。学校が終わる六月にね、『ミセス　ピアード、カミン　オフィス』って校長先生のオフィスに呼ばれたの。入ると、校長先生が私のことを待っていて、『これは、あなたの一年間の成績表です』と言って、一枚の紙を手渡したの。なんだかいろんなことが書いてあるのよ。顔を上げたら、校長先生がにこにこ笑っている。『それ見て嬉しくありませんか』って訊くの。『なんで?』って言ったらね、『今日は何人もの人にこの成績表を渡したけれど、あなたの成績表は最高だ』って言うのよ。そして読もうと思うけど、難しい言葉で読めないのよ。それで『これ持って帰ってもいいですか。辞書を引いて、ゆっくり読んでみますから』って言ったの。校長先生が『一番後ろのところを読んでくれ』って言うので見てみたら、エクセレントって書いてあるの。全部の項目が、エクセレントになっているのよ。校長先生にね、『ちょっとあんたに頼みたいことがあるんだけど、これ何年間私にくれるんですか』って訊いたら、『あと三年間あげなきゃならない』って言うのね。それで『今度くれる時はね、こんな難しいのくれないで。ユー　ドゥ　グッジョブ(よくできました)、とだけ書いたのを一枚だけちょうだい。こんな難しいのもらっても、私読めないから意味ないのよ』って頼んだのよ。そしたら校長先生が笑ってた。それから毎年、エクセレントばっかりの成績表をもらったのよ。そしてこの仕事は十三年間続けたんだけど、その十三年間は、パーフェクト・アテンダント。一日も休まなかったの。今でも持ってるわよ、このエクセレントの成績表。大事にしまってあるの」

——エイミーさんの表情が今日一番の輝きに満ちていた。とても誇らしげだった。

「トミーも休まなかったわよ。

トミーが中学校に入る時、お医者さんに呼ばれたの。家族全員で来て欲しいって。お医者さんが三人並んでいたの。『トミーは、今までは小学生だったから、あなたが毎日学校について行って、彼をかばうことができた。でも中学校に上がったら、あなたはもう一緒に行けません』って言うのよ。中学生の男の子に親がずっとそばにいるなんてことは、将来この子のためにならない、って言うの。そして『今、解決しなきゃならないことがある』って言ったの。『なんですか』って訊いたら、『あなたの子供は、うんと重症ではないけれど、あまりよくもなっていない。だから手術をしませんか』と言われたの。紫斑病には治療する薬がなかったのね。運を天にまかせるしかなかったのよ。自然にこの子が治るか、大人になってもこの状態か。薬も何ももらったことがないし、治療もないの。病院に行ったら、血液を採られて、調べられるだけだったの。

紫斑病というのは、血液を作る脾臓がダメージしてるんですって。だからその脾臓を手術して取りませんか、と先生が言ったの。その子供によって、取り除いた脾臓が再生して元に戻る場合と、そのまま戻らない場合とがあるんですって。もしかしたらトミーはその脾臓が元に戻るタイプかもしれない。だから脾臓を切除して、また新しい脾臓が再生するかもしれないというギャンブルをしてみませんか、ということなの。でも脾臓を取ってしまうと、一生薬を飲み続けなければならないんですって。そしてその薬は副作用があって、個人差があるのだけれど、その子によっては、ものすごい副作用が出るんだって。それでもその薬を一生飲まなければならないと言うのよ。私は急にそんなこと言われたから、迷ったのよ。うちの主人は、見ると、もうショボンとしてうつむいちゃっているのよ。

私はなんて言ったらいいかわからなくて、一番偉い真ん中の先生の顔をジーッと見てね、『トミーがもしあんたの子供だったら、どうしますか』って訊いたのよ。そしたらその先生が、黙って私の顔を見て、『もう長いこと、あなたはトミーがよくなることを待ってたでしょ。もしも僕の子供だったら、今切らないで、あともう一年だけ待ってみます。そして一年後にまたディスカス（話し合いを）します』と言ったの。それで、もう一年待つことにしたの。それから二、三ヶ月した頃から、トミーはどんどん回復してきたの。そして六ヶ月で治っちゃったの。血液を採るでしょ。普通は二万、血小板があるんだけど、うちの子はうんと少ない時は四百くらいしかなかったの。だから出血すると止まらないわけね。それがどんどんどんどん上がって、ノーマルよりちょっと下だったけど、一万八千くらいまでに増えたの、六ヶ月で。もう奇跡よね。その時、手術してくださいって飛びつかなくて良かったのよ。もうお医者さんが、びっくりしてんのよ。もう大丈夫ってところまで上がったのよね。それが中学一年くらいだったね。

トミーは、もう私の付き添いもなく、ひとりで中学に通うようになったの。そして私はそのまま小学校でランチの仕事を続けたんですよ」

――トーマスさんは大きな病気を克服し、エイミーさんが付き添わずに中学へ通うようになる。エイミーさんは、二人の息子たちのことを語り始めた。

「小学校の時、お兄ちゃんがボーイズクラブで野球、フットボール、バスケットをやってたけど、トミーはただ見てただけよね。トミーは病気で、激しいスポーツをすることはできなかったから。

この子はね、あんまりしゃべらない子だったのね。お兄ちゃんは思ったことを、パーっとしゃべるけど、トミーは自分の思いをおなかの中にしまっちゃって、諦めてしまうのね。僕はできないんだ、僕はできないんだって。やっぱり病気したことが影響しているんでしょうね。

小学生の頃は自分の好きなことができなくて、できる範囲のことをして過ごすしかなかったでしょ。だから部屋でできることをやってたわよね。電話を直してみたり、テレビを分解してみたりね。この子の部屋に行くと、ありとあらゆる線が天井からぶら下がっててね。スポーツは病気でチャンスがなくなって、そのうち興味もなくなったようね。その代わり、手先がすごく器用だった。

トミーは、今はお兄ちゃんと同じ会社で働いているわ。シェヴロンってオイルカンパニーがあるでしょ。そこでオペレーターの仕事をしているの。

長男のボブ（ロバート）は、もう活発で活発で。

この子はね、すごく魚釣りが好きだったの。主人があなたの旦那さんをさっき案内したハーバーに、うちの主人と私が、まだボブが赤ちゃんの時から連れていってたの。あそこは私の息子の遊び場なのよ。だから街でなんて遊ぶのを知らないし、自然の中で遊んでばかりいた。主人とボブはボートと釣りきちがいよ。

高校の卒業の時、『あんた、お祝いに何が欲しい？』って訊いたら、『何もいらないから、ぼくをアラスカにやってくれ』って。そして同級生の友達と二人で、ボロボロのね、こんな小さいトレーラーをトラックで引っ張って、アラスカに一ヶ月間行ってきたの。百ドルで買ったって言ってたわよ。そしてそれに釣り道具をいっぱい載せて、それを引っ張って、アラスカまで一週間かけて行ったの。

ボブが家に戻ったのは、夜中の三時頃だったのよ。誰だろうと思って出てみたら、ものすごく髪の毛が伸びた息子がいたのよ。色は真っ黒け。私、インディアンが入ってきたのかと思ったわよ。一ヶ月ぶりのご帰還よ。味しめちゃって、それからも何回もアラスカに行ったのよ。さすがに懲りたみたいで、次からはボロのトレーラーはなしで、トラック一台で出かけたわね。うちの主人もアラスカの息子に会いに行ったもんね。主人は飛行機で行ったけどね。

長男は五、六年前に結婚して、六歳の男の子、四歳の女の子、三歳の男の子がいるのよ。しょっちゅう、ここに孫たちを連れてくるの。次男はまだ独身。彼は自分で家を買って、そこに住んでるわよ。ここから近いのよ」

――エイミーさんは、そう笑顔で二人の息子たちについて語った。

「うちの主人は、軍隊を出た後、病院に勤めてたのよ。軍隊出た後は、病院のボイラーマン。エンジニアよね。うちの人のメインの仕事は、熱いお湯を病院に送ることなの。手術したりする時に、お湯が出ないと大変でしょ。病院のエンジンルームには、エアコンディション担当の人、他にはエレクトリシャンもいるし、大工さんもいるし、ペインターもいるし、ありとあらゆる人たちが働いていたの。大きなパイプが、天井からあちこちにグルグル通ってた。

私は年中、主人の職場に行ってたのよ。私、毎日お弁当を届けてたのよ。朝起きて、お弁当を作るでしょ。行ってきまーす、って主人が出かけるんだけど、お弁当がいつもこのテーブルの上に残ってるの。『お弁当忘れたよ』って電話すると、『持って来てくれ』って」

——「わざと忘れてくのよ」とエイミーさんの友達がクスリと笑った。

「家から主人の職場は近かったの。病院のエンジンルームには十人くらいの男の人たちが働いていたけれど、奥さんが共稼ぎの人が多かったりするから、エンジンルームに顔を出す奥さんなんて私だけだったわね。だからよその奥さんたちは、昼間、自分の旦那さんが、どんな所で働いているかなんて知らなかったわね。私は年中行ってるから、『お弁当持ってきたよ』って声かけても、主人の返事がない時は、『あー、あそこで修理してるのかな』って私もパイプくぐって行くわけよ。うちの主人も私が来ると、『俺は今、ここをこうして、ああして修理してたんだ』なんて説明してくれるから、私も主人の仕事のことがいろいろわかってくるしね。うちの子供もダディと食べたい、なんていうことがあったからね。ミルクシェークを多めに買って、一緒に飲んだりしたわよ。エンジンルームにうちの主人の部屋があるのよね。そこでみんなで座ってね。そんな感じだったから、職場では我が家は有名だったわよ。子供たちの成長も、エンジンルームのみんなが知ってたわよ。

主人ももう今はリタイアして、もっぱら魚釣りばっかりよ」

——エイミーさんは、夫のロンさんの話を終えると、ひとつ大きく息を吐いた。

「実はね、私のお母さんを日本から引き取って、十三年看たのよ。あっちで誰も看る人がいないし、年とって、もうひとりで暮らしていくのは限界だってことでね。私が仙台まで迎えに行って、ここへ連れてきたの。その時、お母さんは七十九歳だったの。

うちの主人が病院に勤めてた時に、エレベーターで偶然お医者さんと話をしたんだって。『うちのワイフが日本からお母さんを連れてきたんだけど、どうも様子がおかしい』って話してみたんですって。そうしたら、そのお医者さんが『アルツハイマーじゃないか。家でできる簡単なテストがあるから、お母さんとやってみなさい』とアドバイスしてくれて、早速やってみることにしたの。そのお医者さんが言うには、まず紙に丸を書くのね、その中に時計の針を書くわけ。そしてお母さんに、時計のナンバーを入れさせなさい、って言うの。そしてお母さんにやらせてみたのよ」

——焦らせてはいけないという医師のアドバイス通り、エイミーさんは気長に付き合った。しかし彼女の母は、四時間かけて時計の絵を半分しか仕上げられなかったのだ。その絵を見た医師は、すぐ病院に連れてくるようにと言った。

「お母さんは、アルツハイマーだったの。えらいねえ、うちのお母さん、レーガン元大統領と同じ病気よ」

——エイミーさんは、そう言って、フッフッフッと少し笑った。

「日本からサンフランシスコに着いて、飛行場からここへ連れて来た時、もうおかしいなあって思ったの。私はもうこてんこてんに疲れて、居眠りしてたのよね。そうしたらうちのお母さんに揺り起こされて、『あなたの旦那さんも見たし、この家の様子もわかったから、今から帰ります。タクシー呼んでください』って言うの。『どこに帰るの?』って訊いたら、『もちろんうちに帰ります』。

タクシーを呼んでもらえないとわかると、ひとりで家から出ようとするの。『私ひとりで帰れます。お寺の右を曲がったら、そこが私の家ですから』なんて言い出して、聞かないの。もう止めるのに大騒動よ。そこにうちの次男坊が出てきたのよ。ちょうどジュニアカレッジに通ってた頃ね。そしたら『大学生の下宿さんですか。かわいいお坊ちゃんですね』って、自分の孫だってことがわかんないの。そしてうちの主人に向かって『あっ、お相撲さんが来た』なんて言っちゃってね。太ってんのよ、主人は。

私の友達がおいしいご馳走を作って、時どき遊びに来るのよ。『お母さん、これ作ったの、食べて』。『あら、ありがとう』なんてね。そこで私が現れるでしょ。するとお母さんたら、『あ、女中さん、お茶を入れてちょうだい』って私に言うの。うちのお母さんは、偉そうにね、今友達が持って来た煮物とかを『これ私が作ったから、召し上がれ』とか言ってんのよ」

——エイミーさんは思わず吹き出した。

「私、小学校で働いていたでしょ。私ね、仕事に出かける時、必ずお母さんに鍋焼きうどんを作って行くの。私の勤務は三時間でしょ。お母さんはその鍋焼きのうどんを一本一本ゆっくり、お汁も少しずつ三時間半かけて食べるの。だからお母さんに鍋焼きうどんを出しておけば、私が家を出て、学校で働いて、そして家に戻る頃まで、ずっとおとなしく座っててくれるわけなの。

ところがたまに、うどんの食べ方のピッチが早い時があって、二時間くらいで食べ終わってしまうことがあるの。そうすると立ち上がって、どこか行こうとして、ウォーカー（歩行器）をガタガタ動かそうとしていたりするの。そんな時にセールスマンが呼び鈴を押したりするでしょ。『はいはい』って出て行っちゃうの。仕事から帰ってくると、知らない人が部屋に座ってるのよ。『あなた誰？』って私が訊くと、『この方が入れてくれました』って、お母さんのこと指さしてるのよ。これはまずいと思って、中からお母さんがドアを開けられないように、外側にも鍵をつけたの。そういうアクシデントもたまにあったけれど、でも大抵は鍋焼きを三時間半かけて食べてたわね。

校長先生に『うちのお母さん、ヌードルを食べ終わる頃だから』って言って帰るの。そして次の日の朝行くと、今度は校長先生が『お母さん、まだヌードル食べてた？』って訊くのよ。なんだかそれが私と校長先生の挨拶代わりになっちゃってね。

晩年は、おしっこ垂れ流し。夜中にはギャーギャー騒いで怒鳴るしね。『誰か来てください、蛇が出ました』とか『誰かが部屋に入ってきた』とかね。そして昼と夜の感覚がわからなくなるのね。だから夜はずっと目を覚ましているのよ。もううるさくて誰も夜眠れないのよ。主人は次の日、仕事に行かなきゃならないでしょ。だから主人は、よく枕を持ってトラックの中で寝てたわよ。気づかなかったけど、お母さんだけじゃなくて、私の体までおかしくなってたのよ」

――ある日、エイミーさんがショッピングモールに行った時のことだ。モールの中が、いきなりグルグル回り始めた。倒れそうになり、エイミーさんは近くにあったマネキン人形にしがみついた。

エイミーさんの様子に気づいて、買い物客や店員たちがエイミーさんの周りを取り囲んだ。

「『地震だ！』って言ったのよ。でも周りの人たちは、『地震なんかないよ、あんた倒れそうになったんだ』って言うのよ。うちのお母さんをひとり家に残してきたのね、だから、帰らなくちゃ、帰らなくちゃ、って思うんだけど、頭の中がグラグラして歩けないの。そしてようやく落ち着いて、なんとか自分の車まで辿り着いて、運転して帰ったの。

でも家についてもグラグラしているのよ。おトイレに行くにも、壁を伝っていかなければならないの。それからものすごい吐き気と腹痛。そして頭もがんがん痛くなって」

――エイミーさんは、すぐに診察を受けた。ストレスが原因だった。

「私が『仕事を辞めて、お母さんにかかりっきりになります』と言うと、お医者さんが大反対したのよ。『あなたはお母さんから離れなきゃいけない。お母さんがそばにいたら、あなたはますます悪くなる。もしあなたが、お母さんのことが心配で仕事が手につかない時は、あなたが働いている三時間の間、お手伝いさんを頼みなさい。あなたの給料を全部、そのお手伝いさんに払ってでも仕事を続けなさい、それがあなたの体を守るのです』と言われたの」

――エイミーさんは、自分の給料をすべて家政婦代に充てて仕事を続けた。学校で子供たちに会うことが何よりの薬だった。

「二年間そういう生活を続けたけれど、これ以上、お母さんの介護と学校の仕事を両立するのは難しくなったの。もう学校を取るかお母さんを取るかって、ギリギリのところまで来ちゃったのよ。いろいろ悩んだけれど、お母さんはこれから二十年生きるわけがない。生きてもあと三年。学校は十三年間、私の持てる力を出し切ってやった。だからもう悔いはない、と思ったの。じゃあ、お母さんを取ろうって、学校を辞めたの。お医者さんに言われて仕事を続けたから、ストレスによる体調不良も治ってたしね。

仕事を辞めた時、校長先生が私のことを追いかけて来たの。そしてこんなことを言ってくれた。

『僕がこの学校の校長をしている間、いろんな女の人がランチのプログラムの仕事をしに来ていた。僕はいろんな人と会って、そしてみんなグッジョブしてくれた。They all do good job. But you the only one did great job（みんな、いい仕事をしてくれました。でも最高の仕事をしてくれたのは、あなただけです）』

私はお給料をもらっている以上は、いい加減な仕事は出来ない、と思って、当たり前のことをしてきただけだったんだけど、校長先生にそんな言葉をもらって、『ああ、もう後悔はない』って心から思えたの。だから今度は、お母さんに私のエナジーを全部あげることができたのよ」

――エイミーさんの瞳は、眩しいくらいキラキラと光を放っていた。そして話は、エイミーさんの子供時代に及んだ。

「私、アメリカに来てから一度も日本に帰らなかった。お母さんをアメリカの家に引き取るために迎えに行ったのが、初めての里帰りだったのよ。

私はひとりっ子だから、そのうちお母さんを日本から呼び寄せて、いずれは一緒に暮らさなきゃならない、って、うちの主人には結婚する時に話しておいたの。主人はそのことに賛成してくれて、だから私たち夫婦は、すぐにでもお母さんをアメリカに呼び寄せるつもりでいたの。それがいろいろ事情があって、お母さん来なかったのよ。何回言っても来なかったの。そしてとうとう親戚の人から、ひとりで暮らすのは限界だから迎えに来て欲しいって連絡があったの。

七十九歳で初めて私のお母さんは、孫二人に会ったのよ。でももうその時は、アルツハイマーが進行していて、もう孫のことはわからなくなっていたの。

主人とも、この時が初対面。結婚する時、うちのお母さんが、会いたくないって拒絶したの。うちには連れてこないでくれって言われてね。初めて会ったんだけれど、主人のことは、お相撲さんだと思ってたのよ。

ケネディが暗殺された時、私はまだ日本にいたのよね。その時、テレビやラジオで、ケネディが暗殺されたってニュースが日本にもバーッと流れたでしょ。暗殺した犯人はテキサス生まれで、昔軍隊にいた、とか言ったのよ。そしたらうちのお母さん、『それ見なさい。これはあんたの旦那さんが殺したんだ』。それくらい、世間知らずだったのよ。『私が反対したでしょ。あんたの旦那が殺しました。だからアメリカに行ってはいけません。そうしないとあなたも裁判にかけられますよ』って。それくらい世間の狭い人だったの。

私のお母さんはね、人嫌いで殻に閉じこもった人だった。世間からは邪魔されたくない。世間の噂も聞きたくない。すごく孤独な人なの。だから生まれてからずっと仙台に暮らしているのに、友達ひとりもいないのよ。

ここへアルツハイマーで連れて来た時、よく歌を歌うのよね。ロシアの歌なのよ。さーむい、寒い、シベリアの。あれは三月末のことでした。ロシア兵が来て、どうとかこうとか。そんな歌なのよね。お母さん、その歌を繰り返し繰り返し歌うのよ。不思議に思って、『お母さん、ロシアのことよく知ってるね』って訊いたら、『私は昔、ロシアに行ったことがあります、ロシアは寒くてね。ロシア人は残酷でした』とか話をするの。へー、私の知らないお母さんがいたんだな、って思って、日本のおばさんに電話したのよ。『お母さんって、ロシアにいたことがあるんだってね』。そしたら、おばさんゲラゲラ笑って、『何言ってんの。仙台から一歩も出ないどころか、家から一歩も外へ出たことがない人が、いつロシアに行くのよ。昔見た映画でも思い出したんじゃないの』って。

うちのお母さんと私とは性質が全然違うの。うちのお母さんはものすごく厳しい人だった。お母さんが私と笑顔で話をするとか、そういう思い出は全然ないの。

私が『お母さん、今日学校でね』とか言うでしょ。そうすると『その手はなんですか、汚いです。手を洗ってらっしゃい』。そして私が手を洗って、また話し始めるでしょ。すると『その頭は、なんですか。女の子は、頭をきれいにとかしておくものです』。頭をとかして、またお母さんのところに行くでしょ。今度は『なんですか。その埃だらけの服は。取り替えてらっしゃい』。次から次へと小言を言って、会話なんかできないの。

『お母さん、おやつ』って言うと、『うちは三時以外はおやつを食べてはいけないことになってます』とピシャリ。『お母さん、お腹空いた』っておやつを催促すると、『まだ三時になってません。一分前です』。こんな調子なの。そして三時きっかりになると、子供にはまったく似合わないきれいなお皿にお菓子が載かって出てくるのよ。子供だからガツガツ食べるのよ。また手をパンと払われて、『その食べ方はなんですか』。そしてこぼすでしょ。もう私が食べている横で、そのこぼれた食べかすを拾ってるの。

私は食べ終わると、外に遊びに行くの。もう家に帰って来たくないのよ。帰るとまたいろいろ言われるから。私が動作をするたびに、いちいち何か言うわけよ。

近所に仲のいい子がいっぱいいたのよ。そこの家族はみんな楽しいのよ。家庭の雰囲気がすごくいいの。そこに遊びに行くと、もう自分のうちに帰りたくないのよ。そのお友達のうちはすごくいい人で、私を何時間でもいさせてくれるの。だけど夕方になると、そのうちのお母さんが、『百合ちゃん、帰った方がいいんじゃないの。あんたのお母さん、表の暗いところで立って待ってるよ』って教えてくれるの。見るでしょ。本当にうちのお母さんが、表の暗い所に立っているのよ。暗がりにお母さんの白い割烹着が、ボーっと見えるのよ。仕方ないから帰るでしょ。すると門限を守らなかったからって、真っ暗な物置に閉じ込められるのよ。

お母さんというのは、今で言ったら、何とか症候群っていう潔癖過ぎる精神的な病気を持っていたんじゃないかと思うのよ。今思うと、そうとしか思えないのよ。今は医学が発達しているから、この人はこうですよ、ってわかるけれど、あの頃は、この人の性格だ、で片付いてしまうでしょ。なんか変わってる、とか、変人だとかくらいにしか考えなかったでしょ。『私の家で遊ぼう』って、友達を誘うでしょ。『いやだ』って誰も来ないの。『あんたのお母さん、障子の陰から、じっと私たちのこと見てるからイヤだよ』って。

私が友達作るでしょ。お母さんは、友達のけちをつけるのよ。『あそこの家庭はいけません。あの女の子は言葉遣いが悪い。あの子は汚い』とか言うのよ。お母さんが、どこかのお屋敷のお嬢さんを、うちに連れてくるのよね。見たこともないような子。そして私に『この人と遊びなさい』って部屋に通すの。初めて会う子で、会話もないでしょ。だからポツンとしておもしろくないわけ。その子も結局来なくなるわけ。うちのお母さんっていうのは見栄っ張りだったの。だから、いいとこのお嬢さんだったらいいと思ってるの。庶民の人は駄目って。私は逆に、いいとこの人より、庶民の人の方が好きなのよ。ものすごく好きなのよ。

そんなお母さんと、三十年振りに一緒に暮らすことになったわけよね。でもね、世の中ってうまくしたものよね。お母さんがアルツハイマーになったら、性質がすっかり変わってたの。私がひとりっ子だから、昔は猫欲しい、犬欲しいって頼んでも、お母さんは、『畜生は家に入れません』って頑として、ペットを飼うことを許してくれなかったの。犬なんか来たら、気が狂ったみたいになってた、毛が汚いって。それがここには犬が二匹いたのよ。お母さんたら『わんちゃん、おいで』って、うちの犬にしがみついているの。『お母さん、毛だらけになるよ』って言っても離れないの。きっと、なんとか症候群というディジーズ（病気）がアルツハイマーになったお陰で、全部消えちゃったのね。そして朝から晩までニコニコ笑ってるの。

私は生まれた時から、お母さんの笑顔を見たことがなかった。お母さんの印象といったら、いつも眉間に皺を寄せて、嫌な顔ばかりしてるの。そういう印象しかなかったの。ところがアルツハイマーになったら、朝から晩まで、もう何から何までおかしくてしかたがないのよ。ぬいぐるみを置くとね、『くまちゃん、くまちゃん』、うちの主人を見ると、『お相撲さん、お相撲さん』、自分の箸を落としても、おかしい。なんでもおかしい。そして死ぬまで笑顔を絶やさなかったの。子供時代、私が見られなかったことを、年取ってから全部見させてもらったって感じ。

お母さんはもう九十二歳になってた。私が学校の仕事を辞めて二年が経ってた。その日、朝五時に目が覚めたのよ。お母さんがなんだか夜中に叫ばなかったし、いつもはすごいいびきが、その日は全然聞こえない。何かあったらいけないから、いつもベッドルームのドアを開けっ放しにして寝るんだけど、本当にその日は静かだったの。どうしたかなあと思って、ベッドから起き上がって、お母さんの部屋に様子を見に行ってみたの。そうしたらお母さん、もう死んでたの。

『あー、お母さん、苦しまないで良かったね』。そう思った。うちの主人に『お母さんが今、亡くなったよ』って言ったら、部屋から出てきて、うちのお母さんの顔を見て、主人ったら涙流してるのよ。あら、この人泣いてるの。私なんか、涙も出ないわよ、って思ってね。嘘でも泣こうと思うんだけど、でも涙が出てこないのよ。なんだか気持ちがスーっとしたのね。うちの主人が涙流しながら、『お前、よくやったなあ』って私の横で言ってたわ。

アルツハイマーの介護をしていると、本当の生き地獄っていうのを見させられるの。大変なのよ。私も本当に限界に来てたの。これ以上もう看られないってところまで。もう悲しいけど、ホームに入れようかなって思ってた時だったの。ホームに入れようか、って思ったのが三回ほどあったんだけど、そのたびに、うちの息子と主人に反対されてたのよ。

息子は『ママ、グランマを入れないでくれ。僕もヘルプするから。もしグランマをホームに入れたら、ママがああいう風になったら、僕もママをすぐ入れるよ』って脅迫するのよ。主人は主人で『日本で老人ホームに入れるっていうのを、お前がわざわざアメリカに連れて来て、なんでまたここでホームに入れなきゃならないんだ』って言うのよ。

お母さんが亡くなった時は、自分に点数をつけるとしたら、百点でも足りないと思ったわよ。百三十点もらってもお釣りがくるって思ったくらい、お母さんの介護をものすごくよくやったと思う。私自身、お母さんに本当によくやってあげられた、っていう自信をすごく感じたのよ。だから悲しいとは思わなかった。やり遂げたという気持ちの方が強かったわね。ホームに入らずに、ここで亡くなった、というのは、うちのお母さんにとっても最高よね。私もいたし、息子もいたし、主人もいたし。そして自分のベッドの上で静かに息を引き取ったんだから」

――どんな苦労話をしている時でも、笑い話に変えて大笑いしていたエイミーさんから、今日初めて笑いが消えた。けれどとても充実した自信に満ち溢れた表情だった。

「私、お母さんにかかりっきりで、ずっと主人を一人ぼっちにしてしまっていたの。テレビも一緒に観ない、ゆっくり話もできない、何もかも行動が別々。だってお母さんがひどくなったら、おしめは換えなきゃいけないし、もう大変だったのよ。主人、すごく孤独だったと思うのよ。時々ふと、主人のことがかわいそうになってくるのよね。そんな時できることといったら、お母さんを息子のトミーに頼んで、主人と一緒にディナーに出かけることくらいだったのよ。トミーのスケジュールを見て、『今晩、マミィとダディが夕食に出かけるから、グランマを看ててくれる？』って頼むと、息子は、オーケーって引き受けてくれるの。そして主人に朝、『今日、久し振りにご飯食べに行きましょ』って誘うのよ。そうするとうちの主人、うんと喜ぶのよ。そして夕方、主人が帰って来て、『何時に行くんだい？　どこに行こうか？　俺、今からシャワーを浴びてくる』って張り切ってるのよ。主人がシャワーから出て、きちんと身支度を整えてくるでしょ。そうするとお母さんの様子がおかしいことがあるのよ。老人っていうのは、今調子がいいと思っても、数分後、急に様子がおかしくなることがあるのよね。もう十三年看てきてるから、私も勘でわかるのよ、なんかおかしいって。私が『お母さんの様子がおかしいから、ディナーやめようよ。置いて行くの心配だから』って主人に言わなければならなくなるの。普通の男性だったら、怒るわよね。期待して帰ってくるのにねえ。ところが『レストランはいつでも開いてるから、またにしよう』。そう言って、座ってテレビなんか見始めるわけ。

主人は本当にお母さんによくしてくれたのよ。主人は船を持っているでしょ。時どき、お母さんをハーバーに連れて行ってくれたの。主人がお母さんを抱いて、船に乗せてくれるの。そしてお母さんにパンを渡してね、『お母さん、アヒルにパンをやんなさい』なんてね。うちの主人は、おしめを取り替えたり、ご飯を食べさせたりということはしないけど、いろんなことでヘルプをしてくれたわね。

次男もものすごくヘルプしてくれた。おばあちゃんのことをかわいそうだと思っていたみたい。私がうちのお母さんを、すごく怒ることがあるのよね。いやなことするのよ。お箸持ってくるからって言うと、丼の中に顔入れて、犬のように食べたり。お客さんがいる前で、人の食べている物を取ったり。わたしが怒るでしょ。うちの息子が『おばあちゃんは病気だ。ママはなんであんな大きい声で怒るの』って、よく叱られたわよ」

——エイミーさんの半生を数時間聞いたけれど、次男の病気、そしてアルツハイマーの母の介護と誰かの病気の世話にかなりの時間を費やしてきた人生なのだ。エイミーさんは、そんな自身の人生を振り返って、どのように感じているのだろうか。

「そうなのよ。うちの次男は幼稚園から中学まで、今度はお母さんを十三年間。だけど人生に後悔はないね。そして何か人のために役に立った、ということはプライドがあるね。ものすごく自分に誇りを持ってるわよ」

——自分の人生が人のために犠牲になったという風には思わなかったのだろうか。

「そういう風にマイナスには考えない。というのは、してもらうより、してあげる方がいいじゃない。人にしてあげるということは、その人のためにしてあげているんじゃなくて、私自身のためよ。トミーに付き添って学校に行って、それが縁でいろんな人と出会い、自分の情熱を傾けられる仕事にも巡り合えた。そして全力を尽くしてやった。私はすごく誇りに思っているわよ。

そしてお母さんを看たっていうのも、アメリカに来て、お母さんと三十年間も離れて、ある意味では親不孝をしたかもしれないのよ。でもその代わり、私とお母さんには、あの十三年間というものができた。人生の経験をうんとして、いろんなことを覚えたなって思う。だからアルツハイマーの家族を介護している人や、子供が病気で苦労している親たちのためのアドバイザーにだってなれる、というくらいの自信があるのよ。

日本だったら、もっともっと私ができることがあったような気がする。というのは、アメリカでは言葉のハンディがあるでしょ。いくら学校でいろいろ働いても、限界があるのよね。私の持ってる仕事で終わり。例えば、ＰＴＡね。やっぱりアメリカ人ではない私たちは、ＰＴＡの幹部にはなれないのよね。上にはいけなかったわよ。いつでも縁の下の力持ちしかできないわけ。でも日本だったら、ＰＴＡのスーパーバイザーだとかなることもできるわけでしょ。アルツハイマーのお母さんを一生懸命介護したけれど、日本だったら、この経験を活かして何か活動をしたり、アルツハイマーの家族を抱えている人たちのために講演をして役に立つことだってできるかもしれない。でも外国人の私には、この国ではそれができないのよ。そういう点で、もどかしい思いを何回もしているわよ。学校に行っても、これが日本語だったらなあって思うこともあるわよね。言葉にハンデがなかったら、コンピューターも習えたしな、とか、日本語だったら、こんなに苦労しないで、何かもっと大事なことをしてたんじゃないかなって思う。

だけど日本にたまに帰るでしょ。お母さんの三回忌だとか七回忌だとかね。そして時どき親戚の人に会ったりすると、やっぱりアメリカがいいな、って思う。アメリカはやっぱりオープンでフリーよね。日本はやっぱり島国根性で、人付き合いだとか、ややこしいところがあるわね。やっぱりアメリカはのん気でいいと思う」

――アメリカで差別など不愉快な経験はあったのだろうか。

「何回もあるわよ。でもその人によって、下へ下へ下へ下へって沈んでいく人と、だからなんなんだ、ってファイトバック（立ち向かおうと）する人と、その人の性質でね、感じ方がまるっきり違ってくると思うわね。私はどちらかと言うと、くよくよしている方じゃないから。差別なんかいっぱいあるわよ。でもくよくよしていると、もっともっと差別されるでしょ。

うちの主人おとなしいでしょ。うちの主人がもっとどっしりした男性だったら、私は後ろにすがって生きていっちゃってたと思うわよ。女は男に従って生きていくものよって。うちの主人が言わないから、私が言うようになる。例えば、車を買う時の交渉でも、保険のトラブルでも、なんでも私が言わないといけなかったの。だからこんなにたくましくなってしまったのよ。お陰で、うちの子供が病気した時も乗り越えられたし、うちのお母さんを介護した時も乗り越えられた。何もかもが、私にはプラスになっていったのよね」

――十三年もの長い間、お母さんに自分の人生や時間を捧げてきたエイミーさんだが、これからの人生はどのように生きていきたいのだろう。

「主人にね、『あんたもリタイアしたし、私も学校辞めたし、これからはあんたと私の世界だね』なんて言ってるのよ。だけど孫たちがしょっちゅう遊びに来るの。結局二人っきりにはなれないのよ。

たまには二人でディナーにでも出かけようか、なんて話してると、息子が、『今夜、子供たちを連れていくよ』なんて電話が入って、結局孫の好きなもの作ったりしてるの」

――エイミーさんは、お母さんを介護しながら、お母さんのこと、家族のことをエッセーに綴る喜びを発見した。

「ある日、日米タイムズ（サンフランシスコの日系新聞）で新年エッセイコンテストを募集してたのよ。それで私、書いて、応募してみたの。私、さっきお話したように中学しか出てないの。文法も全然だめ。漢字もわからないの。それでも書いて送ったの。いたずら心で送ったのよ。そしたら三位に入賞しちゃったの。賞金百ドルも届いたのよ」

――エイミーさんは、本当に少女ように無邪気に笑っていた。

＊　＊

四時間近いインタビューを終えると、私の夫たちは、ロンさんのボートの停泊するハーバーから既に戻って来ていた。ハーバーで船を見せてもらい、ハーバーのテーブルに座って、息子はソーダとクッキーをエンジョイしてきたらしい。かなり日差しが強かったようで、夫の鼻の頭が真っ赤に日焼けしていた。

エイミーさんは絵を描くことも好きなのだという。リビングのテレビの上には、彼女が以前描いたボートの油絵が飾ってある。
「子供たちが小さかった頃、このボートでエンジェルアイランドまで行って、そこでテントを張って、子供たちと一晩泊まったこともあるんだ。このボートは売ってしまったんだ。今のより大きかった」と、ロンさんは懐かしそうに目を細めた。

エイミーさんは「お腹が空いたでしょ」と、手作りのポテトサラダと、ダイエット中だから、と頂き物のクッキーを一箱持たせてくれた。帰り際、ロンさんが、「今度来たら、子供たちをボートに乗せてあげよう」と言ってくれた。本当にそんな日が来たらどんなに素敵だろう。

それから二、三日経った頃、私の元にエイミーさんから封筒が届いた。封を開けると、エイミーさんのエッセイのコピーが何枚も入っていた。その中には、アルツハイマーのお母さんとエイミーさんの家族との心の触れ合いを綴って、入賞したものもあった。けれど特に私の心を捉えた別の一篇があった。

小学校のランチ係をするエイミーさんが、自分の助手に学校一悪の男の子を選ぶ。本来校長先生が学校一の優等生を選ぶのが通例になっているところを、エイミーさんが校長先生を拝み倒して、彼を選ぶのだ。当然のことながらトラブルが続出。けれど彼を信じて、仕事を任せていくうちに、その少年はエイミーさんに心を開いていく。そして卒業式の日、少年は卒業パーティーから失敬してきたカップケーキを、エイミーさんに別れのプレゼントだと言って手渡すのだ。さよならを言って、走り去る少年を見送りながら、ふと見上げると、そこには青空が広がっていた。エイミーさんは、叫ぶのだ。

「バンザーイ」と。

その文章を読み終えた時、私はふと不思議な気持ちになった。思い出していたのだ。エイミーさんを訪ねる朝のパークマセッドにはめずらしい青空を。そしてそれだけでなんだか幸せな気分になったことを。これはなにかの偶然かしら、と思う。もしかしたらエイミーさんがくれた青空だったのかもしれない、と思った。だって彼女は、どんな苦難も笑い話に変えてしまう天才なのだから。

「日本よりずっと女性が活躍していました」

大学院進学、離婚、
アジア人初サンフランシスコ市衛生局副局長

本間 玲子 トゥルー

――ジャパンタウンの中心から数ブロック上がった所に、本間　玲子　トゥルーさんのオフィスが入っている建物がある。天井からシャンデリアが下がった落ち着いた雰囲気のロビーを抜け、玲子さんのオフィスを探した。すると壁に「R. Homma True, Ph.D. Kokorono Clinic（R・ホンマ・トゥルー博士　こころのクリニック）」と彫られた銀色のプレートを見つけた。そのプレートが指し示すドアをノックすると、間もなく扉が開いて、にこやかな微笑みをたたえた玲子さんが現れた。玲子さんは黒いTシャツと黒のパンツに小花柄をあしらった青いブラウス風のジャケットをさらりと羽織っていた。あごの辺りでカットされたおかっぱ風のヘアスタイルに眼鏡をかけている。その眼鏡の奥に覗く瞳は、とても穏やかで、アメリカ人社会の第一線でバリバリと働いてきた日本人女性というイメージとは少し違って感じた。

白い壁に囲まれた玲子さんのオフィスは、こぢんまりとして、小さな家具が最小限に置かれている。玲子さんはキャスター付きの小さなデスクの脇の自分専用の一人掛けの椅子に腰掛け、私は小さなコーヒーテーブルを挟んで反対側の壁につけて据えられた、いつもは彼女のクライエントが腰を埋めるであろう椅子に腰を下ろした。壁には額がいくつか飾られている。

「大体、何人くらいインタビューすることになりそうなんですか?」

――玲子さんは、左の肘掛と自分の体の間に挟まれた茶色いクッションを、一番心地良い位置に定めるため、慣れた手つきでほんの少しずらした。

「十人です。玲子さんが、その十人目なんですよ」。

そう私が答えると、玲子さんはほんの少し目を丸くした。私はインタビューを録音する承諾を得ると、レコーダーのスイッチを押して、簡単な質問から始めた。玲子さんは、いつもはこの部屋で、あの椅子に腰掛けて、少ない言葉で相手の言葉を引き出したり、聞き役に徹しているのだろう、と想像した。けれど今日はいつもとは全く逆に、自分自身のことを語るという少々勝手の違う状況なのだ。玲子さんは、ゆっくりと記憶の糸を手繰り寄せる作業に没頭し始めた。

本間　玲子　トゥルーさんは、昭和八年（一九三三年）八月十九日、新潟県新潟市に生まれる。

「私が十歳くらいの時、あの頃、太平洋戦争が始まったでしょ。うちの父がシビリアン（軍属）で、家族で中国の上海に行きました。そして十三歳の時に日本に帰って来ました。私も中国からの引揚者だったんですよ。父はしばらく中国に残るということで、私と母と二歳下の弟、そして十三歳下の妹とで日本に引き揚げ、生まれ故郷の新潟に戻りました。

母は私が十七歳の時、三十九歳で亡くなりました。父は長生きして、八十四歳で逝きました。

もちろん引き揚げはみんな大変でした。でも奥地の満州に行かれていた人たちは、港のある所に辿り着くまでが、ものすごく大変だったんです。本当に命からがら逃げてきたでしょ。途中子供たちを置き去りにして来なければならなかったというような、悲惨なこともありましたよね。幸いに私たちはそういうことがなかったんです。ですから、上海にいた私たちは、比較的引き揚げのトラウマが少なかったと思います。

終戦になって、私たちは上海でしばらく収容所に入れられましてね。でもそこで、そんなにひどい待遇を受けたということはありませんでした。そして船が来ると、その船に乗せられて日本に向かうわけです。満州のような奥地の人たちは、そこに辿り着くまでが一番大変だったわけです」

——玲子さんは十三歳の十月、中国から引き揚げたのち、母と弟と妹とともに故郷・新潟へ戻った。

「昔は高等女学校というのがあったの。それがあの頃、新しい教育システムに変わって、中学と高校に分かれたんです。うちの家族が私を入れさせようとしていたのが、うちのおば達や母の母校の第一高等女学校。あの頃各県にありましたでしょ。その第一高女を前身とする中学に私を入れたがったんです。ところが引き揚げ子女は、『うちの学校では引き受けられないから、他の学校を受けてください』と言われたわけなんです。うちのおば達は割と地元の有力者だったのでね、とにかく試験だけは受けさせてくれ、と頼んだんです。もし成績が足りなくて、学校に入ってもついていけないということならば、他の学校に行かせるけれど、とにかく試験だけは受けさせてくれ、と頼みましてね。私ひとり、試験を受けさせて頂いたわけ。

学校としてみれば、そういう子を引き受けて、果たして授業についていけるのかって思いますよね。危惧を持って当然だわよね。試験は受かって、入学できました。

私たちが上海の収容所に入れられていた時は、学校なんて全然ないでしょ。そこで、ある程度教育のある父兄の方たちが、寺子屋的な学校というかクラスを作ってね、収容所の中で、子供たちを教えていたんです。私の母は、昔の短大レベルの教育を受けていてね。英語もやってたし、数学も結構できていたんです。それで彼女は英語と数学を受け持って、うちの父親が国語を教えていたんです。だから私は収容所にいながらにして勉強はしていました。日本に帰って来て、私が中学の入学試験を受けたら、その学校の日本の子供たちより国語も数学も英語も成績がよかった、というわけで、問題ないということで入れて頂いたんです。それで日本に帰っても、学校では苦労がなかったですね」

——玲子さんは、新潟でどのような少女時代を過ごしたのだろうか。

「私はものすごくいたずら好きな少女でね、勉強はできたんですけど、いたずらをして、お叱りを受けたりしていましたね。お友達とクラスを抜け出して、学校の外に出ちゃったり、授業中、クラスの中でノートを回したり。そんなことをして、先生につかまったりね。そういうことをやっておりました。

勉強は好きで成績も良かったんだけれど、修身がいつもCでね。なんとかそれを良くするようにしなさいって、お説教を受けました。お裁縫なんか一番嫌いだったので、それも本当に惨めな成績でした。はい、今も不器用でございます」

——上海にひとり残っていた父が、約一年振りに日本に帰って来た。

「父は戦争に徴収される前は、高校の国語の教師でした。高校の教師をしている時に徴収されて、彼は中尉かなんかだったのかな。そしてその後、軍属として中国で働いていました。そういうわけで、戦争が終わった後は、公職からは追放されたわけです。ですから父は日本に戻ってから教師には戻ることができず、そのためいろんなことをやったんですけどね。その後、旅行業をひとりで始めたんです。修学旅行生を案内したりもしていましたよ。

私が十五歳の時に、うちの父が仕事の関係で横浜に移ったんです。横浜の方が仕事がやりやすいということで。父は横浜に行って、私たち家族四人は新潟に残りました。父が横浜に移って一年位経った時、母がちっちゃな妹を連れて、横浜の父の元に行ったんです。そして私と弟は祖父とおばがいるうちに預けられました。それから私が十七歳の時に、弟と一緒に横浜に行きました。

横浜で父や母と一緒に暮らす予定だったのですが、その時に母が怪我をして急に亡くなってしまうんです。私たちがそこについた時には、もう母は怪我をして横になっていました。でもその時は、母はまだ意識もありましたし、いろいろ話したりもしてたんですけど。その後、二日後の夜くらいに急に出血して、痙攣がきちゃって。それから意識が朦朧としてきて、急いで近くの病院に連れていったんですけど、その時は、もう手遅れ。そのまま亡くなりました。

あれは、父のDVだったんです。すぐに病院に連れていけばよかったんでしょうけど、日本ではそういうこと隠すでしょ。だから多分、あれは脳内出血だったと思います。

結構前から、うちではDVがあったんですよ。あの日の母へのDVも、別に意図的にやったんじゃないと思うんだけど。母もそんなに深刻には受け止めていないようでしたからね。あの日、ただ喧嘩してて、父が母を押したら母が倒れて、そこにあったテーブルの角に頭を打った。それで多分出血したんだと思います。だからそれはアクシデントだったたんだけど。私が新潟から父の家に着いた時、母がそう言っていました。でも彼女は自分がそんなに重症だとは思っていなくて。『ちょっと頭を打っちゃったのよ。頭が痛いからバファリン飲んで、しばらく休んでいないといけない』って話してました。夜中に急に痙攣が出て、その時病院に連れていったけれど、もう遅くて」

——玲子さんは、冷静に淡々と語った。

「日本は四月が新学期でしょ。私が横浜に移ったのは、多分六月頃だったと思います。新潟で高校二年の初めだけ行って、そして横浜に移ったんですね。それから母が亡くなり、そうこうするうちに学校は夏休みに入って。私が横浜の高校に入れたのは、九月の半ばくらいだったと思います。しばらく学校に通っていない時期があったんですよね。

私は横浜にある神奈川県立平沼高校に転校しました。この学校は、以前は平沼第一高女といって、神奈川県の高等女学校でした。私が通っていた時は、平沼高校に変わってたわけです。当時は女学校から共学に変わって、まだ二、三年でしたから、男子生徒はあまり来たがらなくて、男子の数は少なかったんです。今はそんなことないみたいですけどね。

横浜の学校に行って一番ショックだったのは、国語の時間に、先生が私にテキストを読むように言った時のことです。それで読み始めたら、クラスのみんなが、ワーッと笑い出したんですよ。私の新潟弁のアクセントが強かったんですね。あれには傷つきました。

初めは私のことをイナカッペって、相手にしてくれませんでした。新潟から引越して来て、しばらく学校に行かなかったりで授業にも遅れてましたでしょ。だから遅れている分のノート貸してくれない？なんてクラスの人に頼むんだけど、貸してくれない人が多かったんですよ。思春期のああいう年頃の女の子って、結構意地悪な子多いじゃない。でもそんな子ばかりじゃなくて、そういうのはかわいそうだって私に同情してくれて、『私たちの仲間に入りなさいよ』って言ってくれた女の子たちもいて、そういう人たちからノートを貸してもらって、何とか勉強が遅れている分をキャッチアップできたんですけどね。

その学校は、圧倒的に女子が多いんですけど、進学校なんですよね。結構みんな塾かなんかに行ってるんですよ。みんな進学を控えて神経がとがってるのよね。試験をすると、その結果が学校に張り出されるわけ。

ある時、私に意地悪した連中が入って来てね、『本間さん、あなた、なんで隠してたの』って言うのよ。別に隠してたわけじゃないんだけど。どういうことかって言うと、私、数学と英語が一番だったの。その子たち、田舎から来た私が、そんなにできるとは思ってもみなかったみたいで。『あなた、隠しててずるいわね』とか言うのよ。それからというものは、塾に行っている人たちがね、塾の宿題を見て直してちょうだい、とか私のところに頼みに来るようになったのよ。私、塾なんかには行ってないけど、結構自分の勉強になるな、と思って、『お安い御用』って感じで引き受けてたのよ。以前意地悪した人たちでも差別しないで、どんどん宿題とか見てあげてね。そしたらすごくクラスでポピュラー（人気者）になりました」

――玲子さんは、懐かしい思い出に朗らかに笑った。

「私は進学なんてこと考えてなかったのよ。だけど、どうも周りの人みんな進学するでしょ。じゃあ、私も進学してみようかなあって思ったの。うちの経済状態は、そんなによくなかったから、行けるかどうかなんてわからなかったんだけど。でも試験だけは受けてみようって。みんなが塾に行っていたから、私も一年くらい塾に行ってみようと思って、高三の時に塾に通って大学を受験したの。

お茶の水女子大学とね東京外国語大学を受験しまして、両方とも受かったわけ。そして東京外語大を選びました。女子の大学よりは共学の方がいいと思って。私は英語学部に入りました。その当時、東京外語っていうのは、すごく人気があったんですよ。キャンパスは昔は巣鴨にあったの。今は都外（23区外）に行っちゃいましたけど。

あの当時、東京外語大ではね、私たちのクラスは女子が三人だけで、あとは八十人くらい男子だったんです。その時ね、女子の学生を受け入れるようになって、まだ三年目でした。昔、進駐軍が来て、そして学校が女子にも解放されることになって、私たちも入れるようになったわけ。

男子学生の中には、女子が入って来たということで、すごく反感を持っている人たちが多かったと思うわね。だからそんなに初めは、ウェルカムっていう感じじゃなかったのよ。私自身、その点がショックだった。だってお手洗いだって女子用のお手洗いがなかったんですもの。学校としては急ごしらえの女子トイレは用意していたんだけど。男子トイレの奥の方に女子用トイレを作ってあるだけなんです。そうすると男子のトイレの前を通って女子用のトイレに行かなくちゃならないから。男子トイレの隅っこを間借りしているような感じだったんです。すっごくイヤだったわね。

最初一年くらいは、やっぱり辛かったですね。いろいろ男子学生ともギクシャクあったし。だから女子三人でお互い助け合ったって感じですね。一年生の後半くらいから、割合みんな溶け込み始めたと思います。先生たちは、ずっと、みんな私たち女子学生に対して、ものすごく良くしてくださったし、その点は本当によかったです。

なぜ英語学部を選んだのかというと、私、英語が好きだったし、とにかく思春期の子供なんていうのは単純で。結構私は単純でございましたので。だから将来何になりたいか、って考えた時に、国際関係のお仕事がしたいと思って。例えば外交官だとかね。そんな風なことを夢見ておりましたけど。

それから私は家の方からほとんど援助を受けずに大学に通いました。私は大学のある巣鴨に下宿しながら、英語の家庭教師のアルバイト代と奨学金とでなんとかやっていけました。他の家族は横浜で暮らしていました」

――そして大学四年の時、玲子さんは夢と現実の狭間に立たされ、大きな失望感を味わうことになる。

「何がショックって、これが一番ショックでした。ずっと学校では男女共学で、差別なくきたでしょ。みんなと一緒に勉強してきたわけでしょ。就職活動が始まったけれど、ほとんどが女子の卒業生を受け入れないんです。女子は応募に及ばず、なんです。当時、女子も入社試験を受けさせてくれたところは、ジャーナリズムだったんです。でもジャーナリズムのタレント（才能）もないし、興味もなかったのでね。そこに行こうとは夢にも思ってなかったんです。ただ学生の時に、もしかして仕事がないと困ると思って、英語の教師の資格は取っておきました。最悪の時は高校の英語の教師になろうと思っていたんです。でも高校の教師も私はやりたくなかったし、だからとにかくすごく幻滅でしたね。これからどんどん世の中が変わって来ているから、自分でも何かができる、と、あまりにも楽観視してたのね。

他の二人の女子の人たちは家族のコネがあったんですよ。いい会社の秘書になったり、もうひとりは、亡くなったお父様がジャーナリズムの世界でものすごく大きい方だったから。それで、二人ともちゃんと就職が決まっちゃったわけ。私ひとりだけ、のほほんとしてて。何とかなる、なんて高をくくってたのよ。ところが、とんでもない。それで最終的に私の恩師がね、かわいそうに思って、小学館って出版社があるでしょ。そこに就職を斡旋して下さって、そこに入社したわけなの」

――小学館では、小学生向け雑誌の編集部に配属された。

「そこに出勤した第一日目に、社長室に呼ばれたのよ。『女子の専門職を雇ったのは、この度初めてだから話がある』、って。他にたくさん女子の社員がいるのはみんな秘書だとか事務員なんですね。社長は、『そういう人たちの手前、あなたを特別扱いするわけにはいかない。あなたにもお茶汲みのデューティ（務め）をやってもらいます』と言われました。一緒に入社した男性たちは、そういうことは全然なかったんだけど、私だけは他の女子社員の人たちとお茶汲みのローテーションに入らされるんです。順番が来ると、やらなきゃならないんです。それに加えて、私は外に出て行かなきゃならないでしょ。だから私がお茶汲みの当番の日に外に出かけなきゃならない時は、他の女子社員の人たちに借りができてきちゃうわけ。二、三ヶ月くらい経つと、もう借りがたくさんできちゃって。

当時は原稿を頂きに行ったり、そういうことをやるわけですよ。編集の仕事もやってみたらある程度面白かったですよ。でもねえ、私はあの時は人生のクライシス（危機）に陥ってたと思うの。自分が見ていた夢が閉ざされてしまった、という感じでね。

それからやっぱり母が亡くなったということが、随分尾を引いていたと思うの。日本の夫婦とか結婚生活って私の母だけでなく、夫に虐待される女性だとか、外で遊んでいる男性だとか、家を顧みない夫だとか、そういうことが、あの当時たくさんあったでしょ。だから私自身、自分の結婚に対して絶望的だったと思いますよ。そして母の死後、私はうつ状態だったと思うんですよね。

新潟なんて地方だと、女が教育を受けるとか、そういうことに対して、随分いろいろ偏見がありますでしょ。だから、大学なんかに行ったら結婚してくれる人がいない、だとか、そんなことをしょっちゅう言われてましたね。特に私は家事が下手だし、器量もあんまり良くなかったし。そして財産もないとなると、結婚してくれる、お嫁さんにもらってくれる人がいない、ってよく言われました。本間家の女性っていうのはキャリア志向で、結婚しなかった女性が結構いたんですよ。本間家のおばの一人は医者、もう一人は薬剤師だったの。二人とも生涯結婚しなかった。祖母の妹という人が、やっぱり結婚しなかった女性なんですけど。だから三代続いて、本間家の女性というのは、難しい女性だって見られているからね。私自身もそうなるんじゃないかなあ、と思っていたので、結構いろんな意味で、人生の先が随分暗いという風に感じていたと思います。

出版社の仕事も本当の意味で夢中になれなかった。ただあの頃、私が打ち込んでいたのはキリスト教の教会でした。うちの母はクリスチャンだったんですよ。私はそれまでキリスト教とか教会に対して、あんまり強い信仰なんて持っていなかったんですけど、母が亡くなったということで、やっぱり教会に心の癒しというものを見出そうとしたのかしら。だから教会に結構ね、関係するようになったんですよ。そこを通して、教会の方でやっている、例えばソーシャルワーク（社会福祉）的な事業ですよね、ボランティア的な事業をいくつか学生の時からやっておりまして。そういう活動に参加することで、自分が役立っている、とか、自分の存在意義だとかを見出し始めていたような気がします。

母が亡くなってからは、教会というのが、私にとってある意味、親の代わりになってきていたんだと思う。そして、そこにとてもいいミッショナリー（宣教師）の方がいて、私は英語が話せるので、彼らのいろいろなお手伝いをしたんです。例えば、あちこちの孤児院に行ったり、刑務所の慰問もしました。そこで歌を歌ったり、お話をしたりしたんですけどね。孤児院の中で、随分かわいそうな子供たちもいるし、そういう恵まれない子供たちの相手になってあげたりして、そして喜んでもらえたという経験が、私自身の価値観の土台を作ったような気がします。そして私がソーシャルワークに興味を持つようになるんです。これが私のルーツなんですよ」

――未来の玲子さんが生まれる小さな芽が、土の中から顔を出し始めていたのだ。けれどその前に、この教会が縁で、玲子さんの人生を変える出会いが待っていたのだ。一九五六年六月に玲子さんは、この教会で知り合ったアメリカ人男性と結婚するのである。

「その人は、私の通う横浜ルーテル教会に来ていたアメリカ人で、日本にキリスト教を広めたいと言う思いを強く持っていたの。そこの牧師さんが私に、『君は英語ができるから、通訳をしてあげなさい』と言われてね。彼の通訳をやってあげてたわけ。彼はアメリカの駐留軍の軍属として横浜の座間に勤務していて、その傍ら布教活動をしていたんです。

それから彼に『結婚してくれ』って、ものすごく追われたわけよね。初めは布教活動をするアメリカ人とその通訳という関係だったんだけど、ところが彼が東京まで出てきて、私を訪ねて来たりするようになって。初めは国際結婚なんて全然興味がなかったんだけど、でもその頃、就職して現実の社会に幻滅していたでしょ。そして日本人との結婚ということに対して、私は自信がなかったということも影響しているわね。父と母の関係だとか、その時代の日本人夫婦の関係だとか、いろいろなことで私は結婚に対して希望を持てなくなっていたでしょ。

実はうちの母ね、生きていた時にすごく言っていたことがあるのよ。それは、『クリスチャンはいい人だ』ってことなんです。クリスチャンというのは、日本では戦争中、随分迫害されたでしょ。うちの母も、本間家の祖父に随分厳しくクリスチャンを辞めろって言われてたわけ。だから彼女は戦争中、クリスチャンであるということで、すごく苦労したんです。私の出会った新潟にいたクリスチャンの人たちも、みんな本当にいい方たちばっかりだったの。例えば学校の先生だとか、本当に優しいいい方たちばっかりだったんですね。だからうちの母の『クリスチャンはいい人だ』っていう言葉に私自身もある程度影響されて信じていたんですね。ですから横浜の教会で出会ったアメリカ人男性もクリスチャンだから、きっといい人で結婚相手に選んでも間違いない、という潜在意識があったんだと思う。その時、自分の人生や将来にいろいろ失望していた時だったでしょ。その時に結婚してくれって強く言われるわけでしょ。まあ、結婚するのもいいかも、となってしまったんでしょうね」

――結婚生活は、横浜の本牧でスタートさせた。そして玲子さんは横浜から東京の小学館まで通勤して、家庭と仕事を両立した。けれど結婚して三ヶ月後の九月には、小学館を退職する。

「やはり両立は大変でした」

——結婚の翌年一九五七年七月、玲子さんは長男デイヴィッドを出産する。そして翌年一九五八年、夫と長男デイヴィッドと共にアメリカに渡ることになる。

「軍の船で来ました。最初シアトルに着いて、シアトルから飛行機でサンフランシスコに来ました。彼の母親がサウス・サンフランシスコに住んでいたんです。初めは、そこで彼の母親と同居しました。お父さんはもう亡くなっていました。

その時、主人は軍に勤めていました。アラメダの方に軍属として働いていました。それで私はね、その年の八月頃に秘書として日本の北米商工会議所に勤めました。日本の人たちが作った商工会議所ですよね。日系駐在のビジネスとか、こちらのローカルの二世の方たちのビジネスとかが集まってやっていたんです。履歴書を送って採用されました。オフィスは当時、ワールドトレードセンターにありました。ここは一年間働きました。

いくら日本で学位を取っていても、ここで使えるようなものは何もないから、ほんとにせいぜい秘書か事務員くらいしかないだろうと覚悟は決めてましたからね。それで商工会議所の秘書の仕事をしていたんですけどね。ただ辛かったのは、日本の男子のクラスメートたちとアメリカで再会する機会があった時ですよね。私より成績があまり良くなかった人たちがね、みんな偉くなって来るわけですよ。でも私は秘書でしょ。さらに一番辛かったのは、そこの商工会議所の日本人のボスというのが、すごくキツイ人で、すごく嫌な思いをたくさんさせられたんですね。

一般の事務員でも、州の公務員として勤めたらサラリーも随分高くなるので、じゃあそれに応募してみようと思って、次は、カリフォルニア州の労働関係の統計を集めるオフィス（Department of Labor Statistics）に応募して、そこに事務員として配属されました。

タイピングなんかが主な仕事です。ところがその職場のすごくよかったのはね、そこのボスが、私にリサーチ・アシスタントみたいな仕事をやらせてくれたんです。普通のタイピングなんていうのは飽きっぽいつまらない仕事でしょ。私は数学とかそういうのが結構強くて、私って結構役に立つので、事務員みたいなことよりも、リサーチに関わる仕事をやらせてくれたわけなんですよ。私もそういう方がおもしろいし、サラリーが本当は高くなるはずだ、とか全然問題にしなかったんです。とにかく、おもしろかったし、チャレンジがあるから。

そのボスの人がね、すごくかわいがってくれたんです。白人の女性でした。私はその時の仕事でものすごく満足していて楽しくて、全然それ以上やりたいなんて気持ちは持ってなかったんですよね。そしたら彼女がことあるごとに、『レイコ、そんなことで満足してちゃダメよ。あなたはカレッジディグリー（大学の学位）を持っているんだから、こんなこととしてたらダメよ。もっとやらなきゃダメよ。大学院に行って、もっと仕事が出来るようにしなきゃいけませんよ』みたいなことを、しょっちゅう言ってくるわけなんです。発破をかけられてたんです。だけど私に出来ることなんて何もない、と思ったのね。そしてそのボスといろいろ話してたらね、ソーシャルワーク（社会福祉）というものがあるって言うのよね。訊いてみたら、私が横浜の教会でやっていたボランティアみたいなことを、お給料もらいながらできるっていうじゃない。そんな素晴らしいことってあるかしらって」

――玲子さんは、鈴を鳴らすように笑った。

「ただそれをやるにはね、やっぱり大学院に行って、マスターディグリー（修士号）を取ったほうがいいということで、それで彼女に発破をかけられて、UCバークレーのMSW（Master of Social Work/社会福祉学修士課程）に願書を提出したわけ。

　本当に日本よりずっと女性が活躍していましたよね。女性にとって日本よりずっと仕事がしやすい環境だと感じられましたね。またアメリカ人のボスは日本人とは随分違いがありましたよね。アメリカとはいえ、日系の商工会議所では、女性はお茶汲みのような仕事をさせられました。ところがこちらでは、そんなものはありません。ボスだってコーヒーが飲みたかったら、自分で入れるわけでしょ。アメリカの方が、ずっと居心地がよかったですよね。

　でもUCバークレーは、すんなりと入学まではいかないの。とにかくその時は日本の大学を卒業して、アメリカの大学院に入るっていうことが、ほとんどない時代だったでしょ。外国の大学の資格っていうのをね、厳しく審査されたわけ。日本で大学を出たからって、こっちのレベルの大学を出たのかどうかわからない、というわけなのよ。私の専攻は国際関係と英語だったでしょ。そうするとソーシャルワークのコースに進むには、ある程度アンダーグラジュエイト（学士課程）でいろんなソーシャルサイエンス（人文科学）をね、やらなきゃいけないと言われたの。ですから一応マスターコース（修士課程）への入学の許可を臨時に決定するけれど、その前にアンダーグラジュエイトのクラスをいくつか修了しなければダメだって言うわけね。ソシオロジー（社会学）、カルチュラルアンソロポロジー（文化人類学）、スタティスティクス（統計学）、それからもうひとつ何かあったかな。とにかく四つのコースを修了して、Bアベレイジ（平均Bの成績）を取った場合に正式に入学を許可するという条件がついたわけです。

この時、二番目の子供を妊娠していて、仕事は辞めました。カリフォルニア州の事務の仕事も一年ちょっとだったんです」

――一九六一年九月、長女ナオミを出産する。予定日より二、三週間早い早産だった。そして一九六二年、玲子さんは子育てと両立しながら、UCバークレーの大学院に通った。

「私は州からの退職金と他に通訳とか翻訳の仕事をまた別にやっていて、そういうものでなんとか学校に行く資金を捻出できたんです。ベビーシッティングなんかもしましたよ。大したお金じゃないけれど。それから二年目になるとね、奨学金が出て、だから学費も免除。多少楽になりましたしね。そして一九六四年に卒業して、それからすぐお仕事は見つかりました。

実は、主人との関係がおかしくなってきていました。上手くいかなかったのはね、根本的に彼と私とのキリスト教に対する考え方にものすごく大きな差があったということなの。うちの母のキリスト教の宗派はメソジスト宗派だったんです。以前は、私はクリスチャンといったら、みんな一緒だと考えていたんです。日本ではそうですよね。キリスト教同士で、そんな大きな違いがあるとは知りませんよね。彼の宗派はサザンバプティストといって、ものすごく保守的で、すごくコチコチの宗派なんですよね。南バプティスト宗派ですね。それからさらにね、狂信的なペンテコステグループに入信してしまってね。神様からヴィジョンが来るとかね、それから神様のお言葉が言葉になって人の口から出てくるとかね、すごくカルト的な傾向のあるグループに彼は所属するんですよ。

そういうものに彼が傾倒していることに、アメリカに来るまで私は気づかなかったんです。でも彼の信仰が、私たち家族にいろいろと影響を及ぼしてくるんですね。食事にもいろいろ制限があり、それを私や子供たちにも強要したんです。一番大変だったのは、普通キリスト教の信者がみんなでお祝いするような時、彼は『それは罪悪である』みたいなことを言うわけです。クリスマスを祝うのは、真の意味とは違うとか。クリスチャンの伝統をすべて否定するようなグループなんですよね。

クリスマスを家族で祝うというような、アメリカの普通の家庭で見られるような光景が、我が家にはなかったんですね。すごく寂しかった。本当にかわいそうだったのは、子供たちですよね。子供たちが小さい時は気づいていなかったけれど、学校に行くようになると、お友達のうちにはあるのに、なぜうちにはクリスマスツリーがないのか、とか、プレゼントが来ないのか、とか言うようになるんですよね。

これでは本当にいけない、と思うようになってきて、私も彼の前で段々自己主張をするようになってきたわけです。それまでは結構ね、おとなしく受け身的にやっていたんですけどね。彼はそういう私にすごく怒って、もう我慢できないって、うちを出て行っちゃったんです。あるクリスマスにね、うちの息子が絶対にクリスマスツリーを買ってくれ、って言うんですよ。うちの息子も結構執着心が強くて、イヤになるほど言い張る子なんですよね。

でもこれは息子のわがままだとは思えなかった。私自身本当に、子供たちがかわいそうだと思ったから、小さいクリスマスツリーくらいだったらって思って、小さいのを買って来たんです。そしたらうちの主人がそれを見て、もうこれ以上我慢できないと思ったんでしょうね。それで出て行ったんです。それまでもいろいろあったんですけどね。『こんなものを買って来て！』って喧嘩になったんですね。彼は私のことを、もう絶対に許せないって。それは一九六七年の十二月です。

彼が出て行ったあと、我が家はなんかシーンとしちゃってね。いくら変わってて厳しくても、お父さんって言うのは子供たちにとっては、やはり大事な存在なんでしょうからね。子供たちには、それはやっぱりすごいショックで、その年のクリスマスは大変なクリスマスでした。

彼は家を飛び出した三日あとにね、一度帰って来て、やっぱり一緒にやっていこうっていう風に言ってきたんです。彼が出て行く前は、離婚に対して私は抵抗があったから、私自身、離婚に踏み切る勇気がなかったんですね。でも彼がうちを出た時に、『あー、これではいけない。子供たちのためにも私自身のためにも、こんなことを受け入れているようでは、本当に自分自身の幸せをつかむことはできない』、という覚悟ができて、それならもう別れた方がいい、一緒になりたくない、と気持ちが固まっていました。

私が離婚の申し立てをした時に、彼の方は、私がいかに悪い人間であるか、という申し立てをして、私たちは法廷で争うことになりました。彼も親権が欲しかったんでしょうね。ただね、彼の主張は裁判所に相手にされなかった。親権も私が取りました。その時、息子が十歳、娘が七歳でした。

子供たちは私と一緒に暮らしたいと言っていました。というのは、お父さんの方に行くと、食べるものにもいろいろ変な制限があったのでイヤだったんでしょうね。甘いものを食べちゃいけない、キャンディはダメ、体に悪いから。いろんな制限があったわね。それから彼は神様について、ものすごく長いお説教をするのね。子供たちにとって、あまり興味のある話じゃないでしょ。彼は私にもタバコや化粧を禁じました。

彼のいいところは、すごく真面目な人だったということですよね。確かに暴力なんて絶対に使わなかった。私は結婚生活において、私の母の二の舞にだけは絶対にならない、と自分の中で決めていたんです。彼は決して父のように私に暴力を振るうようなことはなかったので、だから彼と十年間一緒にいたんでしょう。普通アメリカ人女性だったら、もっと早く別れていたと思うんですけど。やっぱり自分ひとりで生きていく自信があの頃はなかったんでしょね。女手ひとつで子供を二人抱えてアメリカで生きていくのは並大抵ではないと思いましたしね。それにもっと苦労している人がいるんだから、これくらいは我慢しなきゃいけない、なんていう気持ちもありましたしね。

別れてからは、彼は以前のような自分の一方的で独断的な考えを私たちに強いることはできなくなったんです。彼が何か変なことをやりだしたら、『ここは私の家だから、あなたにそういうことは言ってもらいたくない』とはっきり言って、彼には帰ってもらうことが出来るわけでしょ。そういう面でも、別れていてよかったと思います。

彼との結婚生活を送った十年を振り返ってみて、お互いの気持ちが段々離れていってしまったという悲しい思いはありますけれど、でもお互い努力して、子供たちをサポートしていけたんだと思っています。だから後悔はないですね」

——玲子さんはそう静かに、けれどとても力強く語った。

「離婚した時には、もうUCバークレーを卒業して、新しい仕事に就いて三年ほどが経っていました。バークレーを卒業した時、アラメダカウンティ（アラメダ郡）に新しく精神科のクリニックができたので、そこでカウンセラーとして就職したんです。これは郡が経営しているプログラムでした。オークランドにハイランドホスピタルというのがあるでしょ。あそこの中にクリニックがありました。精神病患者のケアをするというものです。非常にやりがいのある仕事でしたよね。

ソーシャルワークの学校に入って、どちらの分野に進むかということを二年目に決めるんですよね。あの頃、メンタルヘルス（精神保健）っていうことが、すごく広がってきていました。国としてものすごく力を入れていた時なんです。だから本当に新しい分野としていろいろ勉強することがあるということで、大学のスーパーバイザー（指導教員）に勧められたんですよ。私はそれまでメンタルヘルスなんてことはあんまり知らなかったですけれど、でも自分の人生を振り返っても、私自身いろんなことで悩んだ経験がありますので。そういう風なことをもっとしっかりと勉強して、そして人の役に立つようになりたいと思うようになったのも、まあ自然なことだったんでしょうね。そのスーパーバイザーの紹介で推薦をもらって、メンタルヘルス関係の職に就けたわけなんです。

精神科の救急で、自殺だとか、精神的にものすごく異常をきたしている人が来て、入院が必要かどうか、とか、そこで判断しなければならなかったりして。随分きつい仕事ではあったんですけれど、でも勉強の甲斐がすごくある仕事でしたね。

このクリニックでは、いろいろな経験をしましたね。ものすごく印象に残ったのは、ヒスパニック系の女性でね、妊娠したんだけど、子供が生まれたとき死産だったというクライエントですね。若い人でした。子供を死産で亡くされて、その精神的ショックから歩けなくなっちゃったの。これはね、身体的にも肉体的にも医療的にも、どこも悪くなかったんですけど、ヒステリーの症状だったんですね。

普通の内科のお医者さんが診てもどこも悪くないけど、これはやはり心理的なトラウマで歩けなくなったんだろうということで、精神科の方に送られてきたわけなんですね。その患者さんからいろいろお話を聞いて、死んだ子供のことを一緒にグリーフワークをして、そして徐々にトラウマ反応が軽くなっていくんです。グリーフワークというのは、悲しみをいろいろ心のうちから吐き出して、泣いたり、話をしたりして。そしてカウンセラーがそれを聞いてあげて、また将来に対して希望を持っていけるように、ヘルプしてあげるということをするんですよね。徐々に彼女の心の傷が癒されてきて、その結果歩けるようになったんです。

しばらくは彼女は車椅子に乗せられて、それをご主人が押して私のオフィスに入ってきていたんです。彼女にとって初めての妊娠、出産だったんですねえ。私と彼女でグリーフワークをして、そして歩けるようになったんです。それは結構ドラマチックでしたよね。

このクリニックでは、ものすごくいいスーパーバイザー（上司）に恵まれて、いろいろ教えて頂きながら、そういう風な心の傷を持っている人たちのお役に立てた。そんなに英語も上手くなかったし、日本人に対する偏見とかもいろいろあるだろうと思っていましたし。ですからいろんな他の人種の方たちが、私をどういう風に見てくれるかということでね、随分心配はあったんですけど。でもほとんどの人たちがみんな結構素直に受け入れてくれましたよね。

この仕事は、極限まで苦しんでいる人たちに向き合わなければならない。カウンセラー自身も相当辛くなることがあるんですよ。ですから自分自身の心のケアっていうのかしら、ストレス解消っていうこともしっかりわきまえておかないと、バーンアウトする（燃え尽きてしまう）んですよ。しっかり十分に休憩をとるとかね、患者さんをずっと詰めて診るということはせずに、楽しいミュージックを聴くとか。それから外でいろいろレクリエーションをして、リフレッシュするとか。本当にそういうことを意識して心がけました」

——その時オフィスの電話が鳴った。「ちょっと失礼します」と玲子さんは受話器を握った。日本語で答える。クライエントとのアポイントメントのようだ。「では、お待ちしています」と、きびきびとした、けれど相手にどこか安心感を与える口調で話している。

「ごめんなさい、お待たせして。この方、もう二回もお電話頂いているものだから」

——玲子さんはそう言って椅子を回し、私の方に向き直った。プロフェッショナルの顔から、今はひとりの女性に戻っていた。

「アラメダカウンティのクリニックには、一九七二年まで勤めて、辞めました。というのはね、まだ自分には足りないところがある、と痛感し始めまして。だからもうちょっと勉強しようと、ドクター（博士課程）に入るということを考え始めていたんです。多少貯金も出来てきましたので、それなら多少苦しくても、なんとかドクタープログラムに進学しても、生活していけるだろうと決意しました。ドクターコースでは、臨床心理の方をやると決めました。

UCバークレーのソーシャルワークでもドクターのコースがあったんですけど、あれはリサーチとかティーチングが主で、臨床じゃないんですよね。臨床をするんだったら、他の土地に行くか、この土地でクリニカルサイコロジー（臨床心理学）をやっている学校に行くかという選択に迫られました。でもやっぱり子供たちのためには、ここを離れたくなかったので、California School for Professional Psychology という学校に一九七二年の秋に入学しました。三年のコースで、クリニカルサイコロジーをやりました。

本当は三年で終わるはずだったんですけどね、1《ワン》ユニット（単位）足りなくて、それでもう一学期余計に行かなければならなくなったんです」

――玲子さんは、プッと思わず吹き出した。

「うっかり、単位の数え間違いをしちゃって。ですから一九七六年の一月に終わったわけです。

その学校に入る前にね、いろんなコミュニティグループが、活躍し始めた時期だったんですよ。当時、オークランドとかサンフランシスコには、東洋人関係のサービスが本当に少なかったんです。そのため移民で来ている人たちの中には、様ざまな文化的な適応に苦しんでいる人たちがたくさんいたわけなんですよね。そういう時に、本当に私たちの力でそういうものを作り上げようじゃないか、ということで、みんなで協力して、移民のためのサービスを作る運動を始めたんです。ドクターコースの学生をやりながら経験できました。すごくやり甲斐のある時代でした。

最初の一年間は自分の資金を使って勉強しましたけれど、本当に幸いなことに、あとの二年間の勉強は連邦政府からすごく素晴らしい奨学金を頂きました。生活費だとか学費だとか全部受け持ってくれるプログラムに入れてもらえたので、経済的に楽になって助かりました。

そのプログラムというのは、National Institute of Mental Health（ＮＩＭＨ）、日本では国立精神衛生研究所と呼ばれていますけれど、その連邦政府の研究所のプログラムで、将来精神衛生の分野を担う人材を養成しようという主旨のものでした。それに私が採用されたんです。本部はワシントンＤＣにあって、毎年何名か将来有望と見なされる人たちが採用され、そして学費と生活費の援助もしてくれるんです。学校を修了した後は、少なくとも一年はＮＩＭＨで働くというのが条件でした。だけどそれは素晴らしい条件じゃないですか。卒業後の仕事も保証されるわけですから。私はワシントンＤＣに行きたくなかったので、博士号を取得後は、サンフランシスコ支局に勤めました。サンフランシスコ支局の管轄地域は、カリフォルニア、アリゾナ、ネバダ、それからハワイ、あとパシフィックアイランドでした。そこで私は、厚労省のお役人みたいな仕事に就いたわけなんです。

ＮＩＭＨの奨学金プログラムは、卒業後必ず一年間働く約束なのですが、その後もまだそこで働きたいなら、勤めてもいいし、辞めたければ辞めてもいいということになっていました。結局私は五年間勤めました。でも五年間勤めたら、出張であちこちの土地に行ったりすることに、だいぶ疲れを感じ始めました。それから自分は直接マネージするわけではないでしょ。他の人たちがやっているのを管理・監督したり、いろいろアドバイスをしたり、というのが私の仕事なんです。自分が直接やるわけじゃないですから、やっぱり物足りないのよね。それから連邦政府のお役人というのは、お堅くて、厚労省のお役人みたいにいろいろ自分の言動や行動に気をつけなきゃいけないでしょ。連邦政府を代表しているという側面がありますからね。そろそろこの職から離れたいな、と感じ始めていたんです。そんな時、サンフランシスコの衛生局で管理職の空きがあることを聞いて、連邦政府のボスにお願いして、一年だけ出向させてもらったんです。一九八〇年のことです。

『サンフランシスコ市衛生局　精神保健部　副部長』という肩書きでした。連邦政府から地方政府に行くというのは、キャリアとして私のためにはよくないのではないかと、私のボスは迷ったみたいなんですけどね。変わった行動だというわけですよね。

ところがその後、レーガン政権となり事態は変わっていくんです。レーガン大統領はメンタルヘルスの研究や政策に対して支持をしなかった人なのね。皆さん彼のことを良く言ってらっしゃるけど、メンタルヘルスの分野から言わせてもらうと、ものすごくひどいことをした、という風に見られているんです。ですから、私の所属していた連邦政府のメンタルヘルスの研究機関・NIMHは、ガタガタにされてしまいました。まず、予算を大幅にカットされ、メンタルヘルスの政策の全責任を州の方に移動されて、連邦政府の役人の権限が大幅に縮小されてしまったんです。ですから私のかつてのボスは『あなた、いい時に移ったね』って、あとで言っていました。

サンフランシスコ市で働いたことは、アジア系の人たちのためのいろいろなプログラムなどを開発するという点では、非常にたくさんのチャレンジに恵まれて、私としては本当に良かったと思っています。

その後、私が任命されたのが、一九八五年、衛生局副局長です。

私の管轄が、精神保健部とアルコール・ドラッグなどの司法関係の医療。それ全部、私が行政の責任を負うことになりました。それは東洋人としては初めての任命だったし、そして女性としても初めてのことでした。東洋人のグループの人たちからは、とても喜んでもらいました。でも私は期待に沿えるかどうか不安ではありました。表には出さなかったけれど、ものすごく不安でした。私が副局長に就任するということで、いろいろありましたよ。やっぱり、東洋人の女性に対して軽蔑的に見る人も結構いましたからね。でもとにかく何とかやり終えることができました。

私が副局長に就任して二、三年あと、カリフォルニアは大変な経済的に苦しい時期に入っていったんですね。毎年毎年ものすごい予算カットを強制されて。私の目指す仕事は、自分が新しくプログラムを作っていくことであったのに、私自身の手でプログラムをカットしていかなければならなかったんです。それは私の本意ではありませんでした。本当につらくて悔しい日々でした。その時ですよ。仕事のストレスが最高潮になって体調を崩しかけたのは。血圧がものすごく上がっちゃったり、夜も眠れなかったり、それこそバーンアウト寸前になっていました。一九八五年から一九九一年までやって、そして副局長を辞退しました。

そのあとは衛生局の中に残って、ソーシャルプロジェクト企画室という部署を作って頂きました。そこでは、ふたつ新しいプロジェクトを立ち上げました。そして他に難航しているプロジェクトを、私が請け負って軌道に乗せました。そんな役割でした。

どんなプロジェクトを作ったかというと、ニューカマーユースといって、移民で来ている青少年の子供たちの健康状態はどうであるか、というサーヴェイ（アンケート）を取り、調査をして、その結果をレポートにまとめるというもの。また他には新しい企画で、病院の入院のシステムをスムーズにして、退院などももっと簡単に速やかにできるようにするというシステム改革もやりました。プログラムをカットしたりするのとは違って、かなりやりがいがありました。とても楽しくやらせて頂きました。そして一九九六年にサンフランシスコ市衛生局を退官しました。

私が退官する前の年の一九九五年に神戸の大震災がありましたでしょ。一九八九年のサンフランシスコの地震があった時、私がサンフランシスコ市衛生局の一番トップとして、震災後の指揮をとりました。その経験を基にして、関西の方に、震災後の心のケアという面で、いろいろアドバイスをしたり情報を提供したりして協力したんですよね。

衛生局に勤務していた時なので、神戸にはせいぜい十日間くらいしか行けませんでした。本当にもっともっと援助しなきゃいけないって痛感しました。その思いもあって、翌年衛生局を退官しました。

フルブライトってあるでしょ。アメリカの学生と学者のための国際的な援助基金なんですよね。これはアメリカの政府が出す基金で、海外から学生や学者を呼んで、アメリカで学ぶ機会を与えたり、またアメリカの学者を他の国に送って、国際的な交流を深めるという基金なんですよね。私はそれに申し込んで、日本の神戸大学の医学部に六ヶ月籍を置いて、そこで震災後の心のケアの援助をさせていただいたんです。

関西の震災以来、日本の臨床心理の分野はものすごく進んできましたね。日本の皆さんたちは、これはいい、これは必要だ、とお思いになったら、ものすごく集中しておやりになるから、その点は私、本当に素晴らしいと思います。

当時、神戸のものすごい破壊状態を見て、それは、戦後の東京の焼け野原を思わせる本当に恐ろしいすごい光景でした。神戸の皆さんたちは、体の傷ばかりでなく心の傷を負われた方が、ものすごくたくさんいらしたので、本当に私自身も心を痛めました。

家族や友人を失い、また今までの人生をかけて築いてきたものを、すべて失ってしまったわけですから。家もなくなったし、自分のかけがえのない大切なもの、みんななくなってしまったでしょ。仕事もなくなったし。また孤児になられた方もたくさんいるでしょ。

私が最初に神戸に入ったのは、震災後一週間経った時でした。あの時は、私の滞在できる時間は十日間だけでしたから、私にできることは、あまりにも少ないと痛感しました。

そして九六年の九月に再び神戸の地を踏みました。神戸の震災は大変悲しい出来事でしたけれど、生まれ故郷の日本でお役に立てたということは、私にとっては、とても嬉しいことでした」

——玲子さんはそこまで話し終えると、フッと静かに息を吐いた。

「そして今は、少しでもお役に立つことがあればいいと思って、この『こころのクリニック』で週二、三日、カウンセリングサービスをやっています。そして一九九八年に衛生局に頼まれてNPO団体を作ったのですが、今、そちらのコンサルタントもやっています。ですから週にこころのクリニックとコンサルタントの仕事と半々くらい出ています」

——人びとの心の幸せのために走り続けてきた玲子さんだが、ご自身の幸せはきちんと見つけてきたのだろうか、と気になってしまい、そっと尋ねてみた。

「私にはパートナーがいるんですよ。お友達を通して知り合ったんです。彼とは結婚という形はとっていません。彼はね、大学教授だった人です。Cal State Hayward（カリフォルニア州立大学ヘイワード校）で心理学を教えていました。今はリタイアして、悠々自適に暮らしています」

——「そのパートナーの方とは、いつお知り合いになったのですか」と私は尋ねた。

「一九六八年です」

——ああ、そうだったのか、と私は心の底から思った。玲子さんは決して妥協することなく自分の進む道を切り開き、アメリカ社会の第一線で走り続けることができたのは、間違いなく彼女の持ち前のバイタリティによるものであっただろう。けれど玲子さんの傍らには、四十年近い歳月を共にしてきた素晴らしいパートナーがいつもいてくれたのだ。そして彼女を見守り、支えてきてくれていたのだ。だからこそ、今の本間　玲子　トゥルーさんがあるのだと、私は眩しい気持ちで目の前の彼女を見つめていた。

「彼には子供がいないんです。ですから、うちの子供たちとも随分いい関係をずっと築いているんですよ」

――「その方のお名前は」と、私が尋ねると、「ディックです」と、玲子さんは教えてくれた。

最後に玲子さんのお子さんについて伺った。

「ええと、息子のデイヴィッドは、今四十七歳になります。息子には子供が二人おります。私には孫が二人いるんですよ。息子はシアトルで医者をやっています。専門はプライマリーケア（総合診療）です。

娘のナオミはオークランドにおります。この九月で四十三歳ですかね。彼女は結婚していません。一度離婚しているんです。子供はいません。

あのねえ、彼女はミュージシャンなんですけど、もちろん音楽では食べていけないので、バークレーにアンティークのお店を持っているんですよ。ガラクタとアンティークが混ざっているような店なんだけど。彼女は、本当はミュージックを一番やりたいんだけど、それでは生活していけないでしょ。彼女の担当はドラムとシンギング（ヴォーカル）です。彼女のグループはそんなに売れてないから、あちこちお声がかかれば出かけていくという感じですね。

うちの子供たちは、みんな結構好きなことしていますよ」

——そう言うと、玲子さんは高らかに笑った。こんな無邪気な笑い方をする人なんだな、と私は少し嬉しくなった。

＊　＊

玲子さんは私のためにドアを開けてくれた。私がお礼を述べて部屋を出ようとした時、玲子さんは「いつ、日本に発つんですか」と尋ねた。私は二週間以内に東京へ引越すと話した。すると「浅井さんのような方にこそ、アメリカに残って活躍して頂きたかったわ。本当に残念ね」と、夫に対してとても有難い言葉を頂いた。私は玲子さんに、もう一度お礼とお別れの挨拶をして、オフィスをあとにした。

建物の外に出ると、赤いレンガの敷き詰められた前庭が目の前に広がっていた。そしてその向こう側に、私の夫と二人の息子たちが、私のことを待っていてくれた。二歳の次男が夫の右腕にしっかり抱きかかえられ、もうすぐ五歳になる長男は、夫の左手に体を摺り寄せ、しがみついている。

「終わったよ」。私は彼らの方に駆け寄った。「マミィ、アメリカでのお仕事終わったよ」子供たちは、私に無邪気に抱きついて来た。私も彼らに頬を摺り寄せた。この車社会のアメリカで暮らしながら、車の運転が大の苦手な私のために、十人の自宅やオフィスまで運転手を買って出てくれた夫は、本当に肩の荷を降ろしたのか、心底安心した表情で微笑んだ。

もし、と私は心の中で呟いた。もし、私たち家族が、このままずっとこのアメリカに残り、ここで生きていくことになったら、どんな風になっていくのだろう、と。二十年、三十年後の私の前に、「あなたのアメリカでの半生をお話下さい」と、若い日本人が訪ねてきて、最後に「あなたはアメリカに生きてきたことに、後悔はありませんか」と問いかけられたら、私はなんと答えるのだろう。

今回私が出会った十人の日本人女性たちは、共通する人生の側面を共有しながらも、十人十色のそれぞれの人生を歩んできていた。けれど彼女たちは、一様に私の質問に返事を返してくれた。「アメリカに来たことを後悔なんかしていません」と。そして、十人すべてに問いかけたこの質問は、とても野暮なものであったことを、今更ながらに私は感じていた。

私たちは、通りに向かって歩き始めた。見慣れた町並みが、なぜだかとてもキラキラと輝いて見えた。私は思っていた。たとえどこで生きようと、私は私の選んだ道をこれからも進んでいくのだ、と。

アメリカ日系社会と「ひまわり会」

浅井　正行

国際結婚をした日本人女性の会「ひまわり会」

「ひまわり会」は、カリフォルニア州オークランドにあるＮＰＯ（非営利団体）International Institute of the East Bay（湾東国際協会：現 International Institute of the Bay Area）のプログラムの一つとして一九七一年に設立された。戦後アメリカへ渡って来た国際結婚をした日本人女性のための相互支援・援助を目的として発足したのである。筆者は、サンフランシスコ大学大学院で修士号を取得後、この「ひまわり会」の創設者であり初代コーディネーターであった沢井村代さんのあとを引き継ぎ、二代目コーディネーターを務めた。

当時の国際結婚をした日本人女性たちの境遇は、過酷そのものであった。なぜなら彼女たちの多くは、白人社会からも日系人社会からも疎外されていたからである。同じ日本人としての血が流れる日系人からも受け入れられなかった背景には、日系一世（戦前の日本人移民）とその子供たちである日系二世が味わった、第二次世界大戦下における強制収容所への強制連行といった激しい人種差別と、そのことからくる白人への反発があった。そのため、アメリカ社会から受け入れられずに強制立ち退き・収容までされた日系人たちには、アメリカ人と結婚して渡米してきた日本人女性たちを心情的になかなか受け入れられないものがあった。日系社会から受け入れられなかった日本人女性たちは、言葉も通じず、自立した生活など全く望めない、とても不安定な境遇にいたのである。そうした環境の中で苦労していた女性たちを救済・支援したのが「ひまわり会」である。

彼女たちのアメリカでの生活は、日本での暮らしからでは想像もつかないようなものであった。人種差別はもちろんのこと、家庭内で虐待を経験したり、離婚できたとしてもアメリカ社会では一人では生きていけずに途方に暮れたりといったことも起きた。また、言葉や文化の違いからくる日々の暮らしの中の苦悩や、英語が話せずに実の子供との会話が思うようにいかない辛さは、外国で生活し、子育てをした人にしか分からない。さらには、年月が経過すればするほど感じる、胸が締め付けられるような望郷の念。アメリカに何十年暮らしていようが、文化も言葉もアメリカ人になりきることは出来ない。必ず心の片隅には日本で暮らした幼少期の懐かしい記憶が残っているものであり、人種差別や言葉・文化の壁にぶつかるたびに、思い出されるものであろう。こうした、日本に暮らす日本人には想像だにできない困難・試練を経験している日本人女性たちが、アメリカに現に存在する。彼女たちは、さまざまな苦難を乗り越えながら、着実にアメリカの地で根を生やし、彼女たち日本人の血を受け継ぐ子孫を残しながら、しっかりと生きているのである。

「歴史」は文書で残さなければ、いつの間にか忘れ去られてしまう。本書で取り上げた十名のストーリーは個人的な自分史などではなく、日本からアメリカへ渡った日本人女性たちの「足跡」である。歴史的視点から見ると、戦前に渡米した日系一世、そして彼らの子供たちである二世の歩んで来た軌跡は、数は少ないとはいえ文献として残されている。だが、戦後アメリカへ移り住んだ「新渡米者」について語られることは少ない。ましてや、戦後に渡米した国際結婚をした日本人女性たちについての記録はほとんどないと言ってもよい。戦後に渡米した日本人の中で、国際結婚をした日本人女性ほど苦難に満ちた人生を歩んで来た人たちはいないであろう。

日本に住む日本人は、彼女たちを誤解の目で見てきた節がある。戦後、貧しい〝敗戦国〟の日本を離れ、ハリウッド映画で垣間見る夢の国のような別世界〝アメリカ〟へ旅立った彼女たちを嫉妬の目で見ていたであろう。事実、国際結婚をした女性が、老後になって日本への帰国を望んだ時に、親族が頑なに彼女の受け入れを拒否したケースが私の担当したクライエントの中にあった。アメリカでさんざん楽しい思いをして「何を今さら」といった感情が親族にはあったようだ。しかしながら、実際には、国際結婚をした女性たちは、現地において、日本に残っていれば経験しないで済んだかもしれない数々の辛酸を味わっていた。そのような苦難の中でも、彼女たちは日本人としての誠実さ、まじめさを失わずに、アメリカにおける〝信頼・信用できる日本人〟の地位の確立にとても貢献してきたのである。そうした彼女たちのストーリーを、しっかりと形として残すことは大変意義のあることである。

第二次世界大戦後、アメリカ軍人と結婚した日本人女性は、「戦争花嫁（War Bride）」と呼ばれ、四万人余がアメリカに移住したと言われている。「War Bride」は、「戦争を機に外国軍人と結婚した女性」という、ニュートラルな意味でさまざまな国において使用されている。しかし、日本語では「戦争花嫁」という言葉は、戦争の戦利品、勝者が持ち帰るスーベニア、安っぽい土産物といった偏見を伴った使われ方をされてきた。

戦争花嫁は、第二次世界大戦、そして敗戦、占領という特殊な社会情勢を乗り越え、異なる文化を背景に持つ異国人と結婚して海を渡り、新たな環境・生活に果敢にチャレンジしたパイオニア的な女性たちである。さらに彼女たちは、日本文化をアメリカの地へと広め、日米友好の懸け橋となったのである。こうした日本人女性たちの足跡・歴史を未来に残していくことは、我々の務めである。

本書では、「戦争花嫁」を含めた国際結婚をした十名の日本人女性たちが、どのような経緯でアメリカへ渡ることとなったのか、（その時代の）アメリカでの新生活がどのようなものであったのか、また、さまざまな困難を新天地でどのようにして乗り越えていったのかが赤裸々に語られているのである。

「ひまわり会」創設者・沢井村代

国際結婚をした日本人女性たちへの支援の歴史を振り返った時に、忘れてはならない人物がいる。沢井村代さんである。一九七一年に、ひまわり会を設立した立役者である。

沢井さんは、一九二八年七月一五日に、サンフランシスコに生まれた。小学校三年生まで、隣町のオークランドで過ごした沢井さんは、一九三七年に、両親の希望で日本へと渡り、一九歳でアメリカへ帰国するまで、日本の学校で過ごすことになる。その当時、日米関係の悪化と戦争開戦の危機から、アメリカ生まれの子供を、祖国日本へと送り出す日本人親たち（日系一世）が多かったのである。その一人である沢井さんは、終戦直後の一九四七年二月一三日に、アメリカへと戻ったのである。従って、沢井さんは、「帰米二世」（アメリカ生まれで、幼少期を日本で過ごし、再びアメリカへと戻ってきた日系二世）である。

沢井さんは、その後、名門大学であるＵＣバークレーに入学し、社会福祉学を学んだ。社会福祉のスキルを活かすべく、日米バイリンガルの沢井さんは、言語と文化の違いで困っている日本人・新渡米者への支援を始めたのである。その後、その活動が、国際結婚をした日本人女性の支援団体・ひまわり会の設立へと結びついていった。ひまわり会の初代コーディネーターとなった沢井さんの貢献は、一九九三年に引退するまでの二十二年間という長きに渡る。その間、沢井さんの支援のお蔭で救われた日本人女性は数知れないであろう。言葉が通じず、文化も異なる状況下では、人はある種の絶望感を味わうものである。筆者が世話をした日本人の中にも、渡米後、一週間や一ヶ月で、どうしてもアメリカでの生活に耐えられずに、説得もむなしく、帰国していった日本人が何人もいる。一九九〇年代ですら、そのような状況であった。帰国するにも船で二週間ほどかかっていた、沢井さんが活動を始めた頃の状況は、いかばかりであったであろう。大げさではなく、沢井さんの助けのお蔭で自殺を思いとどまり、文字通り、命を救われた日本人は、一人や二人ではなかろう。筆者（浅井正行）は、沢井さんの後を継ぎ、ひまわり会の二代目コーディネーターとなった。沢井さんには、異文化の中で繰り広げられる個別援助、集団援助、地域援助といった、さまざまなスタイルの支援方法を、実践的に（身を持って）教えていただいた。私の現在の実践的スキルは、この時に沢井さんから教わったものだと言っても良い。

今回のオーラルヒストリーに登場する十名のうちの一人であり、沢井さんと共に、ひまわり会設立に深く関わった土屋和子さんは、設立の背景を次のように語っている。

「黒人のベビーシッターがある日、『うちの近所に日本人の女の人がいるんだけど、本当にかわいそうなのよ。その人のご主人はアル中で乱暴なのよ。あなたたち日本人で助けてあげられないかしら』と言うんです。その頃、私は三人の子供を授かって、ハウスキーパーまで来てくれて、とても恵まれていました。自分に何かできることはないか、そう思って出かけてみたんです。オークランドのすごく貧しい地域で、その女性の住む家に入った途端、ガス漏れの臭いがするんです。もうびっくりしちゃって。こんな生活があるんだって。とても私ひとりの力では、どうすることもできない、そう思って家に帰りました。それから自分なりにいろいろ考えて、教会に頼もう、と思いついたわけです。教会がそういう困った人に手を差し伸べてくれることを知っていたので、日系のキリスト教会や仏教会なんかにも訊きに行ってみたんです。でもみんな断られました。うちの信者さんじゃないから、ってみんな断るんですけど、実は理由は、そうじゃないんですよ。その日本人女性は黒人と結婚していたんです。そういう人はお断りというわけです。とんでもない、そんな色のついた人に出入りされちゃ迷惑だってことなんです。それで何軒も歩いて、三宅先生という日系の牧師さんに巡り会いました。三宅牧師は、『I'll help you（助けてあげましょう）』と言ってくださいました。そして先生はＪＡＣＬ（Japanese American Citizens League：日系アメリカ人市民連盟）という団体の当時非常に進歩的なベイエリアの支部に話を持っていってくださいました。そこで福祉のグループのお仕事をしていたある日系二世の女性の耳に入ることとなりました。その人が沢井さんです。そして沢井さんは、アメリカという異国で必死に生きている日本人女性のために『ひまわり会』を設立しました。日系二世の方々のサポートがなかったら、ひまわり会ってできなかったんです。『同じ日本人で差別するのはおかしいじゃないか』と、心ある二世の方たちがね、ものすごくサポートして下さったんですよ。

ひまわり会の最初の活動は、アメリカ社会で孤立してしまっている日本人女性たちと、できるだけ連絡が取り合えるようにすることでした。当時は今と違って、日本語のテレビ放送もあまりなかったですし、インターネットなんてものもないでしょ。彼女たちの多くは英語がほとんどできませんから、情報源がないんです。この社会で不自由なく暮らしていけるようにと、あらゆる情報を日本語で提供していくという試みも行いましたね。

昔、ジェイセブ（湾東日系社会奉仕団）のミーティングで、誰かが War Bride（戦争花嫁）のことについて提案してくれたんです。ところがある男性が立ち上がって、『あんなものは放っておけばいい。なんとかサバイヴして（生き残って）いるじゃないか』って言ったんですね。私、ものすごく頭に来ちゃって、『私たちは生き残りの話をしているんじゃないでしょ。Well Being（健康・幸せ）の話をしているんです！』ってピシャッとやっちゃったの。あとでわかったんだけど、その人ものすごく有名な弁護士さんだったんです。ヨネムラさんという日系人の弁護士さん。当時、移民法の第一人者でね、大統領の就任式に呼ばれるくらいの大物だったんです。私そんなこと全然知らないから、もう下手糞な英語で怖いもの知らずにもチャンチャンバラバラやっちゃったんですよ。ヨネムラさんもそんな悪気があって言ったわけじゃなかったらしいんですけど、彼の言葉尻についカッときちゃって。それからしばらくは『ヨネムラ弁護士と喧嘩した女』ってレッテル貼られちゃいました。

いろんなことがありましたけどね、でもまあアメリカ社会からのけ者にされてきた人たちへの理解も段々得ることができました。

ひまわり会のオリジナルメンバーは、そのほとんどが国際結婚をして、アメリカにやってきた日本人女性です。私のように日系人と結婚した人もいましたが、名簿を見ればすぐわかります。会員たちのラストネームは、ほとんどアメリカ名ですよ。それだけ彼女たちは行き場がなかったんです。外国人で英語もしゃべれない。当然白人を中心としたアメリカ社会では通用しない。そしてアメリカの日系社会からは差別され、受け入れてもらえない。日系の銀行（アメリカ支店）に職を求めて行けば、アメリカ人のラストネーム（苗字）を持つ日本人は雇わない、雇って欲しければ里の名前を使え、と言われる。日系の教会に出かければ、特に（黒人、東アジア系・中南米系アメリカ人といった）有色人種と結婚した人は入れてもらえない。外国人の夫と子供たち、というとても限られた人間関係と狭い世界に閉じこもって暮らしていた人は多かったと思います。

今では考えられない理不尽なこともいろいろ行われていたんですよ。軍人と結婚した日本人女性はたくさんいるでしょ。そして軍の住宅に夫や子供と住んでいますよね。ところが夫は他に彼女ができたり、あるいは自分のワイフが嫌になったりするでしょ。そうすると夫は上官のところへ行くんです。『俺はもう嫌だから、ここを出たい』。そうすると上官は、『わかった』と、その部下である夫をミシシッピーとかアリゾナとかアーカンソー辺りに転任させるんです。ひどいことに、妻は何も知らされないんです。軍の機密だから、どこに転任になったか言わない。今日限りで、あなたはここに住む権利がない、と通告するんです。奥さんが外出先から帰ってみると、家の玄関に『立ち入り禁止』とイエローテープが貼ってあって、中に入れないんです。当時、軍人の妻は、たとえ何年結婚していても、離婚したらその時点ですべての資格を失うんです。恩給もなくなる、軍の住宅にも住めなくなる、収入もなくなる。そして放り出されるんです。正当な手続きがあるわけじゃない。みんな軍の馴れ合いで行われていたわけです。また州が変わると、州法が通じないですからね。夫がアーカンソーあたりに行っちゃったら、カリフォルニアの離婚の法律が通じなくなっちゃうんです。そういうことで、泣かされた日本人妻は多かったですよ。遠い異国で唯一の頼りだった夫から見捨てられ、お金も住むところもなく途方に暮れたわけです。

こういう人たちを沢井さんたちが助けたんですよね。一九六〇年代にやっと法律が変わって、たとえ短期間でも結婚していたならば、離婚しても、軍人である夫の将来の収入の何割かがもらえるとか、軍の家族を保護していくように改定されました。それまでは男の方で一方的に捨てておしまい、だったわけですからね。

もちろん、相手が日本人のような外国人女性だから、軍がそういうひどい扱いをしたというわけではありません。たとえアメリカ人であっても、皆そういう扱いだったようですよ。ただ親兄弟もいない、知り合いも少ない外国でそのような扱いを受けたんですから、日本人や他の外国人の妻に与えたダメージは、アメリカ人の妻たちよりも比較にならないほど大きかったということは容易に想像できますよね。ただね、以前こういう話を聞いたことがありますよ。

『戦争花嫁で苦労したのは日本人だけだ』

これはどういうことかといいますとね、たとえば同じ戦争花嫁でもドイツ人花嫁は、離婚してもきちんと自分の権利を主張して確保している、というんです。ところが日本人花嫁は『あなたまかせ』。そしていざという時に、いつも泣きを見る。だからもっとしっかりして、自分の権利をはっきりと主張し獲得しないといけない、ということなんです。日本人女性は自分で自分の墓穴を掘っている、と。男が女の弱みにつけ込む以上に、女に自覚がない。日本は嫁に行ったら、あちらに合わせる。あちらまかせ。でもイタリアから来た女性とかはそんなことはない、と言われました。『あなたたち、だらしがない。自分で自分の生活を築きなさい』。そういうことを言われたことがあります。

『結婚を破壊させる侵略者だ』。ひまわり会の沢井さんを、こう呼んだアメリカ人男性がいたんですよ。沢井さんはね、日本人女性がアメリカで生きていくために、英語を勉強することと車を運転することを勧めたんです。つまり自立を勧めたわけです。ダンナにとっては、英語がまったくわからなくて、ひとりではどこにも行けない女房はスレイヴ（奴隷）みたいなものでしょ。自分のいいなりでしょ。いじめようが何しようが、し放題なのよ。英語と運転を覚えれば、仕事だって見つけることができる。夫の元から出てっちゃうじゃない。冗談じゃない、ってわけ。日本人女性の中には、夫と別れたくても、食べていくために、それこそ夫からのひどい虐待にもじっと耐えていた人たちがたくさんいましたよね。沢井さんは、彼女たちにダンナから逃げる機会を与えたわけです」

異国の地アメリカにおいて、日本人女性が自立していくことの大切さを根気強く説き、さらに、さまざまな救済活動を彼女たちに行い続けた沢井さんの功績は、計り知れない。最後に、沢井さんが名付けた会の名称の由来を、再び、土屋さんに語ってもらいたいと思う。

「ひまわり会の名称は、どこに植えてもしっかりと根を張り、太陽に向かって力強くまっすぐに伸びて大輪の花を咲かせるひまわりをイメージしたものです。メンバーたちは、その名にふさわしく、移り住んだアメリカで、明るく精一杯元気に生きてきました」

戦後アメリカに渡った日本人女性たちの「オーラルヒストリー」の意義

オーラルヒストリーとは、「記憶を歴史にする」ことである。記憶は、文書で残さなければ、いつか人々の〝記憶〟から消え去ってしまう。オーラルヒストリーの重要な役割は、ある個人に〝記憶〟や体験を語ってもらい、それを記録し、分析することにある。

オーラルヒストリーは、研究対象によって二系統に大別することができる。一つ目が、政治家等の公的立場にある者の記憶を国家の財産として残す作業である。いわゆる「エリート・オーラル」と呼ばれるものである。二つ目が、歴史として残りにくいマイノリティや女性を対象としたオーラルヒストリーである。エスニック・マイノリティをはじめ、マイノリティ研究の分野でかなり広がりをみせているのがこの系統である。「マイノリティ・オーラル」と名付けても良いだろう。今回、本書で取り上げた国際結婚をした日本人女性たちは、まさにこの「マイノリティ・オーラル」に含まれる。

アメリカにおいて、戦争花嫁や国際結婚をした日本人女性たちは、さまざまな言語的・文化的障壁に遭遇しながらも、歯を食いしばってアメリカの地で頑張ってきた。望郷の念を抱いたとしても、一度祖国を離れると、そうたやすくは戻ってくることはできなかった。事実、ひまわり会のメンバーたちの多くは、当時、二週間ほどかかった船での長旅を経て、アメリカへ降り立ったのである。ホームシックになって、一時帰国を考えるなどといった選択肢はもちろんなかったであろう。月日が流れ、飛行機での旅が当たり前となってからも、彼女たちの帰国は、そう簡単にできるものではなかった。日本に住む親族が歓迎しなかったこともあるだろうし、本人が子供・孫のために、アメリカに留まる決意をしたというケースも多い。今回、オーラルヒストリーに参加したひまわり会メンバーたちの場合は、後者であろう。

筆者たちのアメリカ滞在年数は、それぞれ十三年、十年強ほどである。その間、アメリカの大学・大学院を卒業したり、就職したり、出産・子育てをしたりと、目まぐるしい十余年であった。言葉と文化の違いからカルチャー・ギャップもいろいろと経験した。しかし、筆者たちが経験した〝障壁〟は、ひまわり会メンバーたちの数十分の一であろう。年数的に見ても、我々のアメリカ経験は、彼女たちと比較したら「ひよっこ」みたいなものであろうし、時代背景から見ても、戦後まもなく渡米した彼女たちと、戦後数十年が経過した後にアメリカに渡った筆者たちとでは、人種差別や言語的・文化的障壁にも雲泥の差がある。

筆者たちが感じた〝アメリカ〟は、我々日本人にも住みやすく過ごしやすいところ、であった。その過ごしやすさを考えた時に、ふと思い出されたのが、ひまわり会メンバーから教わった、ある日本人の体験談である。ひと昔前のことになるが、サンフランシスコに来たばかりの日本人女性の話である。彼女は、サンフランシスコ市内の銀行で、自分自身の口座を開こうとしたらしい。アメリカで長期滞在をした人には経験があるだろうが、渡米後に真っ先にしなければならないことの一つに、銀行口座の開設がある。日本からの送金のためもあるだろうし、何よりも、アメリカでは日常的に、パーソナル・チェック（個人小切手）を使用して支払いをする必要があるのである。そのために、銀行口座はなくてはならないのだ。

彼女は、銀行の窓口へ行き、口座の開設をお願いした。申請書の記入も終わり、口座の種類も確定し、あとはATMカードの発行等の手続きのみとなったところで、一つ問題が起きた。彼女は、パスポートを持参してこなかったのである。外国人が口座を開設するには、不可欠であった。最後の最後で、手続きが出来ずにがっくりしている彼女に、銀行の窓口で対応したスタッフはこう言ったのである。「あなたは、日本人ですね。だったら大丈夫。あなたを信用しますので、口座は開設しましょう」。彼女は、たいそう驚いたそうである。また、びっくりすると共に、日本人であることを誇りに思い、〝先人〟たちにとても感謝したという。

アメリカにおいて日本人に対するイメージは、とても良いのである。それには、こうした〝先人〟たちの誠実さ・まじめさ、さらに苦境にも関わらず、ひたむきに努力する姿勢が影響しているであろう。戦前に渡米した日系一世の努力が、まず功績として挙げられるであろう。ここでまた一つ、例を挙げさせてもらう。これは、サンフランシスコからゴールデンゲートブリッジを渡って、車で一時間ほど北上したところにあるセバストポール市で起きた実話である。第二次世界大戦中、日系人・日本人が、強制収容所（キャンプ）に強制連行されたのは、周知の事実である。セバストポールに住んでいた日系人・日本人も、自分たちの土地や財産をすべて残したまま、収容キャンプに連行されたのである。終戦後、収容キャンプから解放されて、日系人・日本人たちが、かつての住まいに戻ったら、苦労して築いた土地も財産もすべてアメリカ人に奪われていたという悲劇が待っていた。しかし、セバストポールは違っていた。セバストポールの住民であった日系人・日本人が収容キャンプに収容されている間、地元の白人アメリカ人たちはみんなで、自分たちの大切な住民仲間である勤勉な日系人・日本人たちの土地も財産も守り続けてくれたのである。奇跡とも思える白人アメリカ人たちの勇気ある行動のお蔭で、収容キャンプから戻って来たセバストポールの日系人・日本人たちは、戦前の暮らしにすぐに戻ることが出来たのである。

セバストポールのような町は、他にもあったかも知れない。敵国である日本から来た日系人・日本人のために、危険を犯してまで財産を守り続けてくれたということは、地元のアメリカ人と日系人・日本人の間に強固な絆があったからであろう。戦前に渡米した日系人・日本人の努力の賜物である。

戦後に渡米した新日系一世もまた、アメリカでの日本人の地位を築いてくれた人たちである。その中でも、国際結婚をした女性たちの功績は、やはり大きいであろう。渡米後、日本人同士で固まって行動し、アメリカ社会に馴染むことができなかった人たちが多くいる中、彼女たちは、アメリカ人の夫を通して、アメリカ人社会やアメリカ人家族・親族の中へ入っていった。メインストリームである白人アメリカ人社会にスムーズに受け入れられなかったかも知れないし、夫のアメリカ人家族・親族からも当初拒絶されたかも知れない。しかし彼女たちは、ひたむきに頑張って、差別をはねのけながら努力してきた。こうした彼女たちの頑張りが実を結び、アメリカ人社会やアメリカ人家族に受け入れられていった人たちも多くいたであろうし、何よりも、アメリカにおける日系人・日本人の地位を確立するのに、とても貢献したことは間違いない。それは、筆者たちが、彼女たちの家族と接した時にも感じたし、また、彼女たちの子供たちが通う学校で、他の保護者たちと一緒に活動する彼女たちの姿を見た時にも、とても強く感じたものである。

戦後海を渡った国際結婚をした日本人女性たちは、日本とアメリカを結ぶ友好の懸け橋となった、真の「草の根大使」である。彼女たちが戦後味わったであろう辛苦・苦悩を、近年アメリカへ渡った日本人、そしてこれからアメリカへ旅立とうとする日本人が経験することはもうない。終戦後の彼女たちの苦労があったからこそ、若い世代の日本人は、アメリカの地で、それぞれの夢に向かって、大きな障壁に遭遇することもなく、突き進むことが出来ると言っても過言ではない。

歴史は文書化しなければ、忘れ去られてしまうのである。国際結婚をした日本人女性のアメリカにおける、「言語的・文化的障壁との戦いと、それを克服していったたゆまぬ努力」の歴史は、史実として、後世に残していかなければならない。

今回、十名もの国際結婚をした日本人女性たちの「記憶を歴史にする」オーラルヒストリーが達成できたことは、とても喜ばしい成果である。この成果を契機に、ますます戦後アメリカへ渡った国際結婚をした日本人女性たちの史実に光が当てられていき、彼女たちが果たした功績が認知されていくことを望まずにはいられない。

エピローグ

二〇一五年八月二十三日（日）、午前十一時三十分、私はサンフランシスコ近郊のエルセリート市にあるアーリントン公園に、胸を躍らせながら到着した。ひまわり会の「ピクニック」に参加するのは、十何年ぶりであろうか。その日は、ひまわり会の毎年恒例の行事であるピクニック（屋外でのランチ・パーティー）が開催されることになっていた。

私は、本書が出版の運びとなったことを、インタビューに参加して下さった方々へご報告するために、サンフランシスコを訪れていた。幸運なことに、私のアメリカ訪問とひまわり会のピクニック日が重なったため、参加させていただくこととなったのだ。ピクニックは、私がひまわり会のコーディネーターを務めていた当時も行われており、私が主催していた頃から二十年以上の月日が流れていることに感慨深いものを感じずにはいられなかった。また、今回は、カリフォルニアの高校に進学した私のハワイ生まれの長男を連れて一緒に参加することもできた。コーディネーターを務めていた当時、二十五歳そこそこの若造であった私が、私の身長を優に超えた十六歳の息子を連れて現れたことに、驚かれたメンバーもおられたであろう。当日は、およそ三十名ものひまわり会メンバーが参加していた。そして皆さんは本当に、われわれ親子を大歓迎してくださった。

ひまわり会に育ててもらった私にとって、メンバーの皆さんとの再会は、この上なく、懐かしく嬉しい時間であった。アメリカ滞在当時の自分に戻り、お互い何の気兼ねもなく、おしゃべりできることは、実に楽しいひと時となった。コーディネーターとして仕事を始めた当時の、赤面するような若かりし頃の思い出話が出来るのも、ひまわり会メンバーだからこそである。改めて、メンバーの方々がアメリカの地にいてくださることに感謝の気持ちを抱く次第である。ピクニックには、インタビューに参加してくださった十名のメンバーのうち、ジョネイさん、土屋さん、ドンゴンさん、ビアードさん、本間さんが参加されており、嬉しい再会を果たすことが出来た。本文中、それぞれのオーラルヒストリーの最初のページに掲載されているお写真は、その時に、撮影させていただいたものである。

ピクニックに参加されなかったクークラさんとスクリムシャーさんとは、ご自宅に伺って再会することが出来た。サンフランシスコから内陸に向かって車で四十五分ほどの場所に位置するコンコード市にお住まいのクークラさん宅へは、十一年ぶりの訪問となった。突然の訪問にも関わらず、クークラさんは、十一年前と同じように、ご主人と共に私を出迎えてくれた。昔からの知り合いというのは、本当に有り難い存在である。八十歳を超えるクークラさんご夫妻は、息子ほどの年の差のある私の訪問を大変喜んでくださった。十一年前と全く変わらず、名コックであるクークラさんは、手作りのチョコレート菓子・ブラウニーをご馳走してくださった。アメリカでは、ブラウニーを食べる機会が多いが、クークラさんお手製のブラウニーに勝るものを食べたことがない。本当に美味しかった。お土産用にもブラウニーをいただいたのだが、ホテルの部屋で、一気に私の胃袋におさまってしまった。数日分に分けて少しずつ食べればよかった、とあとで少々後悔した。スクリムシャーさんは、サンノゼ市にお住まいである。サンフランシスコと並び、日本人には馴染みのある街である。シリコンバレーが近いこともあり、日本人も多く住み、日本町も存在する。私ごとではあるが、私の父（日蓮宗住職）の大学時代の同級生が、日蓮宗の開教師として赴任した寺院があるのもサンノゼである。私は、三十年以上前に初めてそのお寺（サンノゼ妙覚寺別院）を訪れてから、その後、複数回訪問している。父の同級生であるそのお寺の住職は、在米五十年にもなろうか。そのサンノゼ市内にあるスクリムシャーさんの住む高齢者用住宅は、落ち着いた雰囲気のとてもきれいなマンションであった。スクリムシャーさんもまた、突然の私の訪問を歓迎してくださり、昔話に花を咲かせることができた。目の調子がお悪く、不自由さを感じる中でも、マンションの住民たちとの交流を楽しむお姿に、私自身、とても嬉しい気持ちになった。

アメリカ訪問で再会を果たした、こうした方々には、出版を本当に喜んでいただき、私としても、多少なりとも恩返しができたのではないかと感じている。メンバーの方々には、文中、赤裸々にご自身のことを語られている部分があり、出版に対して少なからず、ためらいの気持ちを抱かれたこともあったであろう。自分自身の過去が活字になることに抵抗を感じるのは当然のことである。にもかかわらず、国際結婚をした日本人女性の「オーラルヒストリー」を後世に残すことの重要性に賛同し、快く出版を了承してくださったメンバーの方々には、心から御礼を申し上げたい。

余談となってしまうが、十一年前、私がアメリカから日本へ帰国する際、ひまわり会のメンバーの方々は、とても残念がってくださった。本文中にもあるが、サンフランシスコ市衛生局の副局長を務められた本間さんには、「浅井さんのような方にこそ、アメリカに残って活躍して頂きたかったわ。本当に残念ね」と、とても有難い言葉を頂いた。プロローグで、私の妻が述べたように、東京の寺院で住職をしている父からの「日本に戻ってきてほしい」との懇願がなければ、私たち家族が日本に戻ることはなかったのである。これもまた、余談となってしまうが、私の父方の祖父（丘　龍潮：おかりゅうちょう）は、今からちょうど百年前（一九一六年）に、ワシントン州シアトル市へと渡り、日蓮宗の寺院を建立している。その当時としては、とてつもない難事業であったであろう。祖父の建てたお寺（シアトル日蓮仏教会）は今でもシアトルにあり、日蓮宗から開教師が派遣されている。寺院建立後、初代住職を務めた祖父は、ほどなくして日本へ帰国した。祖父がそのままアメリカへ留まっていたならば、私は日系三世になっていたということであろうか。祖父がそうしたように、私もまたアメリカを離れて日本へと帰ることとなった。祖父にしても、私にしても、日本への帰国は、「アメリカでの経験を日本で活かせ」、とのお導きであったのだろうと感じる。私は今、大学の教壇に立つ身であり、学生たちに、私のアメリカでの体験・経験を話す機会は多い。特に、私が担当する「多文化ソーシャルワーク論」では、ひまわり会のことや、アメリカの地で頑張ってこられたひまわり会メンバーの方々の話をすることがメインとなる。いかなる学問的理論も、メンバーの方々の人生経験・体験には太刀打ちできない。学生たちは、多くの知識を、ひまわり会メンバーの方々の「オーラルヒストリー」から学び取っているのである。私が今、つくづく思うことは、私が日本でなすべきこととは、コレだったのではないか、ということである。アメリカの地で頑張ってこられたひまわり会メンバーの方々のような国際結婚をした日本人女性たちの「史実」を、日本に住む若い世代の人たちに語り継いでいく。きっと、若い世代の人たちは、ひまわり会のメンバーたちが語った「史実」からたくさんの勇気をもらい、今後グローバルな場へ目を向けて、活躍していく際の大きな道しるべとしていくにちがいない、と感じている。私が、その橋渡し役になれたとすれば、この上ない喜びである。

本書が刊行されるにあたり、感謝の気持ちを伝えたい方々がいる。改めて、インタビューに参加してくださった十名のひまわり会メンバーの方々に、御礼申し上げます。また、ひまわり会オーラルヒストリーの実現を切に望んでおられた、ひまわり会創設者の故沢井村代さんには、オーラルヒストリー計画への道筋をつけて、導いてくださったことに、心から御礼申し上げます。文中にも登場していただいた土屋和子さんは、その沢井さんの遺志を継ぎ、「オーラルヒストリー」実現に向けて、調整役を買って出てくださり、最大限のサポートをしていただいた。ここに改めて、御礼申し上げます。

そして、ひまわり会顧問で、サンフランシスコにある気持会（日系高齢者支援団体）のソーシャルワーカーを長年務められた春海三悟さんには、私の気持会でのインターン・ボランティア時代からひまわり会コーディネーター時代を含め二十五年に渡り、さまざまな場面でアドバイスをいただいた。サンフランシスコ・ベイエリアの日系社会の生き字引きである三悟さんに、心から感謝申し上げます。さらに、八月にサンフランシスコを訪問した際には、現ひまわり会コーディネーターの剱持順子さんにいろいろと助けていただいた。剱持さんがご自宅に保管されている、ひまわり会創立からの四十五年間に及ぶ歴史的な写真や資料等、ダンボール四箱分をすべて提供くださったお蔭で、改めてひまわり会の歴史を振り返ることが出来たと共に、本書の口絵では、その歴史的写真を紹介することが出来た。厚く御礼申し上げます。（尚、口絵の写真はそれ以外に、ご本人からの提供と、浅井が撮影したものもある。）そして何より、本書の刊行をご了承くださった風間書房の風間敬子社長に、深謝の意を表したい。風間社長には、ひまわり会メンバーの「オーラルヒストリー」を歴史に残すことの重要性にご賛同いただき、適格なアドバイスをたくさんいただいた。何度も訪問させていただいた際は、社長自ら直接ご対応くださり、また、私からの数多くのメールに対しても、快く迅速にご返信くださり、さまざまなご助言をいただいた。当然ながら、風間社長のご賛同とご協力がなければ、ひまわり会オーラルヒストリーという歴史的価値のとても高い「史実」が世に出ることはなかったのである。インタビューに参加したひまわり会メンバーの方々のそれぞれの「オーラルヒストリー」を後世に残すことができたのは、すべて風間社長のお蔭である。風間社長には、心より、厚く、御礼申し上げます。本当にありがとうございました。

最後に、日本の中学を卒業後、単身渡米し、カリフォルニア州セバストポール市の高校へ通う私たちの長男・クレイトンに、「がんばれ！」のエールに代えて、この本を捧げたい。

二〇一六年二月

浅井　正行

著者紹介

浅井　正行（あさい　まさゆき）

明星大学人文学部・福祉実践学科　准教授
明星大学ボランティアセンター　センター長

1968年、東京生まれ。ハワイ大学大学院社会福祉学部博士課程修了。社会福祉学博士（Ph.D.）。
神田外語大学外国語学部英米語学科卒業後に渡米。サンフランシスコ大学大学院修士課程でカウンセリング心理学を学び、卒業後は、国際結婚をした日本人女性のための支援団体・ひまわり会のコーディネーターを務める。サンフランシスコ日米会およびオークランド湾東日系社会奉仕団理事、サンフランシスコ州立大学心理学部講師、東京都老人総合研究所研究員、日本高齢者虐待防止センター理事・専門電話相談員を歴任。また、中国武術（全日本柔拳連盟）四段を持ち、サンフランシスコにて高齢者を対象に太極拳・気功法を無料で教える。

主要著書・論文：
浅井正行（2014：単著）「アドバンス・ディレクティブ：終末期医療の事前指示」多賀出版
Asai, M.O. & Kameoka, V.A. (2007) "Sekentei and family caregiving of elders among the Japanese: Development and psychometric evaluation of the Sekentei Scale" Journal of Gerontology: Social Sciences, 62B, 179-183.
Asai, M.O. & Kameoka, V. A. (2005) "The influence of sekentei on family caregiving and underutilization of social services among Japanese caregivers" Social Work, 50, 111-118.

浅井　直子（あさい　なおこ）

明星大学通信制大学院・教育学研究科教育学専攻・博士後期課程在学

1963年、広島県生まれ。東京都と神奈川県で育つ。
立教女学院短期大学・幼児教育学科を卒業後、ワーナー・パイオニア（株）（現、ワーナーミュージック・ジャパン）に勤務。31歳で渡米。カリフォルニア州のサンフランシスコ州立大学・人文学部社会学科を卒業。在米生活10年。その間、ハワイで2児を出産し、ハワイとサンフランシスコで子育てを経験する。2004年に帰国。明星大学通信制大学院・人文学研究科教育学専攻・博士前期課程修了。

主要論文：
浅井直子（2015）「フィリピン人母の日本への適応行動とそのプロセス－新たな『適応プロセス』モデルの構築」明星大学通信制大学院研究紀要『教育学研究』Vol.15, 3-12

アメリカで生きた女性たち
―戦後国際結婚した日本人女性のオーラルヒストリー―

二〇一六年二月二九日　初版第一刷発行

著者　浅井正行
　　　浅井直子
発行者　風間敬子
発行所　株式会社　風間書房
101-0051 東京都千代田区神田神保町一―三四
電話　〇三―三二九一―五七二九
FAX　〇三―三二九一―五七五七
振替　〇〇一一〇―五―一八五三

印刷　堀江制作・平河工業社
製本　司製本

NDC 分類：361
ISBN978-4-7599-2123-6　Printed in Japan